토닥토닥 정보시스템

소설처럼 읽는 데이터, 정보, 시스템 그리고 경영

토닥토닥 정보시스템

발행일 | 2016년 3월 2일
지은이 | 이충권, 차경진
발행인 | 오성준 **발행처** | 카오스북
디자인 | 디자인 콤마 **인쇄처** | 이산문화사

등록번호 | 제25100-2015-000038호
주소 | 서울 서대문구 연희로 77-12, 505호(연희동, 영화빌딩)
전화 | 02-3144-3871~2 **팩스** | 02-3144-3870
웹사이트 | www.chaosbook.co.kr **이메일** | info@chaosbook.co.kr

ISBN | 978-89-98338-75-6 93320 **값** | 20,000원

소설처럼 읽는 데이터, 정보, 시스템 그리고 경영

토닥토닥 정보시스템

Cheer Up by INFORMATION SYSTEMS

이충권 | 차경진 지음

카오스북
CHAOS BOOK

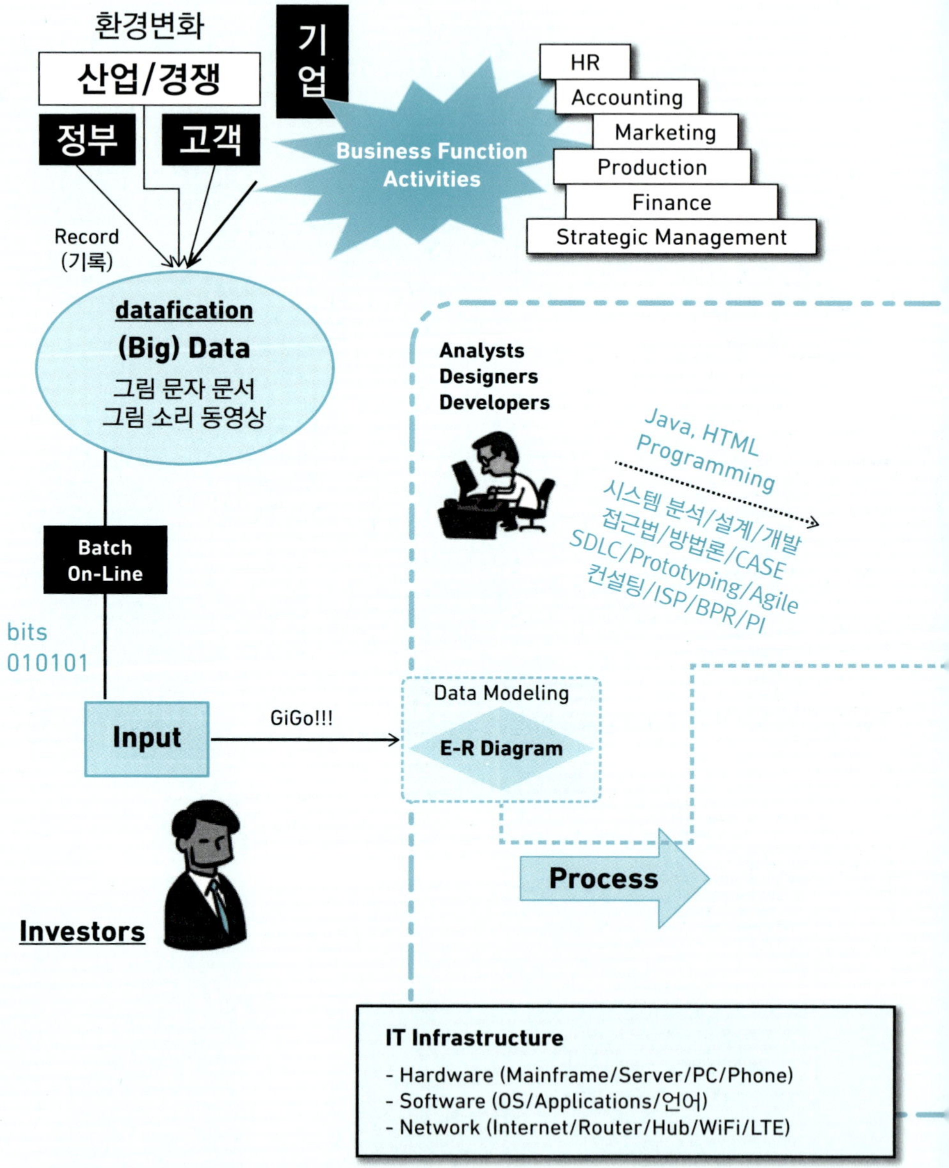
환경변화
산업/경쟁
정부
고객
기
업
Business Function
Activities
HR
Accounting
Marketing
Production
Finance
Strategic Management
Record
(기록)
datafication
(Big) Data
그림 문자 문서
그림 소리 동영상
Batch
On-Line
bits
010101
Input
GiGo!!!
Investors
Analysts
Designers
Developers
Java, HTML
Programming
시스템 분석/설계/개발
접근법/방법론/CASE
SDLC/Prototyping/Agile
컨설팅/ISP/BPR/PI
Data Modeling
E-R Diagram
Process
IT Infrastructure
- Hardware (Mainframe/Server/PC/Phone)
- Software (OS/Applications/언어)
- Network (Internet/Router/Hub/WiFi/LTE)

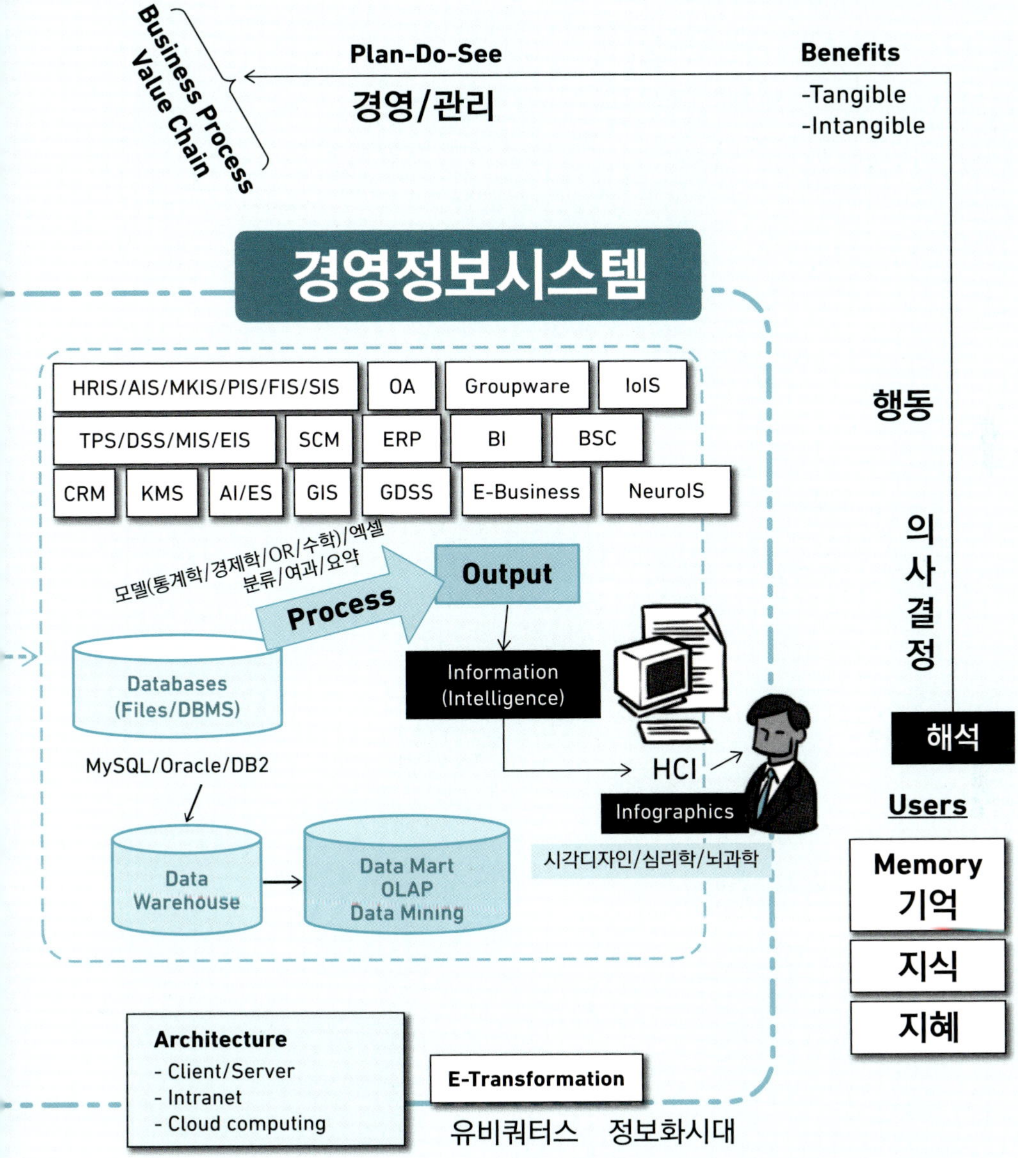
Business Process
Value Chain
Plan-Do-See
경영/관리
Benefits
-Tangible
-Intangible
경영정보시스템
HRIS/AIS/MKIS/PIS/FIS/SIS
OA
Groupware
IoIS
TPS/DSS/MIS/EIS
SCM
ERP
BI
BSC
CRM
KMS
AI/ES
GIS
GDSS
E-Business
NeuroIS
모델(통계학/경제학/OR/수학)/엑셀
분류/여과/요약
Process
Output
Databases
(Files/DBMS)
Information
(Intelligence)
MySQL/Oracle/DB2
HCI
Infographics
시각디자인/심리학/뇌과학
Data
Warehouse
Data Mart
OLAP
Data Mining
행동
의사결정
해석
Users
Memory
기억
지식
지혜
Architecture
- Client/Server
- Intranet
- Cloud computing
E-Transformation
유비쿼터스 정보화시대

어려운 정보기술 이야기를 쉽게 이해할 수 있도록 해보려고 최선을 다했습니다. 이 책은 다음 중 하나에 해당하는 분들이 읽어보시면 좋을 것 같습니다.

- 기업에서 IT와 정보시스템이 어떻게 구축되어 활용되는지 알고 싶은 대학생
- IT와 정보시스템을 잘 활용하는 기업에 들어가 일하려는 취업 준비생
- 경영정보시스템(MIS)의 이론적 기초와 현실적 활용을 전반적으로 이해하고 싶은 대학원생
- 기업에서 일하고 있지만 전산실과의 소통에 어려움을 느끼는 기업인과 직장인
- IT를 공부하고 싶지만 어디서부터 시작해야 할지 모르는 일반인

이 책을 완성하는 데 많은 시간이 걸렸지만 여전히 부족해 보입니다. 정보기술의 발달 속도가 워낙 빨라서 6개월이 지나면 이 책의 내용 중 또 어떤 변화가 있을지 모릅니다. 독자들과의 지속적인 소통을 통해서 최신의 정보와 지식을 전달하도록 하겠습니다.

인터넷 북카페 http://cafe.daum.net/todaktodakIS

이 책을 펴내는 데 도움을 주신 많은 분들을 일일이 밝히지 못해서 죄송합니다. 그 분들께 전하고 싶은 한 마디가 있습니다.

"고맙습니다."

저자 일동

차례

2.2 컴퓨터가 사람이 되어간다

2.3 데이터베이스

2.4 데이터 처리에도 설계가 필요하다

chapter 3 정보시스템 구축

3.1 시스템적 접근 그리고 정보시스템의 정의와 구성요소

3.2 정보시스템의 구축 접근법

3.3 정보시스템의 구축방법론

3.4 정보시스템의 성공과 실패

chapter 4 정보시스템 사례연구

4.1 기업의 정보시스템 유형과 사례

01 정보

1.1 데이터가 없으면 정보도 없다

1.2 경영은 의사결정이고, 의사결정의 핵심은 정보다

1.3 목표는 시스템이다

1.1

데이터가 없으면 정보도 없다

우리는 우주에 흔적을 남기기 위해 여기에 있다.

We're here to put a dent in the universe.

— *스티브 잡스Steve Jobs, 1955. 2. 24 ~ 2011. 10. 5*

분류	정의
데이터 (Data)	현실 세계로부터 관찰이나 측정 등의 수단을 통하여 수집한 사실(facts)이나 값(values)을 문자나 숫자, 기호, 그림 등으로 표현한 것
정보 (Information)	데이터로부터 얻은 의미를 갖는(Meaningful) 결과물로서 의사결정(Decision Making)에 도움이 되는 것
지식 (Knowledge)	데이터와 정보, 경험과 직관 등을 특정한 목적이나 상황과 관련이 있도록 체계화(Systemizing)하여 얻은 것
지혜 (Wisdom)	사건이나 상황을 이해하고(Understanding) 깨달아서 자신의 행동과 인식, 판단을 이에 맞출 수 있는 것

암각화도 데이터다

Petroglyphs are data, too

국보 285호로 지정되어 있는 울산의 반구대 암각화에는 사람이 물고기나 고래, 거북, 사슴, 멧돼지 같은 동물들을 사냥하거나 잡는 모습들이 그림으로 표현되어 있다. 이것은 문자가 쓰이기 전에도 인간들은 무언가를 표현하려고 했다는 것을 의미한다. 이처럼 데이터는 현실 세계로부터 관찰이나 측정을 통하여 수집한 사실을 문자나 기호, 그림을 이용하여 표현하는 것이다. 데이터를 인간의 두뇌에 기억하는 것은 매우 제한적이고 죽으면 없어지지만, 암각화와 같은 데이터의 기록은 오랫동안 보존되고 전달될 수 있다. 암각화를 보면 조상들의 생활을 추정할 수 있고, 고기잡이나 사냥과 같은 그 시대의 정보도 얻을 수 있다.

문자와 숫자, 그리고 활자는 데이터를 위한 기술이었다

Characters, Numbers, and printing were the technologies for data

그림이나 기호가 눈으로 볼 수 있는 것을 표현하는 데 매우 정확한 수단이지만, 사람이 생각하고 사용하는 언어를 기록하는 데 있어서는 한계가 있다. 문자와 숫자의 발명은 인류가 다른 동물들과 완전히 차별화되는 계기가 되었는데, 현실세계에서 보고 들은 것은 물론이고 생각하고 말하는 것까지도 표현할 수 있게 되었다. 초기에는 단순히 현상과 관련된 데이터를 기록하려는 의도였지만, 나중에는 그 의미를 기록하기 위한 것으로 발전하였다.

오늘날 휴대폰은 사람의 목소리를 전 세계 누구와도 주고받을 수 있는 수단이 되었는데, 사실 휴대폰은 목소리를 데이터로 변환시켜서 보내준다. 이것은 목소리를 문자로 표현할 수 있기에 가능한 것이다.

활자의 발명은 책을 대량으로 생산할 수 있는 길을 열었는데, 데이터의 기록

B.C. 3300년 Babylon의 Clay Tablet
(정보의 단순기록)

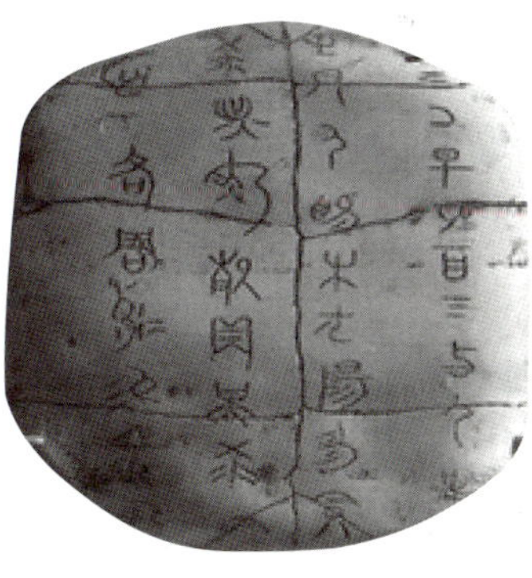

B.C. 1300년 중국의 갑골문자
(정보의 의미 저장)

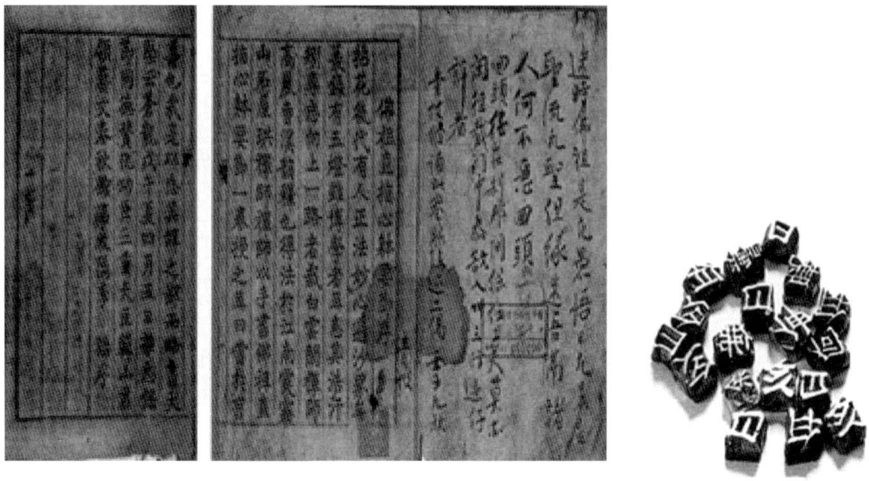

A.D. 1234년 고려의 금속활자 (직지심경)

뿐만 아니라 유통까지도 가능하게 만들었다. 데이터를 기록한 책을 대량으로 생산하여 전국 각지에 보낼 수 있게 되었고, 그렇게 유통된 책을 통해 정보와 지식을 얻을 수 있었다.

데이터만 있으면 미래도 예측할 수 있다

Data is all we need to predict the future

미국에서는 매년 3월 초에 아카데미상을 시상한다. 많은 영화인들과 팬들이 주목하는 아카데미 시상식은 전년도에 상영된 영화들 중에서 우수한 작품과 배우들을 뽑는 행사이다. 《LA Times》는 2012년 아카데미상 발표 하루 전날에 시상식이 열리는 LA지역의 사람들이 주고받은 트위터 데이터를 수집하고 분석하여 예측을 하였다. 그 결과는 놀랍게도 작품상과 감독상은 물론이고, 여우주연상과 남우주연상까지 트위터에서 많이 언급된 배우가 받았다. 이것은 트위터에서 언급되는 단

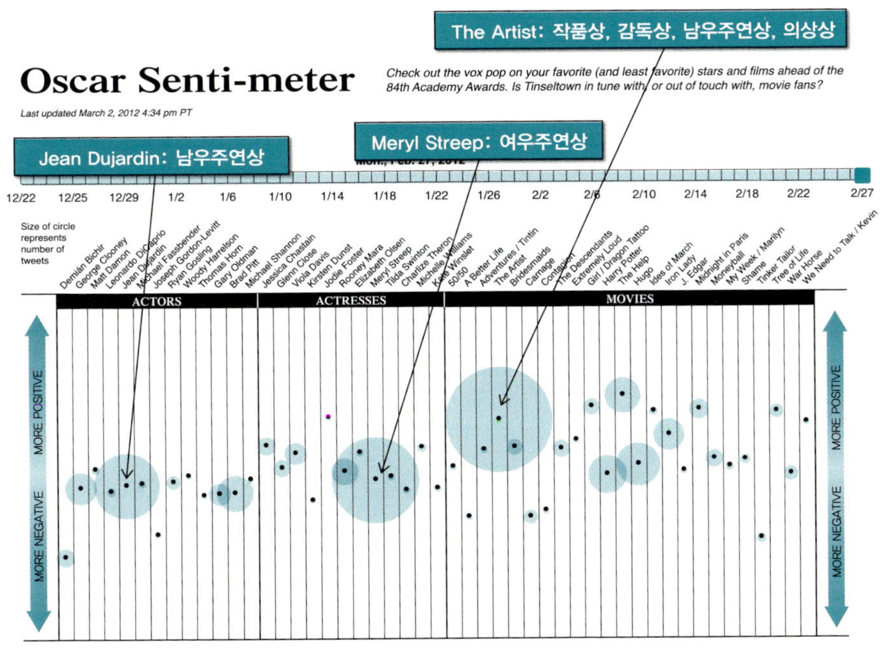

IBM 트위터 분석결과
LA Times: 2012년 3월 2일

어들이 실제로 미래에 발생할 일들과 관련이 있다는 것을 보여주는 사례였는데, 지금은 지진이나 태풍까지도 예측하려는 시도가 이어지고 있다.

모든 정보는 데이터로부터 나오고, 정확한 데이터만 있으면 정보는 얼마든지 만들 수 있다. 최근에는 컴퓨터 데이터 처리 능력이 막강해지면서 일반인들이 주고받는 문자메시지나 전기 및 수도 사용량과 같은 공공 데이터를 분석하려는 시도가 나타나고 있는데, 이것을 빅데이터라고 한다.

스포츠 경기는 변수가 많아서 결과를 예측하기가 매우 어렵다. 그러나 2014년 브라질 월드컵에서 경기결과 예측에 도전해 거의 100% 성공하는 일이 벌어졌다. 사람이 아닌 컴퓨터였다. 구글(Google)과 마이크로소프트(Microsoft)는 전 세계에서 긁어모은 데이터를 기반으로 승패를 예측해서 16강전 여덟 경기의 결과를 모두 맞혔다. 8강전에서는 구글이 네 경기 중에서 세 경기만 맞고 한 경기는 틀렸는데, 마이크로소프트가 개발한 '코타나(Cortana)'라는 시스템은 모두 맞혔다. 코타나의 예측은 4강전과 결승전 까지 모두 적중했다. 코타나가 맞히지 못한 것은 브라질과 네덜란드가 벌인 3, 4위전 뿐이었다. 인간은 불과 서너 개의 변수만을 가지고 미래를 내다보려 하지만, 컴퓨터가 고려할 수 있는 변수는 거의 무한대에 가깝다. 컴퓨터는 선수들의 경기력이나 팀의 과거기록뿐만 아니라 브라질에 입국한 팬들의 숫자나 관중의 열정과 같은 변수까지도 포함할 수 있기 때문에, 둥근 공이 어디로 굴러갈지를 예측할 수 있는 것이다. 어쩌면 우리는 둥근 공을 더 이상 둥글게만 바라볼 수 없는 세상에 살고 있는지도 모른다.

출처: 대구일보 2015년 6월 8일

모든 데이터의 시작은 관찰이다

All data come from observation

데이터는 '현실 세계로부터 관찰이나 측정 등의 수단을 통하여 수집한 사실facts이나 값values을 문자나 숫자, 기호, 그림 등으로 표현한 것'이라고 하였다. 여기서 측정도 관찰을 통하여 얻는 것이라고 볼 때, 관찰은 데이터의 시작이라고 할 수 있다.

암각화도 고대인들이 사냥이나 낚시를 하면서 관찰한 것들을 기록한 것이고, 역사책도 누군가 관찰을 통하여 기록한 것이다. 기업들은 고객과의 거래를 철저하게 관찰하고 기록하여 데이터로 남기려 한다.

인류 역사에 엄청난 영향을 끼친 찰스 다윈Charles Darwin, 1809~1882은 암기식 교육에 적응하지 못하고 성적도 엉망이었지만, 유전학이 전혀 없던 시절에 살았던 그가 진화론을 발견한 것은 관찰력 때문이었다. '오리는 오리를 낳고, 호랑이는 호랑이를 낳고, 사람은 사람을 낳고…' 이런 관찰에 근거해서 '모든 동물들은 같은 조상으로부터 나오지 않았을까'라는 생각을 하게 된 것이다. 알버트 아인슈타인Albert Einstein, 1879~1955도 수학을 제외하고는 뛰어나지 않은 학생이었지만, 그가 관찰한 것은 하늘의 별이었다. '저 별빛이 우리 눈에 오는 데까지 걸리는 시간이 얼마나 될까' 이러한 관찰로부터 출발한 그가 평생 동안 연구한 것은 '사람이 빛을 타고 여행을 하면 어떻게 될까'라는 것이었다. 모든 위대한 발견과 발명은 예리한 관찰로부터 출발하였다는 것이다.

커피숍의 점원이 하루 동안 판매된 커피의 양과 종류, 그리고 고객까지도 모조리 기억할 수 있다면 컴퓨터를 쓰지 않아도 될 것이다. 그러나 사람의 기억은 양과 질에 있어서 매우 제한적이고 주관적이다. 어제 일어난 일도 기억하기 힘든 경우가 대부분이다. 이처럼 사람의 관찰이 정확하지 않다고 생각할 때, 기업은 컴퓨터나 카메라와 같은 기계장치를 이용하여 관찰한 기록을 남긴다. 사실 커피숍에서 아이스 아메리카노를 한 잔 마신 것조차 관찰되고 기록되는 세상에 우리는 살고 있는 것이다.

기업은 관찰을 해야 하고 관찰한 것들을 데이터로 만들고, 그 데이터를 가공해서 정보를 만들어낸다. 결국 모든 기업의 성패는 비즈니스 활동을 얼마나 잘 관찰하여 데이터로 만들 수 있느냐가 출발점인 것이다.

데이터는 정보를 만들어내는 원재료다

Data are the raw materials of information

미국인들이 사무실에서 흔히 쓰는 표현으로 "GiGo: Garbage in, Garbage out"이란 말이 있다. 좋은 데이터가 없으면 좋은 정보와 지식은 얻을 수 없다는 뜻이다. 마찬가지로 좋은 시나리오가 감독과 배우를 잘못 만나서 나쁜 영화가 될 수는 있지만, 나쁜 시나리오는 아무리 훌륭한 감독과 배우를 만나도 좋은 영화가 될 수 없다.

토마스 그레샴Thomas Gresham, 1519~1579은 영국의 경제학자였는데, 당시 엘리자베스 여왕에게 보낸 편지에서 "악화惡貨가 양화良貨를 구축驅逐한다Bad money drives out good"는 유명한 말을 남겼다. 액면가가 실제 가치보다 높은 주화가 있고, 액면가가 실제 가치보다 낮은 주화가 동시에 유통된다면, 사람들은 실제 가치가 높은 주화는 보관하거나 저축하려 하는 반면에, 실제 가치가 낮은 주화만을 사용하게 된다는 것이다. 이것은 단지 화폐에만 적용되는 것이 아니라 기업의 인사관리나 명품에도 적용된다. 예를 들어 업무능력이 떨어지고 무능한 직원들이 우수한 직원들로 하여금 회사를 떠나게 만드는 경우도 있고, 짝퉁이 진짜 명품의 유통을 방해하는 경우도 있다.

이것은 데이터에도 적용된다. 부정확한 데이터가 정확한 데이터를 몰아내기도 한다Bad data drives out good. 예를 들어 영업실적이 우수한 우량기업이 일시적인 자금난을 겪는 경우에 그 소문이 급속히 퍼져서 투자자들이 떠나면서 도산하기도 한다. 그래서 기업의 활동에 있어서 데이터를 잘 관리하는 것은 매우 중요한 일이다. 모든 의사결정은 데이터로부터 기인하기 때문이다.

커피숍에서 만들어지는 다양한 메뉴들은 반드시 원두나 우유, 그리고 물과 같은 재료가 있어야 만들 수 있다. 사실 이 세상의 모든 물건들은 재료를 가공하거나 변형하여 처리한 것이다. 이처럼 정보는 데이터라는 원재료를 가공하고 처리하여 얻은 결과물이다.

예를 들어, 커피숍에서 각각의 메뉴마다 판매량과 금액을 매일매일 기록하여 매출액의 추이를 살펴보고 원두커피의 주문량을 결정한다. 여기서 판매량과 금액 등을 기록하는 것이 바로 데이터를 수집하는 활동이다. 그리고 수집된 데이터를 표나 그래프로 만들어서 보게 되면 훨씬 더 나은 이해와 의사결정을 할 수 있게 되는데, 이렇게 표나 그래프로 만드는 것이 바로 정보를 생성하는 과정인 것이다. 결국 정보를 얻고 싶으면 반드시 데이터가 있어야 하는 것이다.

Data	Information
Name or measure of a fact	Resultant form of the fact
Raw materials of information	Resultant version of some data
Unprocessed or Unorganized	Processed or Organized
Meaningful or meaningless	Must be meaningful

※ 정보화촉진기본법에서는 정보를 "자연인 또는 법인이 특정목적을 위하여 광 또는 전자적 방식으로 처리하여 부호 · 문자 · 음성 · 음향 및 영상 등으로 표현한 모든 종류의 자료 또는 지식"으로 정의하고 있다.

모든 데이터가 정보가 되지는 않는다

Not all data become information

기업에서는 데이터와 정보를 나누는 기준이 더욱 명확하다. 많은 데이터를 수집하고 기록하지만, 의사결정에 영향을 끼치거나 도움이 되는 경우에만 정보라고 인정을 하게 된다. 사실 개인의 경우에도 여러 의사결정을 하는데, 도움이 되는 정보를 많이 가지고 있으면 두뇌를 잘 활용하는 것이다. 그러나 의사결정에 도움이 되지 않는 데이터를 머릿속에 많이 가지고 있으면 그만큼 두뇌 활용을 잘못 하고 있는 것이다.

주식시장에 상장된 기업들은 손익계산서와 같은 재무제표를 의무적으로 공개해야 한다. 예를 들어, 삼성전자의 재무제표가 공개되면 주식가격이 큰 폭으로 오르내린다. 삼성전자 주식을 가지고 있는 사람들에게는 매우 중요한 정보이기 때문이다. 그러나 삼성전자 주식을 가지고 있지 않거나 관심이 없는 사람에게는 그냥 데이터일 뿐이다.

회원제를 운영하는 커피숍의 경우, 회원의 키나 신발사이즈 같은 데이터를 수집하지는 않는다. 이런 데이터가 커피숍을 관리하고 운영하는 것과 관련된 여러 가지 의사결정을 하는 데 있어서 크게 도움이 되지 않기 때문이다. 아무리 좋은 데이터를 가지고 있어도 의사결정에 도움을 주지 못하면 정보가 아니라 그냥 데이터일 뿐이다.

커피숍에서 회원들의 전화번호를 가지고 있다 하더라도 판촉활동을 위한 정보로 사용할 필요가 없다고 판단하여 사용하지 않는다면, 이런 데이터들은 그냥 데이터일 뿐, 의사결정을 도와주는 정보가 되지는 않는다. 그러나 전화번호의 위치를 파악하여 고객들의 지역별 분포를 파악하고 판촉활동을 하는 데 활용한다면 이

(2014/07/06 오후 9:11:28)

현재지수	전일비	등락률(%)	시가지수	고가지수	저가지수	등락률(%)		거래대금(백만원)	
						외국주 미포함	외국주 포함	외국주 미포함	외국주 포함
2,009.66	▼ 1.31	-0.07	2,018.35	2,018.35	2,005.84	237,844	241,513	3,080,677	3,091,701

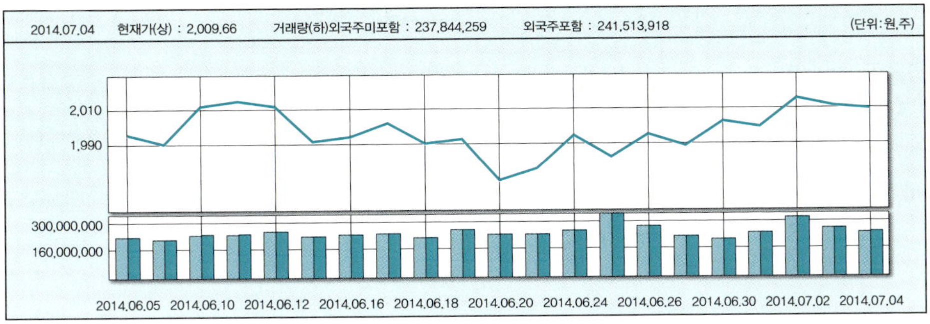

출처: 한국증권거래소

삼성 전자 재무제표

재무상태표-2013/12/31

자산	214조	부채	64조
유동자산	111조	유동부채	51조
		비유동부채	13조
비유동자산	103조	자본	150조
총자산	214조	총자본	214조

손익계산서-2013과 2012

	2013	2012
매출액	229조	201조
매출원가	(138)	(127)
매출총이익	91	74
판매관리비	(54)	(45)
영업이익	37	29
영업외수익/비용	1	1
세전이익	38	30
법인세비용	(8)	(6)
당기순이익	30조	24조

것은 매우 중요한 정보가 될 수 있다. 결국 똑같은 데이터가 정보가 되기도 하고 정보가 되지 못하는 경우도 있는 것이다.

정보는 알아보는 사람의 것이다

Information is owned by the one who understands its value

이 세상에 정보는 널려 있다. 단지 그 정보를 알아보지 못하고, 그냥 데이터인 줄 알고 지나치는 경우가 많다. 인생을 성공으로 이끌어줄 사람이 눈앞에 있어도 알아보지 못하면 그냥 지나치는 사람일 뿐이다. 빌 게이츠가 1975년 1월 파퓰러 일렉트로닉스에서 Altair8800을 보지 못했거나, 보고도 아무 생각이 없었다면 오늘날 마이크로소프트는 없었을지도 모른다.

나는 너를 알고 있다

어느 도시를 가나 점집이 있다. 정치인이나 경제인들이 수십 년 동안 단골로 찾아서 용하다는 소문이 자자한 도사님들도 있지만, 동네의 아줌마, 아저씨들이 소박한 꿈을 영업무대로 대나무 하나에 의지하여 활동하는 역술인들도 있다. 청년실업이 역사상 최고인 시대에 서울의 강남이나 부산의 서면, 대구의 동성로 같은 도심의 뒷골목에서 타로카드 수십 장으로 창업을 해서 젊은 층의 고민을 함께 하는 1인 창조기업의 성공 모델도 있다.

어떤 점쟁이가 용하다는 소리를 들으려면 찾아온 사람들의 과거와 현재를 정확하게 알아 맞혀야 한다. 그래야만 미래에 관한 예언도 고객들이 신뢰할 수 있기 때문이다. 생년월일과 생시, 이름과 얼굴, 손금을 보고 사람의 직업이나 재산, 걱정이나 희망사항 등과 같은 상황을 알아 맞히는 것이 그 사람의 미래를 예측하는 것보다는 쉬울 가능성이 높다. 이런 관점에서 정보기술은 데이터를 모아서 현재를 파악하고 미래에 관한 의사결정을 하도록 도와주기 때문에 점쟁이와 흡사한 측면이 있다. 일본에서는 행운의 신으로 통하는 '빌리켄' 모습을 하고 있는 점쟁이 로봇이 오사카에 등장했다. 전화기로 생년월일과 같은 자기소개를 하고 운세를 물어보면 그 사람의 음성과 얼굴, 성별과 나이 등을 인식해 간사이지방의 사투리로 답을 해준다. 별자리나 운세 등을 기반으로 대화의 패턴을 저장하고 있고, 지속적으로 업그레이드된다고 한다.

IBM은 퍼스낼리티 인사이트라는 소프트웨어를 개발하였는데, 사람의 글을 분석하여 그 사람의 성격을 알아맞히기 위한 것이다. 어떤 사람의 트위터나 전자우편, 일기 등과 같은 내용을 넣어주면 텍스트분석을 통해서 결과를 보여주는 방식이다. 최소 100개의 단어를 입력하면 되지만, 정확한 분석을 위하여 3,500개 이상의 단어를 입력하는 것을 추천하고 있다. 입력된 단어들을 분석해서 인간의 5가지 핵심성향(개방성, 성실성, 외향성, 우호성, 신경성)과 욕구, 그리고 가치체계로 나누어 결과를 보여준다. 지금은 영어와 스페인어만을 지원하고 있는데, 아직은 시험용 웹사이트에서 공짜로 이용할 수 있다. 미국 역사에서 가장 중요했던 연설로 남아있는 마틴 루터 킹 목사의 〈I have a dream.〉의 원문을 입력했더니 "당신은 매우 분석적이고 합리적이며 공감능력이 우수하다"라는 설명과 함께 개방성 95%, 성실성 87%, 외향성 53%, 우호성 38%, 그리고 신경성 14%라는 결과를 보여주었다.

어차피 미래는 현재의 시점에서 알 수가 없지만 이미 일어난 사건들로 구성되는 과거는 그 사건의 관련자들의 머릿속에 기억되어 있고, 기록으로 남아 있는 경우도 있다. 미래에 대한 예측이 과거에 대한 정확하고 포괄적인 분석에 기초하는 것이라면, 수집할 수 있는 자료의 양에서는 사람이 컴퓨터를 따라올 수 없을 것이다. 수집된 자료의 분석과 통찰에 있어서는 컴퓨터보다 인간의 능력이 탁월한 것으로 인식되었지만, 이제 그것조차도 컴퓨터의 능력이 인간을 앞서가고 있다. 정보기술의 발달로 우리는 매일 문자나 카톡, 이메일을 주고받는다. 자녀들이 남긴 이런 데이터를 수집해서 컴퓨터에 입력하고 성격을 파악해서 미래를 준비하는 것이 점쟁이를 찾아가서 입시나 취업에 성공하겠냐고 묻는 것보다 정확하게 될지도 모른다.

출처: 대구일보 2015년 8월 31일

모든 데이터는 처리되어야 정보가 된다

All data must be processed to become information

커피숍 앞에 붙은 '50% 할인'이라는 광고를 보고 그 커피숍에서 커피 한 잔을 사서 마신다면, 당신은 그 '50% 할인'이라는 광고를 데이터가 아닌 의사결정을 위한 정보로 인식하고 행동한 것이다. 즉, '50% 할인'을 그냥 데이터로 인식하고 아무 생각 없이 지나치는 사람이 있는가 하면, 광고 데이터를 두뇌로 처리하여 의사결정을 위한 정보로 변환시키는 사람도 있는 것이다.

오늘날 기업에서 데이터를 모아서 처리하는 것은 주로 컴퓨터의 역할이다. 예를 들어, 커피원두의 생산지 가격은 거의 실시간으로 웹사이트에 올라오고 커피

자동차 회사 고객 데이터베이스

고객번호	이름	모델	년식	주소
000000001	김철수	그랜저	2000	서울
000000002	박수창	아반테	2001	강릉
000000003	이정미	소나타	2009	수원
000000004	정수현	에쿠스	2014	부산
000000005	장하나	소나타	2013	포항
000000006	여선미	제네시스	2012	대구
000000007	성창현	그랜저	2011	서울
000000008	안현수	포르테	2009	서울
000000009	강창호	소렌토	2005	대전
000000010	김민정	갤로퍼	2006	서울
000000011	유성식	에쿠스	2007	대전
000000012	조성일	에쿠스	2008	광주
.	.	.	.	.

차량 구입 시기가 5년이 경과한 차주를 찾자!

1차 정보

고객번호	이름	모델	년식	주소
000000001	김철수	그랜저	2000	서울
000000002	박수창	아반테	2001	강릉
000000003	이정미	소나타	2009	수원
000000008	안현수	포르테	2009	서울
.	.	.	.	.

서울에 거주하는 차주에 대한 정보를 찾자!

2차 정보

고객번호	이름	모델	년식	주소
000000001	김철수	그랜저	2000	서울
000000008	안현수	포르테	2009	서울
.	.	.	.	.

무역을 하는 중개상들은 이 가격을 기반으로 구매를 위한 의사결정을 한다. 이런 경우에 가격 데이터는 그 자체로 의사결정을 위한 정보가 되는 것이다. 그러나 가격 데이터를 보고 판단하는 것은 여전히 사람의 몫인 경우가 대부분이다. 사람이 데이터를 보고 두뇌를 활용하여 처리하여 정보라는 인식을 갖게 되는 것이다. 만약 컴퓨터가 판단을 대신해서 의사결정을 한다고 하더라도 컴퓨터가 데이터를 보고 판단하여 처리한 것이다. 이처럼 모든 데이터는 기계(컴퓨터)나 인간두뇌의 처리를 거쳐서 정보가 된다.

데이터 처리의 3형제, 분류-여과-요약

The three methods of data processing are classification, filtering, and summarization

분류Categorization는 막강한 위력을 가지고 있다. 동물과 식물, 남자와 여자, 백인과 흑인, 그리고 황인과 자연계의 존재들을 나누는 데 있어서 분류는 절대적이다. 한국과 중국, 서울과 지방, 기업과 정부 같은 사회적 존재들도 일정한 기준에 의하여 분류되고 있다. 이런 분류는 시험문제를 푸는 것과도 깊은 관련이 있다. 예를 들어, 어떤 수학문제를 풀기 위해서는 그 문제가 방정식에 관련된 것인지, 아니면 함수에 관련된 것인지를 알아야 어느 지식을 활용할 것인지를 결정할 수 있다. 사실 어떤 현상을 보고 그 현상이 어디에 속하는지를 이해하는 것은 인간이 가진 대단히 중요한 능력이다. 인간은 수천 년에 걸쳐서 현상을 분류했고 그 결과로 여러 가지 학문들을 만들어냈다. 모든 학문은 세부적인 분류체계를 가지고 있는데, 경영학은 인사, 회계, 재무, 마케팅, 생산, 전략, 경영정보와 같은 분류체계를 가지고 있고, 경영정보는 정보와 기술, 그리고 시스템이라는 체계를 갖추고 있다. 어떤 공부를 하든 그 학문이 가진 전체적인 분류체계를 이해하지 못하는 것은 지도 없이 바다를 떠돌아다니는 것과 같다고 볼 수 있다.

기업 활동에서 발생하는 각종 데이터를 제대로 분류하지 않으면 좋은 정보를 얻기 어렵다. 회계와 관련된 데이터를 회계 데이터베이스에 넣어두어야지, 마케팅에 넣어두면 다시 찾기 어렵고 정보 생성에 활용하기도 어렵다. 모든 기업은 부서별로 업무를 분류해서 처리하는데, 이것은 발생하는 데이터를 처리하기 위한 것이다. 그 결과로 부서들은 각종 보고서를 출력하는데, 내부용과 외부용, 정기와 비정기, 정형과 비정형 같은 분류를 가지고 있다. 결국 좋은 분류를 가지고

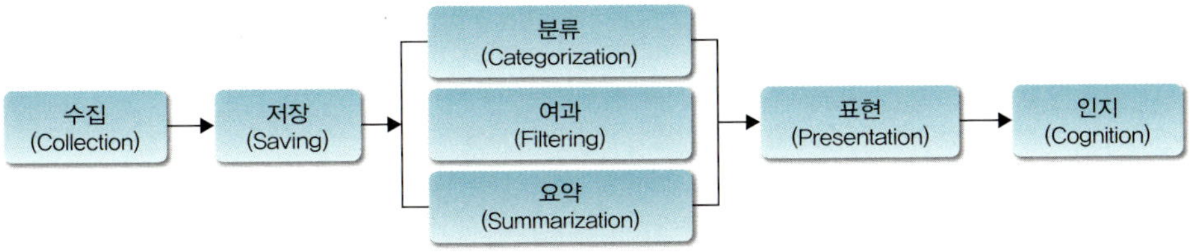

데이터 처리의 과정

있으면 그만큼 데이터를 수집·저장하여 빠르고 정확한 정보를 생성하기가 수월한 것이다.

기업 활동에서 발생하는 데이터의 양은 엄청나기 때문에, 어떤 형태로든 정보를 생성하려면 여과Filitering의 과정을 거치게 된다. 불필요한 데이터를 걸러내고 필요한 데이터만을 추출하는 것이다. 데이터에 숨어있는 오류값incorrect value이나 비정상적인 특이값outlier 등으로 인해 의미가 없거나 틀린 데이터를 걸러내야 한다. 틀린 데이터를 기반으로 여과 없이 정보를 생성하여 기업의 경영에 그대로 활용한다면 그 결과가 기업의 실패로 이어질 수도 있다. 따라서 불필요하고 부정확한 데이터를 걸러내는 여과처리는 경영정보를 위해서 반드시 필요한 과정이다.

데이터를 분류하고 여과하여 처리된 정보라고 하더라도 최종적으로 요약의 과정을 거치게 된다. 100쪽이 넘는 긴 보고서들은 주로 Executive Summary라는 제목으로 최고경영자를 위한 요약을 제공한다. 사실 우리가 매일 보는 신문기사들은 어떤 형태로든 분류와 여과, 그리고 요약의 과정을 거친 것이다. 기업의 보고서들도 방법에 있어서는 조금씩 차이가 있겠지만 분류와 여과, 요약의 과정을 필수적으로 거치게 된다.

세종대왕의 특수정보부대, 체탐자

King Sejong collected intelligence by way of a special force called Chetamja

우리나라 국가정보원의 영문이름은 National Intelligence Agency이다. 비슷한 기능을 수행하는 미국의 CIA도 Central Intelligence Agency가 원래의 이름이다. 이런 기관들은 국가 차원에서 정보를 수집하고 처리하는 역할을 수행하지만, 여기서 말하는 정보도 사실은 데이터 수집과 처리를 통하여 얻는 것이라는 점에서는 같은 개념이다. 하지만 이런 국가기관들은 데이터를 수집하기보다는 첩보를 수집한다고 하는데, 첩보는 다른 국가의 기관이나 기업들이 공개하지 않거나 공개하더라도 의미를 파악하기가 어려운 각종 데이터들을 말한다. 예를 들어, 세계적으로 가장 뛰어난 비밀 정보기관들 중의 하나로 많은 이들이 이스라엘의 모사드 Mossad를 꼽는다. 모사드는 미국이나 중국, 러시아 같은 강대국들과 비교해도 전혀 뒤지지 않는 뛰어난 정보력을 가지고 있는 것으로 알려져 있다. 모사드가 첩보 데이터를 수집하는 방법은 전 세계의 잡지와 서적, 언론매체는 물론이고, 전시회나 학회 등과 같은 모임들의 자료까지도 모두 수집하여 분석하는 것으로 알려져 있다. 이렇게 수집된 첩보 데이터를 요원들이 분석해서 의사결정을 위한 정보로 만들어내는 것이다. 이처럼 무심코 흘려버릴 수 있는 단 하나의 첩보 데이터도 그냥 지나치지 않고 정보로 만들어내는 힘이 첩보기관들의 힘인 것이다.

경찰의 경우에도 비슷한 역할을 수행하는 사람이 있는데, 프로파일러profiler라고 부른다. 범행과 관련된 여러 가지 데이터를 모아서 범인의 성별, 연령은 물론이고 성격이나 취향 등을 도출하는 역할을 수행한다. 프로파일러는 범행현장에서 데이터를 수집하여 범행의 과정이나 원인 등을 추정하고 가능성이 높은 용의자를 찾아낸다. 특히, 용의자와의 대화를 통한 심리분석 데이터를 기반으로 범죄의 원인과 과정을 재구성하기도 한다. 범행현장의 증거만으로는 불충분하여 일반적인 수사가 한계에 부딪힐 때 활용되는데, 연쇄살인 같은 강력범죄를 해결하기 위해 중요한 역할을 한다. 결국, 프로파일러도 데이터를 수집하여 분석하고 정보를 구하려는 사람인 것이다.

세종대왕은 북쪽으로 여진족을 정벌하고 4군과 6진을 설치하여 오늘날과 같은 모습으로 영토를 넓혔다. 이후에 여진족의 반발을 걱정한 세종은 압록강을 건너서 여진족의 깊숙한 곳까지 침투하여 정보를 수집하는 역할을 수행할 체탐자體探者라는 특수부대를 창설하였다. 이 특수부대는 목숨을 걸고 적진 깊숙이 들어가서 각종 정보를 수집하였는데, 적군의 배치와 규모, 심지어는 여진족장의 위치와 공격 가능성 같은 정보도 수집하였다. 이러한 정보를 기반으로 조선은 오랫동안 안정된 국경선을 유지할 수 있었다. 그러나 16세기에 들면서 여진족의 반발이 줄어들자 체탐자의 역할도 미미해져서 결국 조직이 없어졌는데, 인조에 이르러서는 다시 일어난 여진족의 후예인 만주족에게 병자호란을 겪으면서 참패하게 된다. 이와 같이 국가나 기업 외부에서 발생하는 정보를 수집하는 것은 반드시 필요하다.

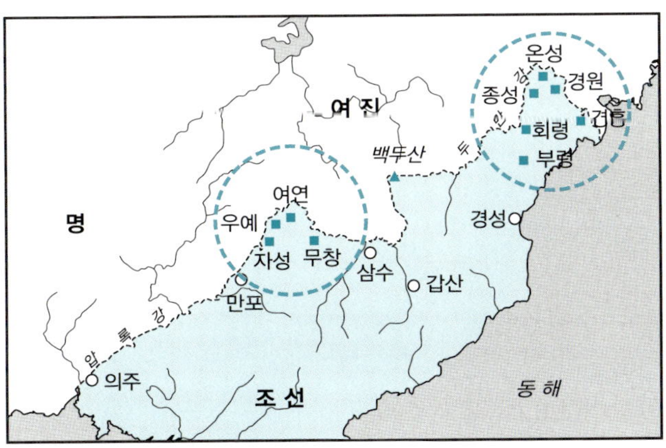

어제의 정보는 오늘과 내일의 의사결정을 위한 데이터가 된다

Yesterday's information becomes data for making decisions of today and tomorrow

신문은 거의 대부분 과거의 일어난 일들을 기록한 것이지만, 우리가 신문을 읽는 것은 과거의 일들이 우리의 현재와 미래에 영향을 끼치기 때문이다. 어제의 정보가 오늘과 내일의 의사결정을 위한 데이터가 되는 것이다. 예를 들어, 신문의 제목이나 사진을 보고 관심이 없으면 그냥 잊어버리고, 관심이 있으면 내용을 읽는다. 그러나 내용을 읽더라도 기억을 하는 경우보다 하지 못하는 경우가 훨씬 더 많다. 이것은 신문기사가 나의 미래 행동에 영향을 끼치지 못할 것 같다는 판단이 서면 기억이라는 처리과정을 거치지 않기 때문이다.

어제 집 근처에서 50% 할인하는 커피를 사 마셨다면, 그 기억은 두뇌 속에서 과거의 기록이 된다. 하지만 오늘이나 내일 그 기억을 떠올려서 다시 그 커피숍을 찾는다면 그것은 어제의 정보가 오늘의 의사결정을 위한 데이터가 되는 것이다. 결국, 과거에 일어났던 모든 일들에 대한 기억과 기록은 모두 오늘과 내일을 위한 데이터인 것이다. 커피숍을 포함한 모든 기업들은 발생하는 거래를 꼼꼼히 기록하여 구매량 결정이나 판매량 예측과 같은 정보를 생성한다. 은행도 고객과의 거래를 철저히 기록하여 데이터로 저장하고 처리하여 새로운 금융상품을 개발하고 더 나은 서비스를 제공하기 위한 정보를 얻으려 한다. 국가도 국민이 내는 세금을 분석하고 처리하여 정책수립을 위한 의사결정에 활용하려 한다.

정보를 체계화하면 지식을 얻을 수 있다

Knowledge can be obtained by organizing information

학교는 지식을 얻으려고 다닌다. 예를 들어, 경영학은 경영과 관련된 정보를 체계적으로 구성하여 지식화한 것이므로, 경영학을 전공하면 경영과 관련된 지식을 배워 여러 가지 의사결정에 도움이 되는 보편적인 정보를 얻을 수 있다. 정보를 체계화하여 지식으로 만들어 놓으면 해당 분야에서 반복적으로 발생하는 유사한 문제들을 해결하는 데 있어서 또 다시 데이터를 모으고 처리할 필요가 없어진다는 것이다. 지식을 생성하는 것은 의사결정에 도움이 되는 정보를 추출할 수 있기 때문이다. 학자들은 저마다의 학문분야에서 발생하는 데이터를 처리하여 얻은 정보를 체계화하여 지식을 만들어내는 것이 임무이다. 기업의 입장에서도 해당 분야에서 발생하는 문제와 해결책들을 정보화하여 체계적으로 정리한 지식을 가지고 있다면 훨씬 더 우수한 경영을 할 수 있을 것이다.

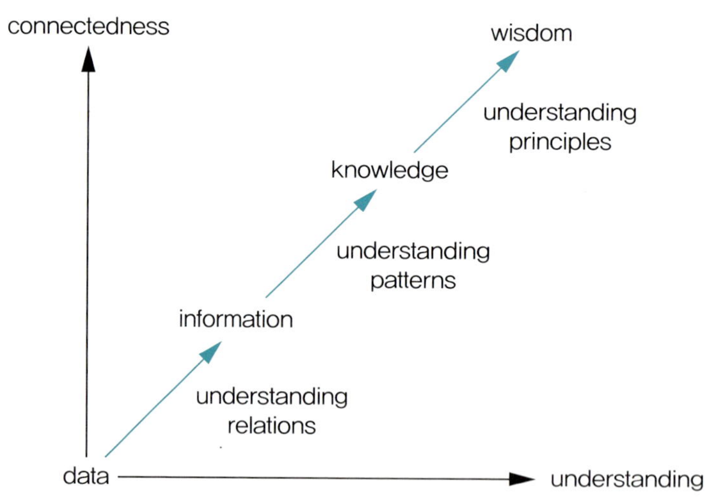

데이터: 한 개의 사실이나 현상에 관해 기록하여 데이터를 생성한다.

예) 오늘 우리 커피숍은 전체 판매량 중에서 아메리카노를 68% 판매했다.

정보: 사실(들)을 모아서 의사결정에 도움이 되는 정보를 만든다.

예) 과거 기록을 보니 10월 일일 평균 63% 아메리카노를 판매했다.
→ 이 데이터를 바탕으로 11월의 커피원두 주문량을 결정한다.

지식: 정보를 바탕으로 패턴을 찾아내서 예측을 가능하게 한다.

예) 메뉴별로 지난 3년 치 매달 평균을 산출하여 패턴을 이해한다.

20세기의 놀라운 발전은 데이터를 정보와 지식으로 만드는 데 기여한 연구와 학문이 있었기 때문이다. 그런데 정보와 지식이 넘쳐나지만 지혜를 얻는 것은 다른 문제이다. 데이터로부터 정보를 얻고 정보로부터 지식을 얻었는데, 지식으로 지혜를 얻는 방법도 있을까.

정보는 항상 중요했고, 앞으로도 그럴 것이다

Information has always been important and it will be forever

흔히들 오늘날을 가리켜서 정보화사회라고 한다. 정보화는 기술적인 측면에서 정보의 생산과 처리, 축적, 유통, 공급에 관련된 기술이 발달하여 정보가 중요한 재화로 인식되어 인간생활의 각 분야에서 다양하게 활용되는 변화를 말한다. 또한, 생산과 경영의 측면에서는 공장이나 사무실에 전자정보기기가 도입되어 사무자동화가 이루어지고, 생산기술이나 경영전략에 관한 정보에 대한 활용이 활발하게 진행된 상태를 의미하는 것이다. 산업 분야에서는 정보의 생산과 처리, 축적, 유통, 공급을 담당하는 산업 및 필요한 소재나 기기를 제공하는 산업, 즉 정보산업이 발달하는 것을 말하며, 나아가 종래의 농림어업 · 공업 · 서비스업도 생산되는 재화나 서비스에 디자인이나 브랜드, 그리고 정서적 만족도 등과 같은 부가가치로서의 정보를 추가함으로써 정보산업화하는 것을 가리킨다. 직업 분야에서는 정보의 생산, 처리, 축적, 유통, 공급과 관련된 직업, 특히 전문직이나 기술직이 늘어나고 사회적인 권력을 갖게 되는 현상을 가리킨다. 또한 사회생활에서는 정보기술을 배경으로 새로운 커뮤니케이션 네트워크가 형성되어 사람들이 정보활동이나 정보소비가 왕성해지는 것을 말한다.

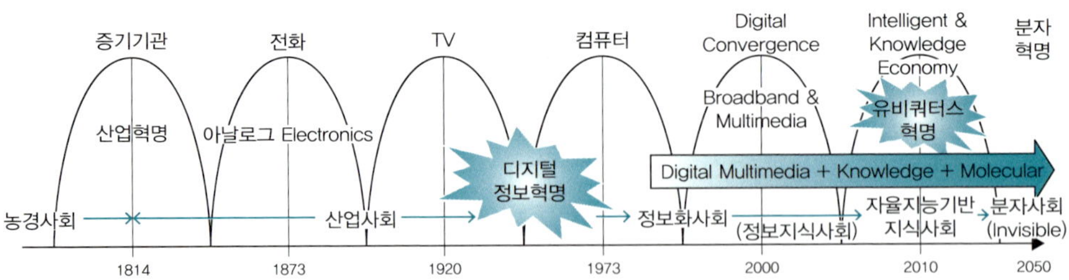

출처: http://hojuilbo.tistory.com/864

살수대첩 상상도

출처: 교육부 〈국사 교과서〉

정보는 가방이나 화장품 같은 일반적인 물건과는 다르다. 물건은 복제하는 데 비용이 들고, 쓰면 쓸수록 닳아서 없어지지만, 정보는 거의 0에 가까운 비용으로 무한대로 복제할 수 있고, 많이 사용한다고 해서 없어지지도 않는다. 그렇다면 정보는 언제부터 중요했을까? 컴퓨터나 스마트폰 같은 정보기기가 발달하기 훨씬 전부터 정보는 아주 중요했다. 구석기시대에 원시인들이 짐승을 잡으러 다닐 때는 짐승의 위치나 공격방법과 같은 정보가 중요했고, 삼국시대에 고구려의 을지문덕이 목숨을 걸고 수나라 군대로 들어가서 얻은 것도 정보였다. 농업사회에서 비가 언제 오는지, 바람이 어느 쪽으로 부는지에 관한 정보가 마을의 생산량에 엄청난 영향을 끼쳤다. 산업사회가 되어 공장의 굴뚝마다 연기가 피어오를 때, 공장장은 직원의 수나 생산량, 기계의 상태와 같은 정보를 늘 기록하고 보고하였다. 오늘날 커피숍의 사장님도 어떤 고객이 어떤 메뉴를 좋아하는지를 데이터베이스에 저장하고 처리하여 정보를 얻어서 활용한다. 인류가 지구에 등장한 이후로 정보가 중요하지 않았던 적은 단 한 번도 없었고, 앞으로도 그 중요성은 더욱 심해질 것이다.

정보의 격차가 세상을 분할한다

The digital divide divides the world

정보격차Digital Divide는 정보기기나 통신기기의 낙후로 인하여 발생하는 여러 가지 불균형을 의미한다. 주로 경제적 수준이 낮은 지역이나 국가에 사는 사람들이 인터넷과 같은 정보기술의 혜택으로부터 격리된 생활로 어려움을 겪게 된다는 것이다. 실제로 아프리카나 아시아의 저개발 국가들에서는 충분한 행정과 복지, 교육 서비스를 받지 못하는 것으로 나타나고 있다.

최근에 UN 산하의 국제통신연합International Telecommunication Union은 DOIDigital Opportunity Index를 측정하고 있다. DOI는 Digital Divide의 상대적인 개념으로 정보기술을 기반으로 한 정보화가 이루어지고 있는 정도를 측정하여 국가나 지역별로 필요한 기술과 정보를 제공하려는 시도이다.

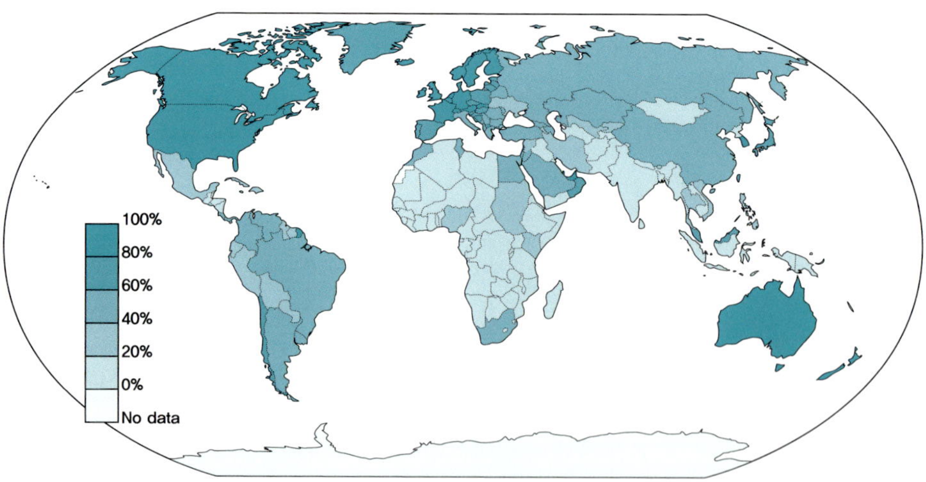

출처 : 국가별 100명당 인터넷 사용자 수 2001-2011", International Telecommunications Union

조선시대에는 책이 귀했기 때문에, 책을 가지지 못하면 공부를 할 수가 없었고 시험을 쳐서 관직에 나갈 수도 없었다. 그 당시에는 책이 정보를 입수할 수 있는 거의 유일한 수단이었지만, 오늘날에는 정보통신기기를 얼마나 잘 활용하느냐가 유익한 정보를 입수하는 수단인 것이다.

ICT Development Index (IDI), 2015 and 2010

국가	2015 순위	2015 점수	2010 순위	2010 점수
Korea (Rep.)	1	8.93	1	8.64
Denmark	2	8.88	4	8.18
Iceland	3	8.86	3	8.19
United Kingdom	4	8.75	10	7.62
Sweden	5	8.67	2	8.43
Luxembourg	6	8.59	8	7.82
Switzerland	7	8.56	12	7.60
Netherlands	8	8.53	7	7.82
Hong Kong, China	9	8.52	13	7.41
Norway	10	8.49	5	8.16
Japan	11	8.47	9	7.73
Finland	12	8.36	6	7.96
Australia	13	8.29	15	7.32
Germany	14	8.22	17	7.28
United States	15	8.19	16	7.30

출처: http://www.itu.int/net4/ITU-D/idi/2015/

유비쿼터스는 진화 중…

The "ubiquitous" world is evolving

유비쿼터스Ubiquitous는 라틴어 'ubique'를 어원으로 하는 영어의 형용사로 '동시에 어디에나 존재하는'이라는 사전적 의미를 가지고 있다. 즉 시간과 장소에 구애받지 않고 언제, 어디서나 통신망에 접속하여 데이터를 주고받을 수 있는 환경을 의미한다. 유비쿼터스 환경이 구축되려면 사물이나 사람에게 데이터를 송수신할 수 있는 센서를 부착할 수 있어야 한다. 예를 들면, 건물의 내외부에 RFID를 설치하고 데이터를 수집하여 건물의 안전도를 측정하거나 유지보수가 필요한 부분을 찾아내는 것이다.

유비쿼터스 개념을 컴퓨팅과 연결시켜 본격적으로 연구한 것은 미국의 제록스에서 근무하고 있던 마크 와이저Mark Weiser이다. 마크 와이저는 1988년 제록스Xerox의 Palo Alto 연구소에서 일하면서 이전의 유비쿼터스 개념을 새로운 패러다임 이상의 수준으로 발전시켰다. 마크 와이저는 유비쿼터스 컴퓨팅이란 '네트워크 기반의 확장형 컴퓨팅 환경을 의미하며, 머지않아 수백 대의 컴퓨터가 한 명의 사람을 위해서 존재하는 유비쿼터스 시대, 즉 '언제 어디서나 컴퓨터에 액세스할 수 있는 세계가 도래할 것'이라고 말했다.

사물인터넷IoT: Internet of Things은 유비쿼터스의 확장된 개념으로 볼 수 있는데, 부착된 센서가 스마트하고 지능적으로 작동하는 것을 말한다. 예를 들어, 유비쿼터스는 축구경기에서 11명의 선수가 입고 있는 유니폼에 센서를 부착하여 흘린 땀의 양과 성분을 분석하여 가장 피로도가 심한 선수를 찾아내어 교체하는 의사결정을 하거나, 잠시라도 쉬는 타임을 이용하여 적절한 영양분을 담은 음료수를 마시도록 하는 것이다. 뿐만 아니라 사물인터넷은 유니폼을 통한 땀의 배출과 피로도의 측정과 분석은 물론이고, 근육압박이 필요한 부분은 유니폼을 줄어들게 하여 압박해 주기도 한다. 또한, 자동차에 센서를 부착하여 개별 차량의 부품상태는 물론이고, 전방의 교통체증이나 위험한 상황을 미리 알려줄 수도 있는 것이다.

세계적으로 소셜미디어와 모바일 기기의 확산으로 인하여 다양한 종류의 대규모 데이터가 급속히 생성, 유통, 저장되고 있다. 또한, 센서 장비의 확대와 클라우드 컴퓨팅 기술의 발전은 물류의 이동 및 재고의 변화를 가져왔으며, 개인정보 및 소비행태와 같은 일상에 대한 디지털 기록을 가능하게 하고 있다. 기업과 사회는 이렇게 수집된 데이터를 기반으로 예측분석을 시도한다. 이를 위하여 다양한 종류의 대규모 데이터 처리와 분석, 그리고 활용 기술이 요구된다. 대량의 다양한 데이터 생산 기술의 진보와 이에 필요한 데이터 저장, 관리, 분석 기술의 발전 속에서 빅데이터라는 개념이 출현하게 되었다.

1.2

경영은 의사결정이고, 의사결정의 핵심은 정보다

사업의 비결은 다른 사람들은 아무도 모르고 있는 무엇인가를 아는 것이다.

The secret of business is to know something that nobody else knows.

— *해운왕 오나시스Aristotle Onassis, 1906-1975*

우리는 흔히 경영자들은 감感이 좋을 것이라고 생각한다. 특히, 기업의 운명을 좌우할 수도 있는 중요한 의사결정을 할 때에는 더더욱 경영자의 감이 중요해진다고 믿는다. 경영자들이 의사결정을 함에 있어서 감에 의지하는 것은 정보가 부족한 상황에서만 그렇다. 충분한 정보를 가지고 있다면 굳이 감에 의지할 이유가 없는 것이다. 사실, 경영자의 감이라는 것도 본인의 경험이나 지식에 근거한 것이기 때문에 컴퓨터로 처리되지 않았을 뿐이지 여전히 머릿속에 들어있는 정보를 바탕으로 의사결정을 한다고 볼 수 있다. 결국, 의사결정에 있어서 정보는 반드시 필요한 것이고 핵심적인 역할을 한다. 그러나 대부분의 의사결정은 100% 확실한 정보에 근거하기보다는 불확실하고 불완전한 정보에 근거하는 경우가 많다. 이런 불확실성을 줄이기 위하여 더 좋은 정보를 수집하려고 하는 것이다.

수학자였던 알버트 터커[Albert Tucker, 1905~1995]는 1950년에 죄수의 딜레마[Prisoner's Dilemma]라는 재미있는 이야기를 전해주었다. 이 이야기는 원래 메릴 플러드[Merrill Flood]와 멜빈 드레셔[Melvin Dresher]에 의해서 제시된 이론으로, 두 명의 용의자를 체포해서 의사소통이 불가능하도록 서로 다른 취조실에 격리시켜 놓고 자백 여부에 따라 다음과 같이 형량을 결정하려 한다. 첫째, 둘 중 하나가 배신하여 죄를 자백하면 자백한 사람은 즉시 풀어주고 나머지 한 명이 10년을 복역해야 한다. 둘째, 둘 다 서로를 배신하여 죄를 자백하면 둘 모두 5년을 복역한다. 셋째, 둘 다 죄를 자백하지 않으면, 둘 모두 1년을 복역한다. 이럴 경우에 각자의 입장에서 최선의 결과는 나만 자백을 하고 상대방은 침묵을 하는 것이지만, 여러 명을 대상으로 한 실험의 결과는 서로를 믿지 못해서 둘 다 자백을 하게 된다는 것이다. 즉 최선의 결과를 추구하기보다는 최악의 결과를 피하려는 쪽으로 이기적인 의사결정을 한다는 것이다.

		죄수A	
		침묵	자백
죄수B	침묵	죄수A : 1년 죄수B : 1년	죄수A : 석방 죄수B : 10년
	자백	죄수A : 10년 죄수B : 석방	죄수A : 5년 죄수B : 5년

한국정부의 공정거래위원회는 리니언시[Leniency]라는 제도를 가지고 있는데, 원래의 사전적 의미는 '관용' 또는 '자비'라는 뜻이다. 기업들이 담합 행위를 자진해서 신고할 경우에 법률에 따라 과징금을 감면해 주는 제도이다. 즉 담합행위를 하였음을 제일 먼저 증거와 함께 자진 신고한 업체는 과징금의 100%를 감면해주고, 두 번째로 제공한 업체는 50%를 면제해 주고, 세 번째부터는 감면해 주지 않는 식

이다. 이 제도는 서로 경쟁을 해야 하는 기업들이 담합해서 소비자 가격을 올리는 것과 같은 행위를 막으려는 취지이다. 실제로 지난 2009년 국내 6개 LPG공급업체들이 가격을 담합한 혐의로 사상 최대인 6천 600억 원의 과징금 처벌을 받았다. A사 1,987억 원, B사 1,894억 원, C사 1,602억 원, D사 558억 원, E사 385억 원, F사 263억 원 순이었다. 하지만 C사는 공정위에 담합을 자진 신고한 대가로 1,602억 원이라는 과징금을 전액 면제 받았다. 다음으로 A사도 잇따라 신고를 해서 과징금의 50%인 993억여 원을 면제 받았다. 결과적으로 B, D, E, F사 등은 리니언시 신고에 늦어 과징금을 물어야 했다. 리니언시 제도는 최선을 추구하기보다는 최악을 회피하려는 심리를 이용했다는 점에서 죄수의 딜레마와 매우 유사하다고 볼 수 있다. 그러나 정보의 부족이 신뢰에 영향을 미쳤고 좋은 정보가 없으면 최선의 의사결정을 하기 어렵다는 뜻도 포함되어 있다.

이 죄수의 딜레마를 이용하여 개인이나 기업, 국가와 같은 단위조직들이 왜 공동의 목표를 추구하기보다 이기적인 의사결정을 하게 되는지를 설명할 수도 있다. 예를 들어, 왜 개별 국가들이 세계적인 문제인 환경을 해치고, 자원을 남획하며, 분쟁지역에 무기를 판매하는가에 대한 설명의 준거로 활용되어 왔다. 상위 정부가 없는 개별국가 간의 국제체제에서 상대 국가의 전략이 항상 협동적으로 나올 것으로 기대할 수 없기 때문에, 개별국가들은 각자 자신의 이익을 추구하게 된다. 신자유주의 경제이론은 이 결과 국가들은 협력의 필요성을 절감하게 되는데, 협동에 대한 확신을 얻을 수 있게 하기 위해 개별국가보다 상위에 있는 WTO World Trade Organization, 세계무역기구와 같은 국제적인 조직이 등장하게 되었다고 설명한다.

냉전 시대에 미국과 소련의 군비확장 경쟁으로 소련이 무기를 만들어내면 미국은 더 나은 무기를 만들어 내는 식이었다. 하지만 무기를 실제로 사용하면 거대한 핵전쟁이 발발하여 지구가 멸망할 수도 있다는 걸 알고 있으므로 실제로 사용할 순 없었다. 결국 엄청난 세금만 날리게 되는 것이다. 그런 이유로 미국과 소련은 더 이상 무기를 개발하지 말자는 약속을 했지만, 그 후에도 미국과 소련은 서로를 의심했다. 분명히 무기를 안 만들기로 약속했지만 지금도 새로운 무기는 계속 만들어지고 있다.

과연 인간, 기업, 국가는 자신의 이익만을 추구하는 이기적인 존재들인가?

기업은 비즈니스Business를 잘하려고 경영/관리Management를 한다

Corporations perform management in order to do businesses

한국어에서 '경영'이라는 단어는 '관리'나 '비즈니스'와 혼동되어 쓰이고 있다. 재미있는 것은 대부분의 대학들이 경영대학의 영문명은 'College of Business Administration'이라 하고, 학과는 'Department of Management'로 하고 있다는 것이다. 똑같은 '경영'이라는 단어를 단과대학과 학과가 서로 다르게 쓰고 있는 것이다. 비즈니스를 일반적으로 '사업'이라고 번역하지만, 단과대학 명칭을 '사업대학'이라고 하기에는 어색하기 때문이었던 것으로 보인다.

어쨌든, 우리말이 비즈니스와 경영을 구분하는 데 있어서 모호한 측면이 있어서 비즈니스를 잘하기 위해서 인사, 재무, 회계, 생산, 마케팅과 같은 경영관련 활동들을 수행한다고 이해하는 것이 바람직하다. 경영을 잘하기 위해서 비즈니스를 하는 것은 아니라는 뜻이다. 미국의 경영대학에서 인사, 재무, 회계, 생산, 마

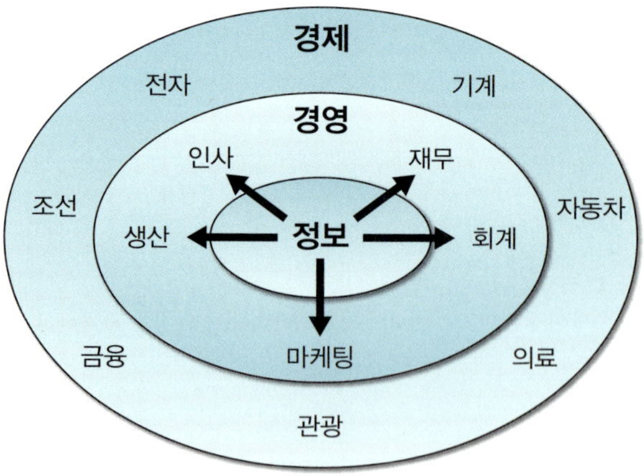

케팅, 경영정보 등과 같은 학문들을 별도의 전공이나 학과에서 가르치는 반면에, 우리나라에서는 이런 학문들을 통합해서 경영학이라는 하나의 전공에서 가르친다는 것이다. 이것은 세부전공별로 깊이 있는 이해를 갖기보다는 얕고 포괄적인 이해를 갖는 수준에서 그치는 단점이 있다.

경영정보는 인사, 회계, 재무, 마케팅, 생산과 같은 경영활동에서 발생하는 데이터를 수집해서 의사결정을 위한 정보를 생성하는 역할을 맡고 있다. 따라서 경영활동 전반에 대한 이해는 물론이고, 정보의 생성과 활용에 대해서도 알고 있어야 한다.

경영은 의사결정의 연속이다

Management is a series of making decisions

시카고대학교University of Chicago는 석유재벌이었던 존 록펠러John Rockefeller, 1839~1937의 기부금으로 1890년에 설립한 사립학교이다. 노벨상 수상자만 89명을 배출하였는데, 물리학상 29명, 경제학상 28명, 화학상 16명, 의학상 12명, 문학상 3명, 평화상 1명이었다. 그중에는 빛의 속도를 측정한 미켈슨A. A. Michelson, 핵융합 반응을 최초로 성공시킨 페르미E. Fermi, 오존층의 생성과 분해과정을 밝혀낸 크루첸P. Crutzen, DNA의 구조를 밝혀 분자생물학을 탄생시킨 왓슨J. D. Watson, 좌뇌와 우뇌의 기능 분화를 밝힌 스페리R. Sperry가 대표적이다. 원래는 삼류 지방대학으로 취급받았던 시카고대학이 이런 엄청난 명문대학으로 성장한 것은 5대 총장이었던 로버트 허친스Robert Hutchins, 1899~1977의 업적으로 알려져 있다. 1929년 총장이 된 허친스는 인문학 고전 100권을 선정해서 학생들이 달달 외우기 전에는 졸업을 시키지 않겠다고 선언한 '시카고 플랜'을 시행하였다. 그 결과 시카고대학은 세계제일의 명문대학으로 성장하였고 지금도 그 전통은 이어지고 있다. 오바마B. Obama 미국대통령도 시카고대학에서 1993년에서 2004년까지 헌법학을 강의했었다.

시카고대학이 가장 막강한 영향력을 행사하고 있는 학문분야는 경제학이다. 시카고학파라는 말이 있을 정도로 시카고대학의 경제학 교수들은 미국은 물론

이고 전 세계 경제정책에 엄청난 영향을 끼치고 있다. 시장의 실패에 대한 정부의 개입이 필요하다는 1930년대 영국 케인즈학파의 견해를 반대하고, 정부개입을 최소화해야 한다는 신자유주의의 이론적 체계를 확립

한 1970년 노벨경제학상 수상자 폴 사뮤엘슨Paul Samuelson, 1915~2009과 1976년 수상자 밀튼 프리드먼Milton Friedman, 1912~2006도 모두 시카고대학 출신들이다.

시카고대학은 또 하나의 천재학자를 배출했는데, 헐버트 사이먼Herbert Simon, 1916~2001이다. 1933년에 시카고대학에 입학한 사이먼은 처음에는 생물학에 관심이 있었지만, 색맹이라는 약점 때문에 정치학을 전공하여 1936년 학부를 졸업하고 1943년 박사학위를 받았다. 정치학에서 출발하여 경제학과 사회학, 심리학 연구를 거쳐 컴퓨터의 인공지능 연구로 1975년 미국컴퓨터학회Association for Computing Machinery가 수여하는 튜링상Turing Award를 받았고, 1978년에는 노벨경제학상을 받았다. 사이먼의 질문은 "완전하지 못한 시장과 정보를 가지고 인간이 어떻게 의사결정을 하는가?"라는 것이었다. 그는 경영을 의사결정의 연속으로 보았고, 제한된 합리성Bounded Rationality에 근거하여 내리게 되는 인간의 의사결정 과정을 과학적으로 체계화한 것으로 평가받고 있는데, 이것이 오늘날 인지심리학Cognitive Science과 행동경제학Behavioral Economics의 기초가 되었다.

사이먼은 인간의 의사결정과정을 분해하였는데, 첫째는 의사결정과 관련된 정보Information, Intelligence를 수집하는 것이고, 둘째는 의사결정으로 일어날 과정을 미리 예측하여 설계Design하는 것이고, 셋째는 선택Choice하는 것이라고 하였다. 훗날 다른 학자들이 선택 이후에 선택된 의사결정의 실행Implementation과 평가Evaluation를 추가하였다. 언뜻 당연해 보이는 이 순서가 오늘날 인공지능 컴퓨터의 기본적인 원리이다.

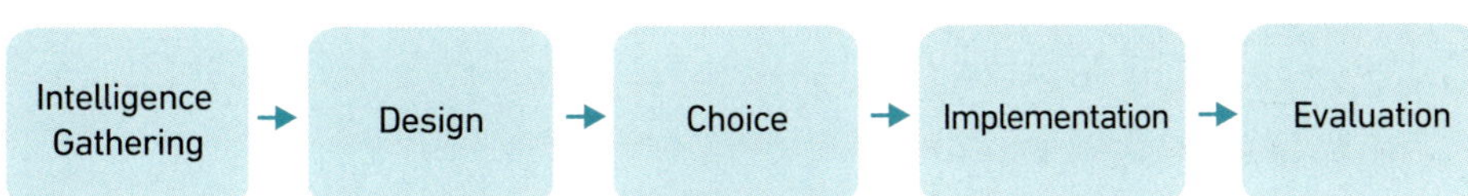

의사결정의 과정

경영활동과 의사결정을 연결하는 것은 정보이다

Information is the link between management activities and decision making

기존의 경제학 이론들은 완전경쟁시장, 즉 시장참여자들이 시장에 관한 완전한 정보를 가지고 있다는 가정에서 출발했다. 그러나 실제 상황에서는 누구도 완전한 정보를 가지고 있지 못하다. 삼성전자는 애플의 전략을 완전하게 알지 못하고, 애플은 삼성의 전략을 완전하게 알지 못한다. 소비자들이 매일같이 구매를 하지만, 더 싸고 좋은 제품을 다른 곳에서 구매할 수 있을지도 모른다. 이처럼 정보가 기업이나 개인의 의사결정에 절대적인 영향을 미치지만, 완전한 정보를 가지고 의사결정을 하지는 않는다는 것이다.

사이먼의 제한된 합리성Bounded Rationality은 이러한 배경에서 출발하였다. 의사결정은 상황에 관한 정보가 얼마나 완전하냐에 따라서 달라지게 된다는 것이다. 즉, 상황변수들에 대한 예측이 가능하고 구조적Structured일 경우에 내리는 의사결정과 예측이 거의 불가능하고 비구조적Unstructured일 때 내리는 의사결정이 다를 수밖에 없다는 것이다. 물론, 비구조적인 상황에서 조금이라도 더 나은 의사결정을 하려면 정보를 수집하는 수밖에 없다.

로버트 앤소니Robert Anthony, 1916~2006에 따르면 경영은 일반적으로 3가지 계층으로 나뉜다. 하위관리자들에 의한 일상적인 업무처리인 운영적Operational 차원의 관리가 있고, 운영과 전략을 연결하는 중간관리자들에 의한 관리적Managerial 차원, 그리고 최상위경영자들이 수행하는 전략적Strategic 차원의 관리가 있다.

앤소니와 사이먼의 모델을 합치면 의사결정과 경영을 한꺼번에 파악할 수 있다. 첫째, 운영적 의사결정은 하위관리자들에 의해 행해지는데, 일상적이고 정형적이며 데이터와 정보가 충분한 구조적인 업무처리를 위한 것이다. 둘째, 관리적

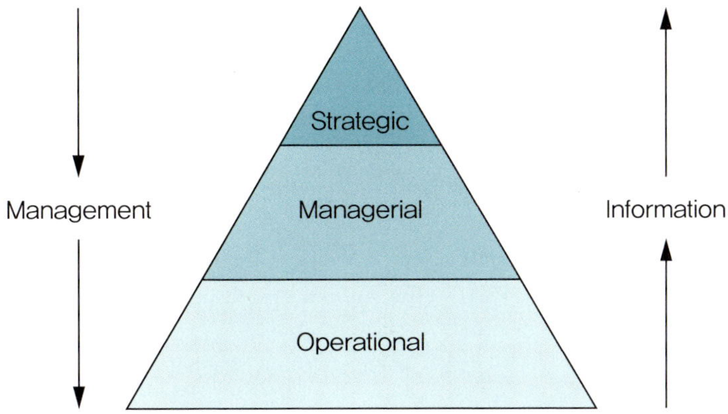

의사결정은 중간관리자들에 의해 이루어지며 어느 정도의 데이터와 정보가 있지만 경험과 상위전략을 고려해서 이루어진다. 마지막으로, 상황에 관한 정보가 거의 없고 예측도 불가능한 상황에서 최소한의 데이터와 정보를 가지고 내리는 전략적 의사결정이 있다.

표

경영활동과 의사결정 유형

		Managerial Activity (R. Anthony)		
Decision type (H. Simon)		Operational control	Management control	Strategic planning
	Structured			
	Semi-structured			
	Unstructured			

정보기술은 경쟁을 위한 무기인가, 협력을 위한 도구인가

It is a question whether IT is a weapon for competition or a tool for collaboration

우리는 경쟁의 시대를 살고 있다. 개인들은 입시경쟁과 취업경쟁, 기업들은 가격경쟁과 서비스경쟁, 국가들은 자원경쟁과 무역경쟁을 치열하게 벌이고 있다. 경쟁이 지나쳐서 자살률 증가와 같은 치명적인 사회적 비용을 치르고 있지만, 경쟁은 피할 수 없는 것이 되어버렸다. 우리는 경쟁에서 조금이라도 유리한 위치를 차지하기 위하여 각종 정보를 수집하고 더 나은 의사결정을 내리기 위하여 노력한다. 즉, 기업에서의 의사결정에 있어서 핵심적인 역할을 수행하는 경영자의 경우에는 기업의 자산과 수익, 비용 등과 같은 중요한 문제에 대한 의사결정권을 가지고 있다. 경영자가 제한된 합리성을 기반으로 경쟁에서 승리하고 기업의 이익을 위해서 이기적인 의사결정을 한다는 것이 보편적인 견해이다.

앞서 죄수의 딜레마에서 보았듯이 사람이나 기업, 또는 국가는 자기의 이익을 추구한다는 것이 근본적인 가정이다. 특히, 경쟁이라는 상황이 조성되면 자기 이익을 추구하는 의사결정을 내리는 현상이 더욱 심해지는 것이 일반적이다. 이러한 현상은 매우 보편적이어서 아무런 의심 없이 받아들여지고 있다. 그러나 최근에 요차이 벤클러Yochai Benkler, 1964~를 비롯한 학자들은 경쟁을 극복할 수 있는 대안으로 '협력'을 제시하였다. 사회를 구성하는 개인과 조직들이 자발적으로 협력하는 시스템을 구축해야 모두가 생존하고 행복할 수 있는 시스템을 구축할 수 있다는 것이다.

벤클러는 그의 저서 『펭귄과 리바이어던』에서 어떻게 협력이 이기심을 이길 수

있는지를 여러 가지 사례를 통하여 보여주고 있다. 펭귄은 남극에서 해가 뜨지도 않는 겨울에 영하 50도를 밑도는 추위와 강풍을 견디기 위하여 서로 밀착하는 행동을 하는데 이를 허들링Huddling이라고 한다. 범고래와 같은 천적을 피하기 위하여 가장 추운 곳으로 이동을 하는데, 추위를 견디기 위하여 서로 몸을 밀착해서 원 모양을 형성한다. 가만히 있는 것이 아니라 먼저 바깥쪽 펭귄들이 추위를 막고 안쪽 펭귄들이 체온을 끌어올리면, 얼마 후 바깥쪽 펭귄들이 다시 안쪽 펭귄들과 교대를 해서 서로의 체온을 유지한다는 것이다. 그렇게 함으로써 해가 뜨지 않는 남극에서 4개월의 겨울을 이겨낸다.

특히, 정보기술의 역할이 협력에 있어서 매우 중요하게 되었다. 예를 들어, 마이크로소프트의 윈도우즈 운영체제가 제한된 인력에 의해 폐쇄적으로 개발되었기 때문에 태생적으로 불완전할 수밖에 없고 문제점이 발견되어도 수정과 보완이 더딘 반면에, 리눅스 운영체제는 누구나 인터넷을 통하여 소스코드를 수정하고 보완하면서 협력할 수 있기 때문에 훨씬 더 안정적이 된다. 이처럼 정보기술은 두 가지 면을 모두 가지고 있다. 경쟁에서 승리하기 위한 무기로 활용되기도 하고, 협력을 위한 도구로도 쓰일 수 있다.

서로 다른 정보를 가지고 있어서 다른 의사결정을 한다

Having different information leads to different decisions

조지 애커로프George Akerlof, 1940~는 1970년에 『레몬마켓』이라는 제목의 논문을 한 편 발표했다. 이 논문은 중고차 시장을 예로 들며 정보의 비대칭성이 시장에 가져오는 영향을 밝힌 것이었다. 구매자가 결점이 있는 상품과 그렇지 않은 것을 구별하기 어려운 중고차 시장에서는 품질이 좋은 상품이어도 다른 상품과 같은 낮은 평균가치가 매겨져 버리게 되는 경향을 지적하며, 이것을 판매자와 구매자 사이에 정보의 비대칭성 때문이라고 하였다. 실제로 시장에서 일어나는 의사결정은 구매자와 판매자 사이에 정보의 불균형으로 인해서 합리적이지 않은 상황들이 자주 발생한다. 해외여행을 하는 사람이 10만 원이라고 적힌 어떤 물건을 흥정할 때, 자국에서는 같은 물건을 7만 원에 구매할 수 있다는 것을 알고 있다고 하자. 이런 경우에 판매자가 7만 원 미만으로 떨어뜨리면 거래가 성사되겠지만, 판매자는 그 정보를 모르기 때문에 6만 원이나 5만 원까지도 떨어뜨리게 된다. 정보를 가지고 있는 쪽이 더 유리한 위치에서 거래를 할 수 있는 것이다. 따라서 합리적 의사결정에서 '합리적'이라는 것도 결국은 가지고 있는 정보의 양과 질에 의해서 결정되는 것이다.*

시장에서의 각 거래 주체가 보유한 정보에 차이가 있을 때, 그 불균등한 정보구조를 정보 비대칭information asymmetry이라고 한다. 아주 당연해 보이는 이 발견으로 애커로프는 2001년 노벨경제학상을 받았다.

* Akerlof, George A. (1970). "The Market for 'Lemons': Quality Uncertainty and the Market Mechanism". Quarterly Journal of Economics 84 (3): 488–500

짝퉁이 진짜 명품의 유통을 방해하거나 품질이 떨어지고 자극적인 막장 드라마가 방송을 지배하면서 좋은 드라마를 찾기가 어려운 것도 비슷한 현상이다. 기업에서는 업무능력이 떨어지고 무능한 직원들이 우수한 직원들로 하여금 회사를 떠나게 만드는 경우도 있고, 영업실적이 우수한 우량기업이 핫머니로 불리는 단기차익을 노린 자금이 유입되면서 긍정적인 동기를 가지고 장기투자를 했던 사람들을 곤경에 빠뜨리기도 한다.

기업에서 데이터와 정보를 구분하는 기준은 명확하다. 기업은 비즈니스 활동을 수행하면서 발생하는 데이터를 수집하고 처리해서 의사결정을 위한 정보를 생성한다. 의사결정에 도움이 되면 정보가 되고 그렇지 못한 경우에는 그냥 데이터로 남게 된다. 따라서 처음부터 의사결정에 도움이 될 것으로 여겨지는 데이터를 수집해야 하는데, 의사결정과 관련이 없는 데이터를 수집하면 가치있는 정보를 생성하는 데 오히려 방해가 되기 때문이다.

출처: 대구일보 2015년 11월 23일

비즈니스는 기능과 프로세스의 결합이다

Business is a combination of functions and processes

어느 대기업에서 신입사원 50명을 선발했는데, 처음에 맡은 일이 아침부터 저녁까지 자료나 보고서를 복사하는 것이었다. 몇몇 사원들은 이런 잡일을 하려고 그 고생을 해서 취업한 게 아니다 싶어 견디지 못하고 얼마 지나지 않아 퇴사를 하였다. 대부분은 꾹 참고 버티면서 이직을 준비하는 경우가 대부분이었지만 특이한 한 명이 있었다. 복사기가 열심히 소리를 내며 일을 하는 동안 이미 복사된 자료를 유심히 들여다보았다. 나중에는 다른 사무실에서 온 동기들의 복사물까지 기꺼이 해결해 주었다. 그가 복사하는 자료나 보고서가 회사의 업무를 고스란히 담고 있어서 그것들을 이해하면 굳이 과장이나 부장에게 묻지 않아도 회사의 방향이나 전략, 각 부서마다의 특성이나 업무, 그리고 부서들 간의 협조가 필요한 부분까지도 이해할 수 있었다.

일반적으로 기업은 비즈니스를 수행하기 위해서 인사, 회계, 재무, 생산, 마케팅, 그리고 전략이라는 6개 기능을 가지고 있다. 기능은 부여된 직무task를 마침으로써 주어진 책임을 다하는 것에 중점을 두는데, 타 기능과는 독립적으로 이루어지는 경우가 많고, 이러한 비즈니스 기능들은 대체로 조직 내의 OO부서라는 형태로 존재한다. 기능 중심적 조직은 회사 전체보다는 자신의 부서에 주어진

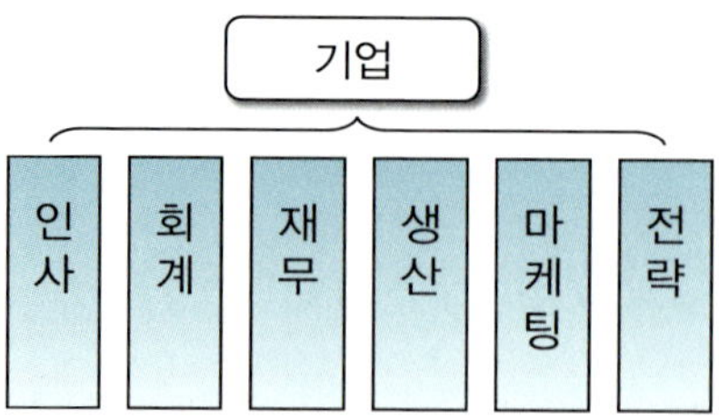

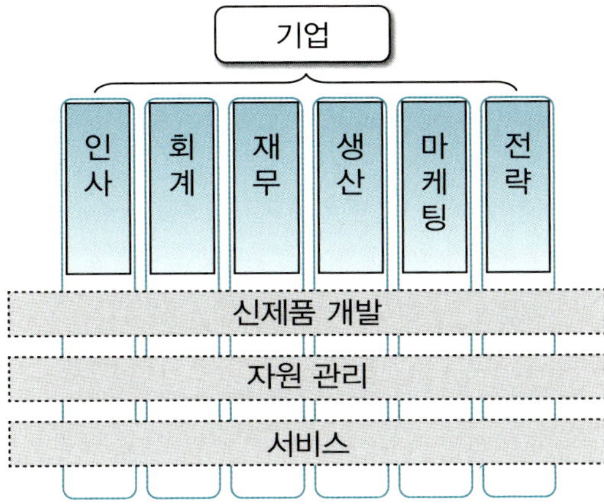

업무에 충실하게 되고, 타부서를 위한 협조나 기업 외부에 존재하는 고객에 관한 이해는 멀어지게 된다는 단점이 있다. 각각의 부서들이 최선을 다해서 주어진 업무를 수행하더라도 전체 기업의 목표를 달성하는 것은 또 다른 문제라는 것이다.

업무와 기능 중심적인 조직의 한계를 극복하기 위한 시도로 등장한 것이 프로세스에 의한 접근이다. 프로세스는 조직이 자원의 투입을 통해서 가치 있는 산출물을 얻는 것과 관련된 모든 활동들의 집합이라고 정의된다.* 프로세스 중심적 사고는 업무와 업무, 기능과 기능의 연결을 중심으로 그 연결을 통하여 흐르는 데이터와 정보를 파악하는 것이다. 이렇게 되면 자신이 수행하는 업무뿐만 아니라 연결되어 있는 다른 업무들까지도 생각하게 되고 부서 간 소통과 협력이 쉬워져 궁극적으로 조직 전체의 목표나 성과를 달성하는 데 좀 더 용이한 조직이 된다.

* Business Function: a description of work that is performed to accomplish a business unit's tasks and responsibility.
Process: A set of interrelated or interacting activities which transform inputs into outputs.

비즈니스 프로세스 분석의 원조는 아담 스미스였다

The father of analyzing business processes was Adam Smith

암행어사로 유명한 박문수가 과거에 급제를 한 1723년에 영국의 스코틀랜드 항구도시인 커칼디에서 아담 스미스Adam Smith가 태어났다. 태어난 지 두 달 만에 아버지가 세상을 떠났고, 홀어머니 밑에서 자란 아담 스미스는 14세에 글라스고대학University of Glasgow에 진학하였고 17세에 옥스퍼드에 있는 발리옹 컬리지Balliol College, Oxford에서 대학원 공부를 하였다. 철학, 윤리학, 신학, 그리고 법학에 이르기까지 다양한 분야를 공부한 아담스미스는 28세에 글라스고대학에 교수로 임용되어 돌아왔다. 하지만 교수로서의 생활이 따분하고 재미없다고 생각한 아담 스미스는 1763년에 교수를 그만두고 두 배의 연봉을 받는 과외교사가 되었고, 1776년『국부론The Wealth of Nations』을 출간하였다.

아담 스미스는 국부론에서 머리핀을 생산하는 공장을 예로 들어 분업의 중요성을 설명하였다. "한 사람이 철사를 뽑아낸다. 다음 사람이 철사를 똑바로 펴면 그 다음 사람이 철사를 자른다. 또 다음 사람이 철사의 한쪽 끝을 뾰족하게 만들면 그 다음 사람은 철사의 다른 쪽 끝을 갈기 시작한다. 핀의 머리를 만드는 일만도 두세 가지의 상이한 작업이 요구된다. 핀을 늘리는 것은 특정한 일이며 핀을 하얗게 색칠하는 것 역시 또 다른 일이다. 또한 그것들을 종이에 싸는 것까지도 일이라고 할 수

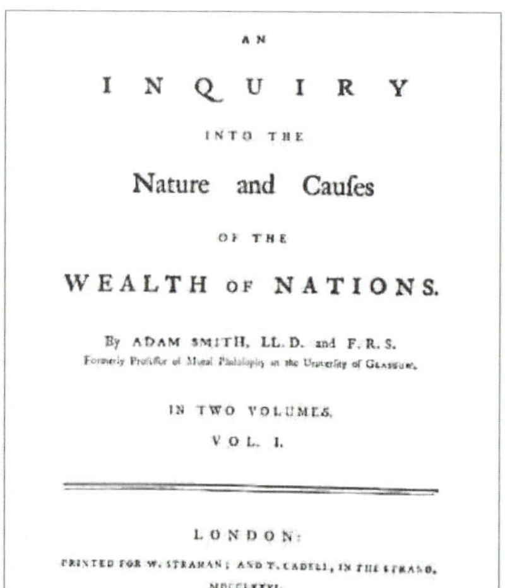
AN
INQUIRY
INTO THE
Nature and Caufes
OF THE
WEALTH OF NATIONS.
By ADAM SMITH, LL.D. and F.R.S.
Formerly Profeffor of Moral Philofophy in the Univerfity of Glasgow.
IN TWO VOLUMES.
VOL. I.
LONDON:
PRINTED FOR W. STRAHAN; AND T. CADELL, IN THE STRAND.
MDCCLXXVI.

출처: 위키피디아

있다. 이러한 방식으로 핀 하나를 만드는 데 18가지의 기능들이 필요하다." 스미스는 노동자 한 명이 이 모든 일을 수행한다면 하루에 20개도 만들기 어렵지만, 10명이 나누어 일을 수행하면 하루에 4,800개나 되는 핀을 생산할 수 있다고 하였다.

이것은 아담 스미스가 생산을 프로세스의 관점에 바라본 사례이다. 생산을 세분화하여 기계가 잘하는 일은 기계에게 맡기고 사람이 잘하는 일은 사람에게 맡기면 훨씬 더 많은 제품을 만들 수 있다는 것이다. 아담 스미스 이후의 자본주의 기업들이 이처럼 언뜻 당연해 보이는 분업의 원리를 제품의 생산뿐만 아니라 사무적인 일에도 적용하여 인사, 회계, 재무, 마케팅과 같은 핵심 기능들을 세분화하여 적은 인력으로도 더 많은 일을 수행할 수 있는 구조를 만들었다. 이 과정에서 정보기술의 역할은 매우 중요한 것이었다. 업무의 중심에는 데이터와 정보가 있고, 그 흐름에 따라서 사람이 움직이도록 조직을 설계한 것이다.

경영은 정보가 없으면 불가능하고, 정보관리에 실패하면 기업이 망한다

Management is not possible without information, and companies fail when managing information fails

월마트와 까르푸는 세계적인 유통업체이지만 한국시장에서는 성공하지 못하고 철수하였다. 코카콜라도 직접 판매를 포기하고 2007년 10월 LG생활건강에 한국 판매권을 넘겨버렸다. 구글도 세계적으로 성공한 검색업체이지만 한국시장 점유율은 네이버와 다음에 밀려서 5% 밖에 되지 않는다. 스위스가 자랑하는 커피업체인 네슬레도 한국시장에서는 동서식품과 남양유업 뒤로 밀려나 버렸다. 실패의 원인은 치열한 경쟁과 고객들의 까다로움, 정부의 규제와 같은 한국만의 특수성 때문이라고 알려져 있다. 사실 이러한 요인들을 모르고 진출했다기보다는 미리 조사를 하더라도 일단 진출한 이후에 끊임없이 일어나는 의사결정을 위한 정보가 적시에 적절한 형태로 제공되지 않기 때문이라고 보는 것이 더 정확할 것이다. 기업이 다른 지역이나 시장으로 진출할 때, 해당 지역에서의 의사결정을 위한 유용한 정보를 지속적으로 생성해야만 경쟁우위를 확보할 수 있다. 기존의 정보시스템을 그대로 가지고 해외시장에 진출할 경우에는 실패할 확률이 높다는 것이다.

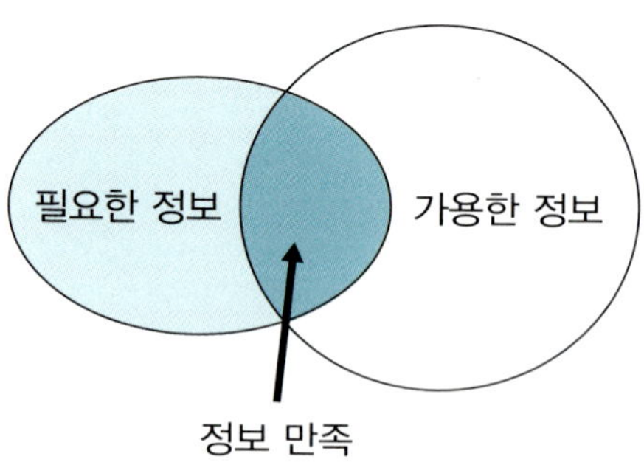

그림에서 보듯이 필요한needed 정보가 가용한available 경우에만 만족스러운 정보를 얻을 수 있다. 아무리 필요한 정보라고 하더라도 가용하지 않거나 가용하더라도 필요한 정보가 아니면 의미가 없다는 것이다. 정보를 관리한다는 것은 필요한 정보가 무엇인지를 파악하고 그 정보를 가용한 상태로 만들어 놓는 것이다. 이러한 정보관리에 실패한다는 것은 필요한 정보가 무엇인지 모르거나, 알더라도 가용하지 않은 상태인 것이다.

측정할 수 없는 것은 관리할 수 없다는데, 정보의 품질도 측정할 수 있을까

Something that cannot be measured cannot be managed. Can we meausre the quality of information?

에드워드 데밍W. Edward Deming, 1900~1993은 원래 예일대학에서 수학과 물리학으로 박사학위를 받은 미국인이었다. 미국에서 통계적 품질관리Statistical Quality Control의 대가 월터 쉬워트Walter Shewhart를 스승으로 삼아 함께 근무하며 품질관리의 중요성을 역설하였으나, 당시는 미국제품이라고 하면 무조건 좋다는 생각이 만연했었고, 물건이 없어서 못 팔던 시절이라 품질관리는 그 중요성을 인정받지 못했다. 실망한 데밍은 1950년 6월에 2차 대전으로 패망한 일본으로 건너갔다. 일본 주요기업들의 임원들을 모아놓고 라디오와 TV를 통해 전국적으로 품질관리의 방법을 강연하였는데 "내가 시키는 대로만 하면 수년 안에 일본이 세계시장을 장악하게 될 것"이라고 호언장담을 하였다. 패전으로 희망을 잃었던 일본은 더 이상 잃을 것이

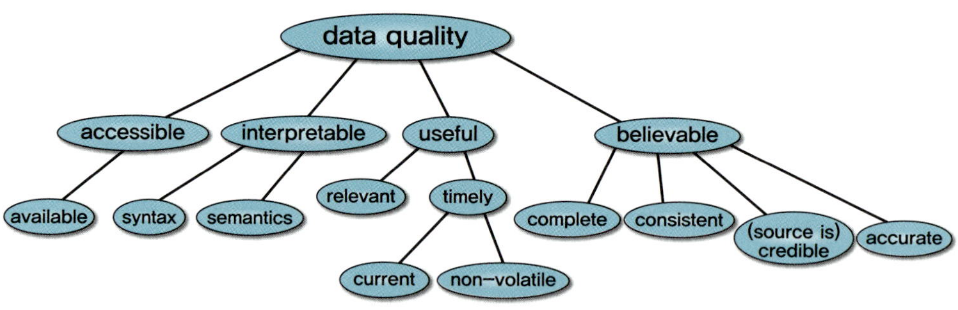

데이터 품질의 계층(Wang, Reddy, Kon, 1995)*

* Wang, R. Y., Reddy, M. P., & Kon, H. B. (1995). Toward quality data: An attribute-based approach. Decision Support Systems, 13(3), 349-372.

없다는 생각으로 데밍의 아이디어를 실행에 옮겼고, 그 결과 1970년대 중반부터 자동차, 전자 등을 비롯한 각종 제품들이 품질혁신을 이루어 전 세계 시장을 석권하기 시작했다. 데밍이 강조한 것은 "Plan-Do-Study-Act"로 이어지는 싸이클이었는데, 제품공정에 대한 치밀하고 정확한 분석을 바탕으로 지속적으로 품질을 개선시키는 노력이었다. 일본은 데밍상을 제정하여 그의 업적을 기념하고 있다.

데밍은 기본적으로 측정을 중요하게 생각했다. 측정할 수 없으면 관리할 수 없다는 것이다. 개인의 영어실력을 관리하려면 시험을 쳐서 측정을 해야 하고, 기업이 제품이나 서비스가 얼마나 좋을지 알아보려면, 반드시 소비자 만족과 같은 측정을 해야 한다는 것이다. 사실, 데이터의 정의에서 밝혔듯이 측정은 사실[Fact]로부터 데이터를 얻는 매우 중요한 수단이다. 객관적인 정확한 측정이 곧 데이터의 품질을 결정하는 것이다.

사장님이 원하는 것은 분류되고Classified 여과되고Filtered 요약된Summarized 정보다

Bosses want information that has been classified, filtered, and summarized

인터넷을 흔히 '정보의 바다'라고들 한다. 과연 인터넷에 정보가 많은 것은 사실이겠지만, 실제로 의사결정에 도움이 되는 정보를 찾는 데 많은 시간을 허비하기도 한다. 데이터와 정보의 차이를 이해한다면, 인터넷은 정보가 많은 곳이 아니라 데이터가 넘치는 곳이라고 보아야 한다. 데이터가 많을수록 정보를 생성하는 데 드는 시간적, 금전적 비용이 증가하는데, 데이터의 처리비용이 정보의 가치보다 높다면 그런 정보는 의미가 없다.

정보과잉Information overload이라고 알려진 현상은 실제로 의사결정과 관련이 없거나 처리비용이 너무 비싸서 의미가 없는 정보가 많을 때 나타나는 현상이다. 의사결정에는 적당한 양의 정보가 필요하다. 취업을 추천할 때, 너무 많이 알면 오히려 추천이 어렵다는 것도 그 사람에 대한 데이터가 많다보니 장점뿐만 아니라 단점도 보여서 발생하는 문제이다.

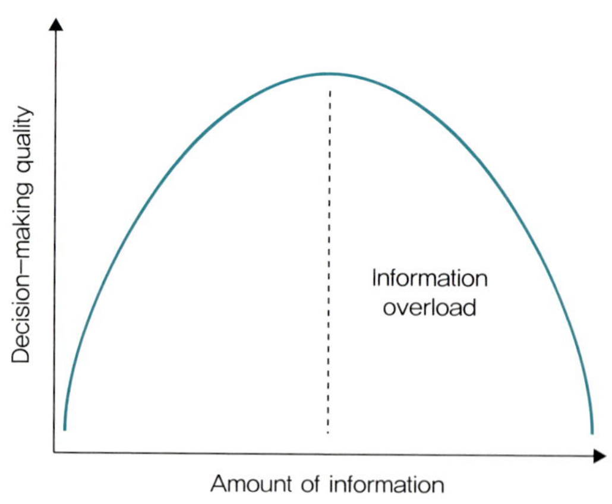

조직에서 고위직으로 올라갈수록 수집하거나 접근할 수 있는 정보의 양이 많기 때문에 분류와 여과, 요약된 정보를 찾게 된다. 10장이 넘는 보고서를 읽을 수 있는 시간적 여유도 없고, 정리되지 않은 보고서를 읽다 보면 오히려 의사결정이 어려워지기 때문이다. 그래서 기업에서는 100쪽이 넘는 보고서를 한 장 또는 몇 문장으로 줄일 수 있는 것이 매우 중요한 능력이다. 하지만 정보가 전혀 없는 것보다는 과잉인 것이 더 좋다고 보아야 한다. 정보가 아무리 많더라도 분류와 여과, 요약이라는 과정을 통해서 적절하게 줄일 수 있기 때문이다.

토마스 프리드먼Thomas Friedman, 1953~은 원래 뉴욕타임즈의 기자 출신이었는데, 중동전쟁을 현장에서 경험한 기사를 작성하여 퓰리처상을 세 번이나 수상하였다. 그가 2005년에 출간한 "The World Is Flat세상은 평평하다"은 엄청난 판매량을 기록하였는데, 정보화를 기반으로 한 세계화가 진행되면서 국가나 기업처럼 개인도 만난 적도 없는 다른 나라 사람들과 경쟁을 하게 되었다는 것이다. 결과적으로 인도의 수학선생님이 미국으로 오기도 하고, 필리핀의 고학력 가정부가 한국이나 일본으로 일자리를 찾아온다는 것이다. 이것은 정보가 특정인이나 지역에만 국한되지 않고 누구나 접근할 수 있기 때문에 가능한 것이고, 결국은 똑같은 정보를 가지더라도 더욱 명확하게 이해하고 설명을 잘하는 능력이 중요해진다는 것이다.

좋은 정보도 잘못 표현되면 이해가 안 된다

Even good information cannot be understood when it is ill-presented

영국 출신의 간호사로서 나이팅게일은 크림전쟁에서 많은 사람들의 목숨을 구한 것으로 알려져 있다. 나이팅게일이 사람을 구한 배경에는 직접 수술을 하거나 약을 쓴 때문만은 아니었다. 전쟁터에서 부상자가 죽는 것은 부상 때문이 아니라 위생이 중요한 원인이라는 것을 알아냈기 때문이었다. 야전병원의 위생 상태와 부상병들의 사망과의 관련성에 대해 통계를 내고 계산을 하여 정보를 얻었다. 나이팅게일은 통계결과를 시각적으로 명확하게 파악할 수 있는 방법을 개발하였고, 영국의회를 설득하여 야전병원의 위생을 개선하게 하여 부상병의 사망률을 42%에서 2%로 떨어뜨릴 수 있었다.

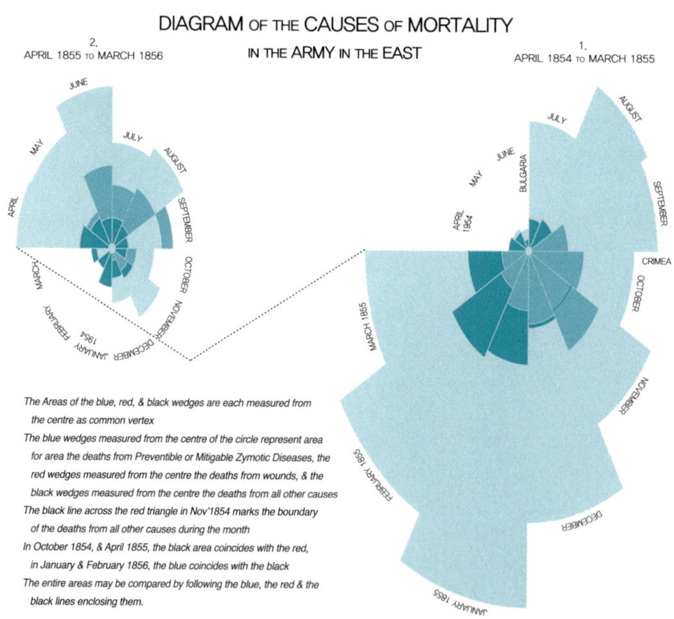

데이터의 시각화 사례

데이터의 시각화Data Visualization는 데이터의 생산자와 수급자, 그리고 소비자 등이 데이터에 연결된 주체들과 의미를 시각적으로 빠르고 정확하게 파악할 수 있도록 도와주는 것이다. 예를 들어, 자동차 계기판은 자동차의 속도와 엔진의 상태 등과 같은 데이터를 시각적으로 빠르고 정확하게 파악할 수 있도록 도와주기 위하여 오랜 노력 끝에 개발된 것이다. 또한, 대부분의 사람들이 손목시계를 고를 때 디자인을 중요하게 고려하는데, 사실은 몇 시 몇 분인지를 나타내는 데이터를 시각적으로 얼마나 잘 설계하였느냐에 따라 구매의욕이 달라진다. 이처럼 데이터를 시각적으로 잘 표현하여 짧은 시간에 그 의미를 정확하게 전달하는 것은 매우 중요하다.

데이터 시각화와 비슷한 개념으로 인포그래픽스Infographics가 있다. Information과 Graphics의 합성어로서 뉴스 그래픽News graphics이라고도 하는데, 데이터나 정보를 시각적으로 더 정확하고 빠르게 전달하기 위하여 기호, 지도, 숫자, 다이어그램, 그래프 등을 활용하여 표현하는 것이다. 언론사나 정부에서는 인포그래픽스를 주제로 공모전을 개최하기도 한다.

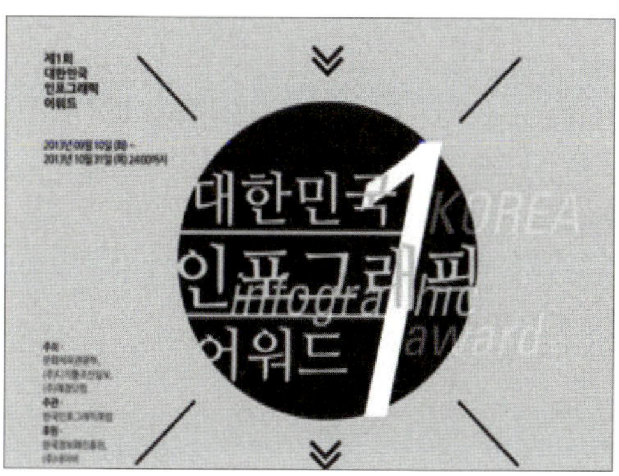

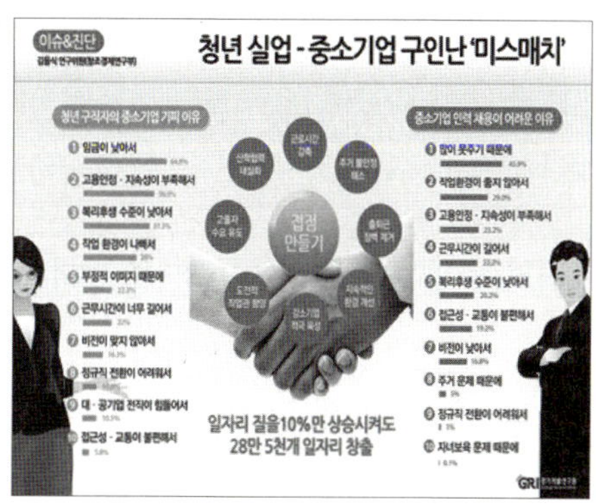

인포그래픽스

출처: http://www.kinfographicaward.com/

1.3

목표는 시스템이다

**직원들이 보다 큰 범위의 작업 프로세스를 의식하지 않고,
자신의 업무 목표에만 집중하는 조직은 붕괴하기 쉽다.**

— *사이먼H. A. Simon, 1916-2001*

왜 뉴욕 양키즈는 매년 월드 시리즈를 우승하지 못 하나

Why don't the New York Yankees win the world series every year?

양키즈는 아메리칸 리그 우승을 40번이나 차지했다. 월드시리즈에서의 우승도 27번이나 차지하였는데, 2위 세인트루이스 카디널스가 리그 우승 20회와 월드시리즈 우승을 11회 차지한 것에 비하면 그 격차가 크다. 미국 경제전문지 포브스가 2010년 발표한 구단 가치평가에서 양키즈의 가치는 16억 달러인데 비해 2위 보스턴 레드삭스는 8억 7천만 달러로 절반을 약간 웃돌았다. 2002년부터 전용 채널을 가지고 텔레비전 방송도 하고 있다. 양키즈는 막강한 자본력을 동원해서 유망한 선수들을 싹쓸이하는 것으로 유명하다. 각 포지션 별로 최고의 선수들을 확보

하고 있는데, 선수 1명의 연봉이 다른 구단 전체 연봉에 맞먹을 정도이다. 1999년부터 2013년까지 15년 동안 메이저리그 30개 구단들 중에서 가장 많은 연봉총액을 기록했다(2014년에는 LA 다저스가 1위에 올랐다). 이렇게 많은 돈을 썼지만 아메리칸리그 우승을 5회 했고, 월드시리즈에서는 3차례 우승을 했다. LA 다저스도 연봉이 매우 높은 팀이지만 1988년 월드시리즈 우승 이후로는 내셔널리그 우승도 하지 못했다.

스포츠는 객관적인 전력이 훨씬 더 약한 팀이 승리를 하는 경우가 종종 있다. 개별 선수들이 아무리 뛰어나도 흩어진 능력들을 끌어 모으고 경기에 집중시키는 것이 중요하기 때문이다. 선수들이 팀의 승리보다 자신의 포지션과 능력에 집중하게 되면 팀의 경기가 아니라 개인의 경기가 되어 승리와는 멀어지게 된다. 팀 스포츠에서는 선수들과 코칭스탭이 승리라는 하나의 목표를 달성하기 위하여 서로 유기적으로 협력해야 한다. 이것을 시스템적 효과라고 한다. 기업도 종업원들과 부서가 서로 협력해서 기업 전체가 추구하는 목표를 달성하는 하나의 시스템이어야 한다.

버탈란피Ludwig von Bertalanffy, 1901~1972는 오스트리아 출신이지만, 영국의 런던(1948~49)과 캐나다의 오타와(1950~54)를 거쳐서 미국에서 교수생활로 여생을 마감하였다. 생물학을 전공한 버탈란피는 "부분의 합은 전체인가?"라는 질문을 바탕으로 한 연구를 통해 1951년『General Systems Theory』를 발표하였다. 예컨대 인간의 몸을 분해하여 다시 조립하면 같은 인간을 만들 수 없다는 것이다. 무엇이든 분해하고 쪼개서 연구하는 축소주의Reductionism가 대세이던 시절에 시스템 이론은 획기적인 것이었다. 특히, 자연과학에서는 세포와 같은 미세한 단위를 주로 연구하였는데, 시스템 이론은 개별 세포들 간의 눈에 보이지 않는 관계Relations도 중요하다는 것을 강조하였다.

시스템적인 관점에서 바라봐야만 이해가 되는 것이 주변에 아주 많다. 예를 들어, 뉴욕 양키즈와 같은 팀 전체가 가진 능력은 선수 개개인의 능력을 결합해서 생기는 능력과는 다르다는 것이다. 이순신 장군이 12척의 배를 가지고 명량해협에서 300척이 넘는 일본 해군과 싸워서 이길 수 있었던 것도 군사들의 개별적인 능력만을 가지고는 설명할 수 없고, 전체적인 관점holism에서 바라보아야 한다는 것이다. 팀원들 간의 협력이나 조화는 개별 팀원의 능력으로는 불가능한 일들을 해낼 수 있다는 것이다.

분석적 접근과 시스템적 접근을 합치면 완벽하게 이해할 수 있다

Combining both the systematic and analytical approach to a thing leads us to a complete understanding of the thing

코끼리는 하나의 완전한 생명체이지만 머리와 몸통, 꼬리와 다리로 나누어서 그릴 수 있다. 이렇게 쪼개고 분해해서 이해하는 것을 분석적 접근이라고 한다. 분석적 접근은 복잡하고 어려운 문제일 경우에 흔히 사용하는 방식이다. 하나 하나씩 이해하다 보면 언젠가는 전체적인 이해를 할 수 있다는 것이다.

반대로, 코끼리의 팔다리나 몸통을 따로따로 이해하지 않고 그냥 코끼리 한 마리로 바라보고 이해할 수도 있다. 코끼리의 행동이나 습성 등을 파악하는 데 있어서는 이러한 접근이 오히려 더 좋을 것이다. 전체적인 관점에서 바라보고 이해하려는 시도를 시스템적 접근이라고 한다. 하나씩 이해하다 보면 부분적으로는 정확할 수 있지만, 전체적인 관점에서는 완전히 잘못 이해할 수도 있기 때문이다. 즉 코끼리의 팔과 다리, 몸통과 머리까지도 정확하게 그렸지만, 정작 전체적인 모양은 코끼리의 머리가 꼬리 위에 그려질 수도 있다는 것이다.

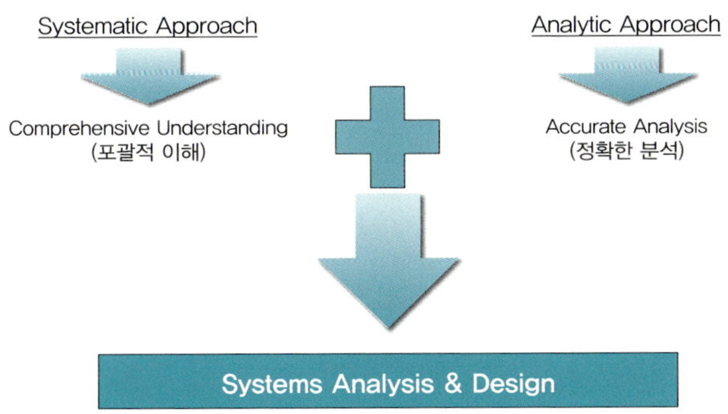

이처럼 분석적 접근과 시스템적 접근은 완전히 다른 것이지만, 상호보완적이다. 예를 들어, 커피숍을 경영함에 있어서 재료의 구입부터 생산과 고객서비스에 이르는 전체 과정을 하나씩 분해해서 연구하고 재설계할 수 있다. 이럴 경우에는 각각의 프로세스마다 치밀한 측정을 하게 되는데, 재료구입에 들어가는 비용과 시간, 메뉴별로 생산하는 데 걸리는 시간, 고객이 한 번 들어오면 앉아있는 시간 등을 측정하게 된다. 이렇게 하면 전체 시스템을 쪼개고 분할해서 개별적으로 이해하게 되는 것이다. 반대로, 커피숍을 하나의 시스템으로 보고 구성요소를 이루는 서브시스템 대신 요소들 간의 관계에 초점을 맞추어 이해할 수도 있다. 공급된 재료와 메뉴와의 관계나 고객과의 관계 등을 기반으로 커피숍 전체를 한꺼번에 이

표

분석적 접근과 시스템적 접근의 차이

분석적 접근	시스템적 접근
분리된 구성요소들에 초점을 맞춘다.	구성요소들Subsystems 사이의 관계와 상호작용Interaction에 초점을 맞춘다.
구성요소들Subsystems에 대한 개별적이고 정확한 이해를 강조한다.	전체적인 이해를 강조한다.
한 번에 하나씩 접근한다Break and conquer.	시스템을 전체적으로 접근한다.
개별 사실들을 하나씩 실험을 통해 증명하여 이론에 도달한다.	시스템이 전체적으로 어떻게 작동되는지를 살펴본다.
실제와는 다르지만 정밀하고 정확한 모형을 사용하여 접근한다.	완전한 의사결정이나 행동에 필요한 지식과 정보로 활용될 수 있기에는 불충분한 모형을 사용하여 접근한다.
변수들이 명확하고 예측 가능할 때 효과적이다.	변수들이 불명확하고 예측이 어려울 때 효과적이다.
개별학문의 완성도를 높이는 데 적합하다.	여러 학문들의 관계와 체계를 정립하는 데 적합하다.

해하고 바라보는 것이다. 이렇게 하면 쪼개고 분할하지 않고 커피숍을 하나의 시스템으로 전체적인 관점에서 이해하게 되는 것이다. 시스템 분석과 설계는 이처럼 분석적 접근을 통해서 구성요소들에 대한 이해를 얻고 동시에 시스템적 접근을 통해서 포괄적인 이해를 할 수 있어야 가능하다.

사람도 컴퓨터도 기업도 모두 시스템이다

All humans and computers are systems

컴퓨터computer는 명령을 입력 받아서 정해진 과정에 따라 처리하여 그 결과를 출력해주는 시스템이다. 기업도 인적, 물적 자원을 투입하여 정해진 프로세스를 거쳐서 제품이나 서비스를 생산하는 시스템이다. 예를 들어, 커피숍은 원두와 우유, 물 등을 재료로 사서 아메리카노나 카푸치노와 같은 상품을 만들어내는 시스템인 것이다. 이런 관점에서 바라보면 태양계Solar Systems도 시스템이고, 지구도 빛을 입력 받고 지진이나 탄소를 배출하는 하나의 시스템이라고 할 수 있다. 학교도 신입생을 입력 받아 수업이라는 프로세스를 거쳐서 졸업생이라는 출력물을 내놓는 시스템이다.

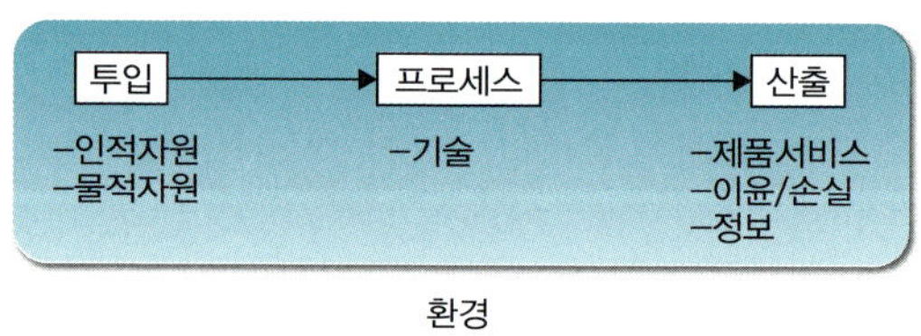

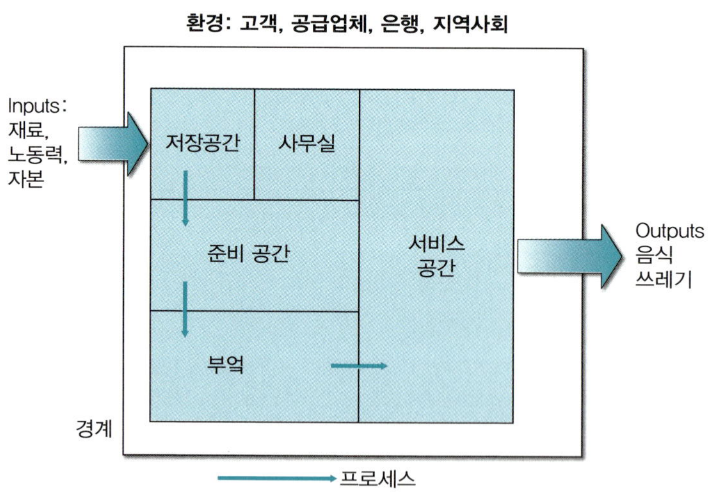

시스템은 목적을 가지고 있다

A system is a set of compoments that work together to achieve a common goal

원래 '시스템'은 그리스어의 'systēa'로부터 왔고, 'place together'의 의미를 가지고 있는데 다음과 같이 정의된다.

> 시스템 = 공통의 목적을 달성하기 위하여 함께 작동하는 요소들의 집합
> System is a set of components that work together to achieve a common goal

이 정의를 자세히 들여다보면, 세 가지 특징을 발견할 수 있다. 첫째, 시스템은 반드시 구성요소들Components을 가지고 있다는 것이다. 사람을 예로 들면 눈, 코, 입, 두뇌, 몸통, 팔, 다리 등과 같은 구성요소들이 있다. 국가라는 시스템도 국민, 영토, 주권이라는 구성요소를 갖추고 있다. 태양계Solar System도 태양을 중심으로 여러 개의 행성과 위성들이 구성요소로서의 역할을 수행하고 있다. 기업도 인력과 부서, 투입자원과 산출물 같은 구성요소들이 있어야 한다.

둘째, 시스템은 반드시 공동의 목표a common goal를 가지고 있다. 사람이 갖고 있는 여러 개의 신체기관들은 생명유지라는 목적을 달성하려 한다. 국가는 국민의 행복과 안녕이라는 목표를 달성하기 위하여 존재한다. 기업도 이윤창출이라는 목표를 달성하기 위하여 여러 가지 활동을 수행한다.

셋째, 공동의 목표를 달성하기 위하여 구성요소들이 함께 작동한다work together. 사람은 신체기관들이 함께 협력하여 생명을 유지한다. 국가는 각 기관과 국민들이 서로 협력하여 안전을 도모하고 행복을 추구한다. 기업도 각 부서와 인력들이 서로 협력하여 이윤창출을 시도한다. 야구팀도 축구팀도 시스템으로 작동하려면

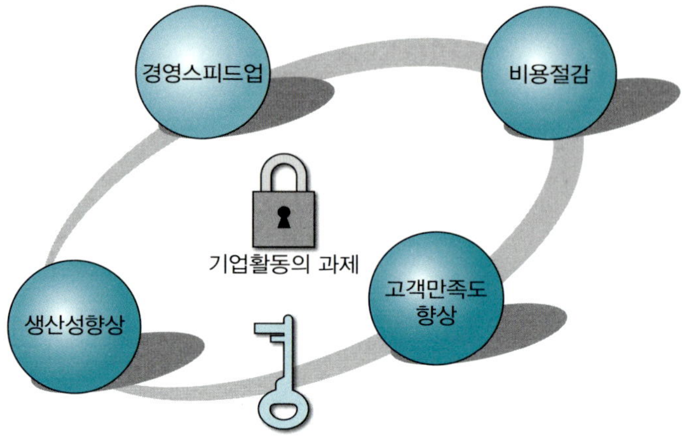

선수와 감독 등이 서로 협력하여 승리라는 목표를 향하여 나아가야 한다.

기업의 운영과 성공이 어려운 것은 각 부서나 개별 구성원들이 가지고 있는 각자의 목표를 일치시키기 어렵기 때문이다. 어떤 직원은 승진을 목표로 하고, 어떤 직원은 경력을 쌓아서 이직을 목표로 한다. 마케팅부서는 매출액의 증가를 목표로 하고, 생산부서는 생산량 증가를 목표로 하고, 회계부서는 원가절감을 목표로 한다. 기업이 성공하려면 각기 서로 다른 목표를 가지고 있는 직원들과 부서들이 서로 조화롭게 협력하도록 조정하고 통제해서 하나의 시스템으로 작동하도록 해야 한다.

시스템은 협력을 요구한다

Systems require collaboration of their parts

어떤 시스템의 목적은 그 시스템이 존재해야 하는 이유로서 시스템의 성공여부를 가늠하는 기준을 제공한다. 예를 들어, 커피숍은 맛있는 커피를 제공하여 고객들을 만족시켜 수익을 창출해야 하는 것이 목적이다. 이러한 목적을 달성하려면 커피숍이라는 시스템을 구성하는 요소들이 제대로 작동되어야 한다.

시스템은 입력Input, 처리과정Process, 출력Output, 환경Environment, 그리고 경계Boundary라는 서브시스템Subsystems으로 이루어져 있다. 시스템 내부만을 고려하면, 모든 시스템은 입력Input, 처리Process, 그리고 출력Output이라는 3가지 구성요소를 반드시 가지고 있다. 입력은 시스템 내부로 들어가는 것으로 데이터나 환경변화와 같은 것들이다. 처리는 들어온 입력물을 출력물로 변환시키기 위한 절차procedures나 조작manipulation하는 과정을 말한다. 출력은 변환된 입력물을 시스템의 경계 밖으로 보내는 것을 말한다. 환경은 시스템의 일부로 포함되지 않는 외부에 존재하는 것으로 시스템에 입력물을 제공하고 출력물을 받는 것이다. 그리고 경계는 시스템을 환경으로부터 분리시키는 것이다.

서브시스템은 전체 시스템의 목적에 맞게 입력을 출력으로 전환하는 필요한 기능을 제공하는 것인데, 각 서브시스템들은 주어진 역할을 수행하여 입력물을 가공하고 처리하는 기능을 맡고 있다. 따라서 서브시스템들은 서로 연결connection되어 상호작용함으로써 시스템의 목적에 맞는 역할과 기능을 일정한 규칙과 절차에 의해 수행하도록 설계되어야 한다.

시스템이 주어진 목적을 달성하려면 구성요소인 서브시스템들이 서로 협력해야만 한다. 인체에서 눈, 코, 입, 귀, 심장, 내장기관, 팔, 다리 등과 같은 서브시스템들이 각자의 역할을 수행하면서 두뇌의 통제와 지시에 따라서 서로 협력하여 행동해야 하는 것과 같은 이치이다. 기업도 생산, 인사, 회계, 재무, 마케팅 등과 같은 부서시스템들이 서로 협력해야 고객만족을 통한 이윤추구라는 목적을 달성할 수 있다.

시스템이 제대로 작동하려면 해당 시스템의 내부를 구성하는 구성요소인 서브시스템들의 협력뿐만 아니라 외부에 존재하는 요소나 시스템들의 협력이 필요하다. 예를 들어, 야구팀이 승리를 하려면 각 포지션이나 감독, 코치 등과 같은 내부요소들이 중요하지만 팬이나 경기장 조건과 같은 외부의 요인들도 승리에 영향을 미친다.

외부와의 상호작용이 전혀 없는 완벽한 폐쇄Closed시스템이 존재할 수 있을까? 사람은 몸 밖에 있는 공기를 마셔야 살 수 있고, 지구는 태양이 있어야 지탱할 수 있고, 태양은 다른 행성계와의 인력에 의해서 유지되고 있다. 국가는 무역을 통해 필요한 물품들을 조달해야 하고 기업도 인적, 물적 자원을 외부로부터 가져와야 제품이나 서비스를 생산할 수 있다. 이처럼 우리 주변의 거의 모든 시스템들은 개방형Open이라고 볼 수 있다.

신생기업의 경우에는 생산과 판매에 필요한 자본과 노동력, 그리고 기술과 지식 등을 철저하게 외부에 의존해야 한다. 성장이 이루어진 대기업의 경우에도 끊임없는 외부와의 상호작용이 필수적이다. 따라서 기업의 성공을 위해서는 외부자원을 적절히 활용할 수 있는 유연한 시스템을 구축해야 한다.

정보기술 하나하나도 그 자체로 시스템이다

Information technologies are themselves systems

컴퓨터가 등장하면서 자료처리Data Processing라는 용어가 쓰이기 시작하였다. 정보를 생성하거나 주고받는 개념보다는 단순히 데이터를 처리하는 도구로 컴퓨터를 인식한 것이다. 자동차회사에 근무하던 짐 돔시치Jim Domsic라는 사람이 자료처리를 대치할 수 있는 용어로 정보기술이라는 용어를 만들어냈다고 알려진 것은 1981년이었다.

정보기술情報技術, Information Technology 또는 정보통신기술情報通信技術, Information and Communication Technology은 전기 통신, 방송, 컴퓨팅(정보처리, 컴퓨터 네트워크, 컴퓨터 하드웨어, 컴퓨터 소프트웨어, 멀티미디어), 통신망 등 사회 기반을 형성하는 유무형의 기술 분야를 말한다. 넓은 의미의 정보통신 기술이란 정보의 수집, 가공, 저장, 검색, 송신, 수신 등 정보 유통의 모든 과정에 사용되는 기술 수단을 총체적으로 표현하는 개념이다.

오늘날 정보기술이라고 알려진 도구들은 주변에 널려 있다. 컴퓨터, 휴대폰, 팩스, 현금인출기 등과 같은 정보기술들은 하나하나가 그 자체로 시스템이다. 컴퓨터의 경우는 더 세분화될 수 있다. 하드웨어는 사용자가 컴퓨터의 동작을 제어할 수 있도록 하는 물리적인 장치이고, 소프트웨어는 전자신호로 구성된 명령어들의 집합인데, 여기서 하드웨어, 소프트웨어도 컴퓨터를 구성하는 하나의 서브시스템이라고 볼 수 있다.

정보기술을 활용해서 정보시스템을 구축한다

We build information systems using information technologies

정보시스템은 어떤 조직에서 의사결정과 통제를 지원하기 위하여 데이터를 수집하고 처리하여 정보를 생성하고 배포한다. 다시 말해서, 정보시스템은 하드웨어, 소프트웨어, 네트워크 같은 정보기술을 활용하여 데이터를 수집하고 처리해서 사람에게 정보를 제공하는 것이다.

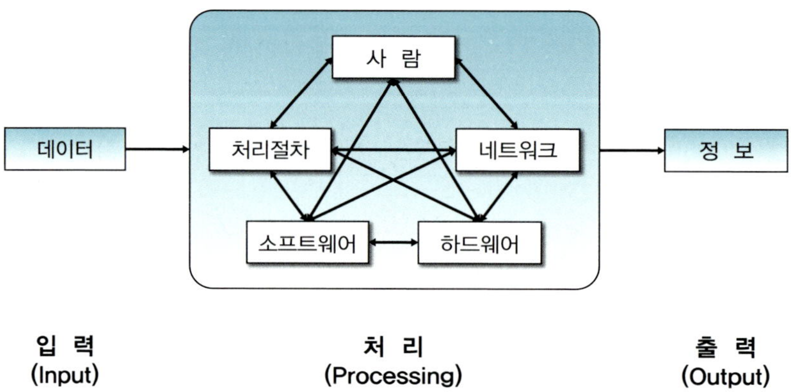

경영정보시스템도 역시 시스템이다

MIS is a system, too

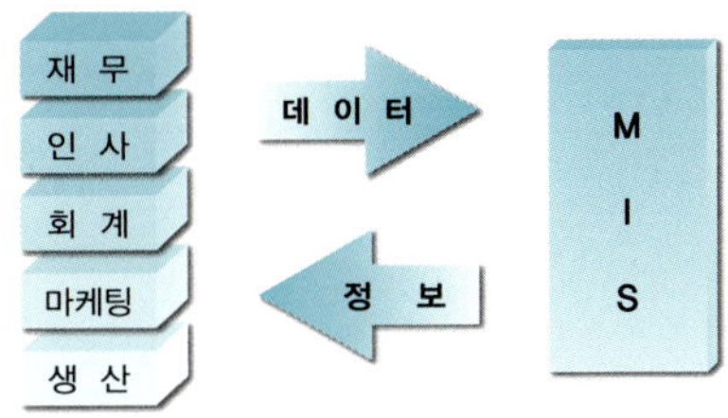

경영정보시스템Management Information Systems은 어떤 조직의 내외부에서 발생하는 데이터를 수집하고 처리하여 비즈니스 의사결정을 지원하기 위한 정보를 생성하고 배포하기 위하여 정보기술을 활용하여 구축하는 시스템이다. 데이터는 주로 기업내부의 재무, 인사, 회계, 마케팅, 생산과 같은 경영활동으로부터 발생한다. 이렇게 발생한 데이터를 수집하고 처리해서 경영의사결정에 필요한 정보를 제공하는 것이 경영정보시스템인 것이다.

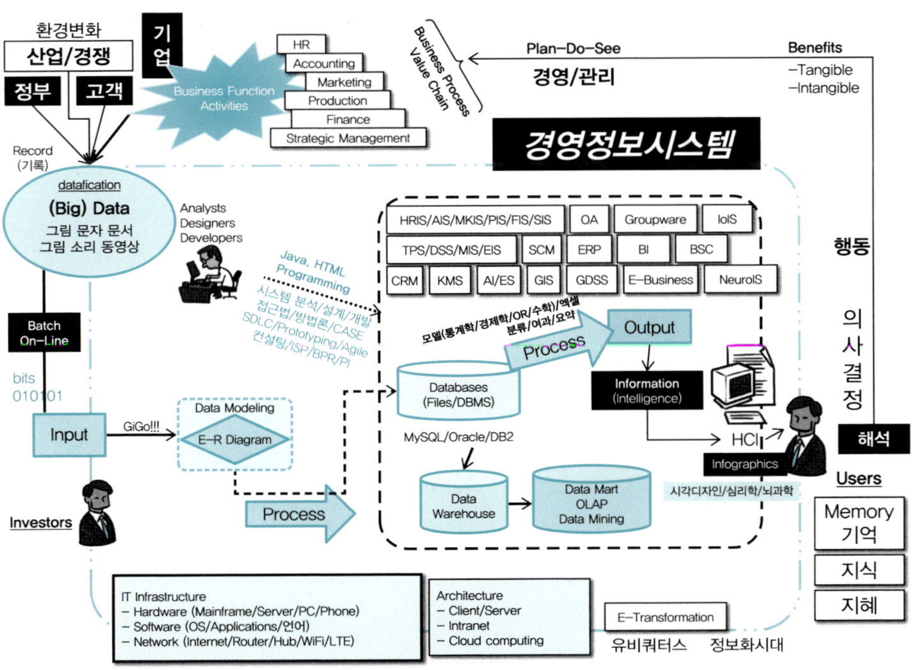

02 기술

2.1

컴퓨터

하드웨어가 좋아야 한다

Hardware should be good

하드웨어Hardware, HW는 영어의 어원에 따르면 물리적으로 만질 수 있는 딱딱한 물건으로 우리말로는 쇠붙이라는 의미이다. 사람이 건강한 몸 없이는 아무리 좋은 머리나 도구들을 가지고 있어도 제대로 활용할 수 없듯이, 하드웨어는 다양한 소프트웨어를 잘 작동하는 데 기초가 되는 몸통이라고 할 수 있다. 컴퓨터의 경우에는 기계장치이고 사람의 경우에는 몸체를 뜻한다. 반면에 소프트웨어는 장치나 몸체를 관리하고 하드웨어를 활용해서 여러 가지 작업을 수행할 수 있는 프로그램을 의미한다.

컴퓨터의 하드웨어는 크게 입출력장치, 데이터 저장장치, 연산처리장치, 네트워크 통신장치 등으로 구분될 수 있다. 입력장치는 컴퓨터에 데이터를 집어넣는 장치로 키보드, 스캐너 등 사람에 비유하자면 보고 듣고 냄새를 맡아 뇌에 전달하는 눈, 귀, 코를 뜻한다. 출력장치는 연산처리된 데이터를 나타내는 모니터, 프린터, 스피커 등을 말한다. 데이터 저장장치는 사람의 기억력과 같은 이치인데,

사람이 기억할 수 있는 양에 한계가 있어 수첩이나 메모지 등에 적어놓는 것처럼 컴퓨터 본체에 있는 주기억장치 이외에 보조기능을 할 수 있는 장치, 즉 USB, 외장 하드디스크 등을 말한다. 뇌는 연산처리장치와 유사한 역할을 하는데 입력장치로부터 저장된 데이터를 계산, 응용 처리하는 역할을 한다. 네트워크 통신장치는 컴퓨터가 외부와 연결될 수 있도록 해주는 랜카드, 네트워크 케이블, 모뎀, 라우터와 같은 장치이다.

인터넷 홈페이지처럼 여러 명의 동시접속을 가능하게 하려면 PC보다 성능이 뛰어난 서버급 컴퓨터를 사용해야 한다. 서버급 컴퓨터는 유닉스[Unix], 리눅스[Linux], 윈도우NT와 같은 운영체제를 설치하여 네트워크 송수신의 기능을 갖춰야 한다. 우리가 일반적으로 사용하는 가정용 PC와는 달리 서버급 컴퓨터는 24시간 운영에 무리가 없어야 하며 데이터 복구 또는 백업기능을 필수적으로 갖추어야 한다. 이러한 서버급 컴퓨터는 파일이나 프린터 공유, 데이터베이스, 전자우편, 그룹웨어 등과 같은 서비스를 제공할 수도 있다.

소프트웨어는 더 좋아야 한다

Software should be even better than hardware

컴퓨터가 느리고 저장 공간이 부족하던 시절에 소프트웨어Software, SW는 하드웨어의 부속품에 불과했었지만, CPU 속도가 빨라지고 저장장치가 발달하면서 소프트웨어가 컴퓨터의 가치를 결정하고 있다. 하드웨어가 아무리 최첨단이라도 좋은 소프트웨어가 들어 있지 않으면 컴퓨터는 그 진가를 발휘할 수 없다. 예컨대 비싼 금액을 지불하고 사양이 높은 PC를 구매하더라도 스타크래프트와 같은 게임만 잔뜩 들어 있다면 단지 게임 기계일 뿐이다.

최근 들어 많은 이들이 100만 원 정도의 최첨단 스마트폰을 들고 다닌다. 어떤 사람들은 기본적인 날씨검색이나 메신저 기능을 제외하면 대부분 전화 통화의 기능으로 스마트폰을 사용한다. 반면에 집안의 CCTV를 모니터링하고 SKYPE로 화상미팅을 하며 회사의 컴퓨터나 스캐너를 원격으로 조종하고, 때로는 운동량을 매일 기록하여 건강관리를 하는 데 스마트폰을 사용하는 사람들도 있다. 같은 기기라도 어떤 소프트웨어를 설치하여 얼마나 잘 쓰느냐에 따라서 하드웨어의 가치가 달라지는 것이다.

21세기에는 어떤 산업이 성장하고 있을까? 사실, 20세기 전통산업이라고 여겨졌던 철강, 조선, 정유, 자동차, 건설과 같은 제조업과 금융이나 유통 같은 서비스업 분야에서는 더 이상 새로운 대기업이 등장하지 않고 있다. IT에서도 IBM이나 삼성전자와 같은 기업들이 굳건히 자리를 지키고 있는 하드웨어 분야는 더 이상 새로운 대기업이 등장하지 않고 있다. 그나마 아이폰을 개발한 애플Apple의 급성장이 눈에 띄는 정도이지만, 애플은 하드웨어보다는 소프트웨어에 더 비중을 두고 있는 것으로 보인다. 반면 소프트웨어 분야에서는 21세기 들어 구글Google, 이베이[Ebay], 아마존닷컴[Amazon.com], 네이버[Naver], 지마켓[Gmarket]과 같은 인터넷 기업들은 물론이고, 안철수연구소 같은 컴퓨터보안 신생업체들이 급성장을 하였다. 최근 중국의 알리바마는 단기간에 세계적인 기업으로 혜성처럼 등장하기도 하였다.

주목할 것은 전통산업에서도 소프트웨어를 적극적으로 활용하여 비즈니스 프로세스를 개선하거나 새로운 제품 또는 서비스를 개발한 기업들은 치열한 경쟁에서도 성장하거나 버티고 있다는 것이다. 예를 들어, 나이키는 스스로를 더 이상 신발업체라고 한정하지 않고 IT업체로 인식하고 있다. 신발에 센서를 부착하여 인체로부터 데이터를 수집하여 분석함으로써 건강에 도움을 주는 기업으로 변신하려 하고 있는 것이다. 자동차 업체들도 운전 중에 발생하는 데이터를 수집하여 차의 성능을 개선하는 데 활용하거나 소프트웨어를 기반으로 한 각종 센서를 부착하여 사고를 예방하려 하고 있다. 어떤 산업이든 하드웨어는 경쟁의 기본이고 우수한 소프트웨어를 갖추는 것이 진정한 경쟁력을 창출하게 된 것이다.

어린이날을 앞두고 백화점과 대형마트에서는 변신로봇 쟁탈전이 일어난다. "또봇"이라고 불리는 장난감 로봇이 인기를 얻으면서 이를 차지하기 위한 실랑이까지 벌어졌다. 이 로봇은 한국의 어느 중소기업이 만든 것으로 또봇시리즈 가운데 '쿼트란'은 8만원의 고가에도 불구하고 전국적으로 25만 개 이상 팔려나갔다. 사실, 또봇은 만화스토리 컨텐츠가 만들어낸 것인데, 로봇이라는 하드웨어와 만화라는 소프트웨어가 복합되어 설계되었다. 일반 로봇이나 레고 같은 블록보다 아이들에게는 만화 컨텐츠[소프트웨어] 속의 스토리를 상상하여 적용한 로봇 장난감(하드웨어)의 가치가 훨씬 더 크게 느껴진다는 것이다. 이처럼 소프트웨어는 단지 컴퓨터에 설치할 수 있는 프로그램을 떠나 하드웨어에 생명력을 불어넣을 수 있는 엄청난 무기가 되었다.

소프트웨어의 핵심은 운영체제이다

The core of software is the operating system

컴퓨터 하드웨어는 그 자체로는 아무 것도 할 수 없는 기계일 뿐이다. 하드웨어를 작동시키려면 반드시 운영체제Operating Systems, OS가 있어야 한다. 운영체제는 일련의 작업 순서를 정하고, 여러 하드웨어 시스템에 작업을 할당하는 방식으로 지시하는 역할을 한다. 운영체제는 응용프로그램Application들이 하드웨어인 CPU와 메모리, 입출력 장치 등의 장치들을 사용할 수 있도록 만들어 준다. 또한 여러 사용자가 동시에 작업을 수행할 때에는 작업의 우선순위를 정해 효율적으로 분배하고, 네트워크상에서 다른 컴퓨터와 상호작용하는 작업들을 제어하기도 한다. 따라서 휴대폰, 게임기, 그리고 로봇에 이르기까지 컴퓨터라고 생각되어지는 모든 하드웨어들은 크고 작은 운영체제를 가지고 있다.

운영체제에는 우리가 흔히 쓰는 PC의 마이크로소프트 윈도우즈Microsoft Windows, 서버급 컴퓨터의 유닉스Unix, 리눅스Linux 같은 종류가 있다. 스마트폰이라는 하드웨어에도 운영체제가 설치되는데, 삼성전자의 갤럭시에는 안드로이드Android라는 운영체제를 쓰고, 애플의 아이폰의 경우는 iOS라는 운영체제를 탑재하고 있다. 하드웨어를 움직이는 데 필수적인 운영체제를 설치하면 사용자의 업무 특성에 따라 어플리케이션Application이라고 불리는 응용프로그램들을 설치할 수 있다. 문서작성을 위해 쓰는 MS-Office나 아래아한글 등은 모두 응용소프트웨어이다. 스마트폰에도 필요에 따라 날씨정보, 주식정보 등 앱App이라고 불리는 다양한 애플리케이션을 설치할 수 있다.

임베디드Embedded 운영체제는 냉장고나 세탁기, 전기밥솥 같은 가전제품에 들어가 있는 소프트웨어이다. 대부분의 경우에는 하드웨어와 공장에서부터 일체형으로 만들어져서 보급되기 때문에 뜯어보더라도 운영체제 속의 프로그램을 수정하거나 지울 수 없도록 되어 있다. 대부분의 가전제품들은 주어진 작업 외의 기능을 필요로 하지 않아 굳이 사용자가 새로운 기능을 추가하지 않아도 되기 때문이다. 그러나 최근의 추세는 달라지고 있다. 사용자가 직접 스마트폰을 이용해서 집에 있는 가전제품들을 원격으로 조종하거나, 새로운 기능을 추가하고 필요없는 기능을 삭제할 수 있도록 하려는 시도가 나타나고 있는 것이다. 이것이 가능하려면 가전제품에 내장된 폐쇄형 임베디드 운영체제를 보다 개방적으로 만들어서 사용자가 직접 조작하거나 프로그램을 추가 또는 삭제할 수 있도록 해야 한다. 결국, 임베디드 운영체제의 성능이 가전제품 같은 하드웨어의 성능을 좌우하게 될 것이다.

모바일의 운영체제, 안드로이드와 iOS

The operating system of smart phones is either Android or iOS

스마트폰의 증가에 따라 사람들이 책상 위에 놓이는 PC를 대신하여 모바일 기기를 사용하기 시작하면서 모바일 운영체제 또한 매우 중요해졌다. 모바일 운영체제의 대표주자는 구글의 안드로이드Android와 애플의 iOS이다. 안드로이드는 세계에서 가장 높은 시장점유율을 가지고 있으며, 2008년 처음 출시된 리눅스 기반의 운영체제로 iOS와는 다르게 오픈소스로 되어 있다. 앱마켓의 종류가 여러 개이며 휴대폰을 마음대로 디자인할 수 있다는 장점이 있지만, 개방된 만큼 보안에는 다소 취약한 편이다.

안드로이드의 개방성은 막강한 강점이자 급성장의 근본적인 원인 중의 하나이지만, 하드웨어 제조사별로 다양한 스펙으로 만들다보니 단점도 있다. 즉 운영체제 입장에서 다양한 스펙을 가진 하드웨어상에서 작동할 수 있도록 하기 위하여 작동 가능한 최소한의 스펙을 기준으로 기능을 만들게 됨으로써 하드웨어의 최대 성능을 목표로 운영체제를 만들기 어렵게 된다. 이로 인해 제조사들마다 자신들의 하드웨어의 성능에 특화된 고유한 기능을 추가시키곤 하는데, 이로 인해 구글이 안드로이드 최신버전을 개발해서 보급하더라도 현장에서는 여전히 옛날 버전을 그대로 사용하는 경우가 많다. 일례로 최근에 구글이 안드로이드 4.1버전을 발표했지만, 실제 현장에서는 오래된 버전 2.2나 2.3이 주류를 이루고 있는 상황으로, 제조사에서는 언제 운영체제를 업그레이드할 수 있는지 답을 못주고 있다. 그러다보니 애플리케이션 개발자들은 가장 최신 버전이 아닌 구형 버전 사용자들을 목표로 앱을 개발해야 하며, 구글의 입장에서는 구형 버전을 운영함에 따른 유지보수의 부담이 늘어나게 된다.

애플에서 만드는 아이폰iPhone은 iOS를 사용한다. 2007년 애플이 아이폰, 아이팟, 아애패드를 위한 운영체제로 iOS를 출시하였는데, 당시에는 사용자가 개발한 애플리케이션의 추가가 허용되지 않았었지만, 2008년 6월 이후 iOS에서 소프트웨어를 개발할 수 있는 도구인 SDKSoftware Development Kit를 공개하여 애플의 앱스토어를 통해 자유롭게 iOS기반의 애플리케이션들을 개발하고 판매할 수 있게 하였다. 이것은 모바일 운영체제의 표준이 될 만큼 완성도가 높으며, 유닉스계열의 다소 폐쇄적인 플랫폼을 가지고 있다. 애플에서만 사용되기 때문에 같은 기종 간의 연동이 뛰어나며 보안 또한 상대적으로 우수한 편이다.

최근에 마이크로소프트가 윈도우즈10을 공개했다. 윈도우즈10 단일 운영체제로 모바일폰, 태블릿PC, 일반PC 등 대부분의 기기를 지원하는 것이 최대 장점이다. 이로 인해 많은 언론에서는 안드로이드, iOS와 함께 모바일 운영체제의 3파전을 예상하고 있다. 단일 운영체제이기 때문에 가장 큰 장점은 사물인터넷IoT, Internet of Thing, 기업의 데이터센터까지 광범위한 디바이스 전체에 걸쳐 활용이 가능하다는 것이다. 그 밖에도 의외로 많은 스마트폰 제작 회사나 소프트웨어 회사들이 윈도폰, 블랙베리OS, 파이어폭스OS, 세일피쉬, 바다, 타이젠OS, 우분투 모바일 등을 출시하며, 애플과 구글의 2인 독점체제를 무너뜨리기 위해 운영체제 시장에 뛰어들고 있다.

MS 윈도우즈만 있는 것이 아니다

Microsoft Windows is just one of many operating systems

그렇다면, 현재 시장의 75%이상을 점유하고 있는 MS윈도우즈가 다른 어떤 운영체제보다 더 좋을까? 윈도우는 사실 인터넷기술이 본격적으로 상용화 되는 시점인 1995년에 개발되었다. 훨씬 이전인 1970년에 유닉스가 먼저 개발되었고, 그 이후 유닉스를 많이 닮은 리눅스가 탄생하였다. 유닉스는 그 개발 역사가 길기 때문에 적용 폭이 넓고 안정적인 운영체제이다. 처음부터 다양한 시스템 사이에서 서로 이식할 수 있고, 멀티태스킹과 다중사용자를 지원하도록 설계되어졌다. 현재 시장에 남아있는 대표적인 유닉스 업체는 IBM의 AIX, HP의 UX, SUN의 솔라리스 운영체제이다. 이들 운영체제는 개인용이 아니라 기업용으로 개발된 것이다.

리눅스는 유닉스를 모태로 하여 리너스 토발즈Linus Tovalds, 1969~라는 핀란드 출신의 프로그래머가 개발한 것이다. 리눅스는 기본골격을 유닉스에서 가져왔기 때문에 그 구성의 성숙도와 안정성은 매우 우수하다. 윈도우즈가 자주 다운되던 시절

UNIX	Linux
• 1970년에 출시 • 매우 안정적이고 다양한 시스템에 이식될 수 있고, 멀티태스킹과 다중사용자를 지원하도록 설계됨 • 유료 • 중대형 컴퓨터에서 사용 - 기업용 • 소스코드 공개가 안 됨	• 1991년 11월에 출시 • 유닉스와 거의 유사한 환경을 제공 • 무료 • 기업보다는 프로그램 개발자 및 학교 등을 중심으로 급속히 사용이 확대됨 • 중대형 컴퓨터 - 워크스테이션이 개인용 컴퓨터에서 주로 활용됨 • 소스코드를 무료로 개방

에도 리눅스는 몇 달 동안 다운되지 않고 잘 동작되었다. 리눅스는 누구나 운영체제를 뜯어 고칠 수 있도록 소스를 완전히 공개하여 개발되었고, 지금도 수백만 명의 개인 개발자들이 리눅스의 성능을 개선시키기 위해 프로그램을 짜고 있다. 리눅스는 각종 주변기기에 따라 사용되는 시스템의 특성에 맞게 소스를 변경할 수 있으므로 Suse, Ubuntu, Redhat과 같은 다양한 변종이 출현하고 있다.

네트워크도 컴퓨터시스템의 일부가 되었다

The network has become a part of computer systems

네트워크하면 가장 먼저 생각나는 것이 케이블이다. 케이블cable이 있어야 인터넷에 연결할 수 있기 때문이다. 무선 인터넷이 있기 전에는 LANLocal Area Network 케이블이 있어야 비로소 인터넷 서핑을 시작할 수 있었기 때문에 네트워크 하면 케이블이 떠오르는 것이 어쩌면 당연하다. 그렇다면 네트워크라는 것은 인터넷 접속을 위한 케이블만을 지칭하는 것일까?

네트워크란 컴퓨터들 간에 정보 또는 데이터를 전달하기 위해 컴퓨터들을 서로 연결한 형태를 일컫는 용어이다. 네트워크 장비를 통해서 집이나 사무실의 PC들을 서로 연결하여 통신하는데, 예를 들면 네트워크를 통해 본인 컴퓨터에는 프린트 기기가 없어도 네트워크에 연결된 컴퓨터에 접속하여 프린트를 할 수 있다.

컴퓨터 네트워크의 범위는 크게 일정 지역 내(학교, 회사 등)의 통신을 위한 근거리통신망LAN과 거리에 제한이 없는 원거리 통신망Wide Area Network, WAN으로 분류된다. LAN의 경우는 한정된 지역의 컴퓨터들을 서로 연결하는 것으로 하나의 동일한 주체에 의해서 관리되는 특징이 있다. WAN은 LAN에 비해 상대적으로 서로 멀리 떨어진 지점들 간에 연결을 하거나 관리주체가 다른 LAN들을 연결하는 데 이용된다. WAN은 지리적으로 사적 소유권이 모두 미칠 수 없는 지역까지 점유해야 하므로 KT와 같은 통신망사업자가 서비스를 제공하게 된다.

인터넷은 세상에 존재하는 모든 LAN들을 연결해 놓은 거대한 네트워크로 보면 된다. LAN과 LAN 사이는 서로 라우터Router로 연결된다. 이 연결은 동네를

LAN으로 생각하고 도로를 전송선로로, 사거리 등의 갈림길을 라우터라고 생각하면 실제 도로망과 매우 유사하다. 결과적으로 라우터와 거리의 케이블을 통해 다양한 경로를 통해 서로 연결되어 있는 것이다. 따라서 인터넷 네트워크 환경에서 하나의 컴퓨터로부터 또 다른 컴퓨터로 통하는 길은 다양하며 매우 복잡한 도로이다. 이런 상황에서 라우터는 통신이 가장 효율적인 길을 찾도록 도와준다. 이런 이유로 인터넷을 라우터로 연결된 네트워크들의 네트워크Network of Networks라고 부른다. 인터넷상의 통신을 위해서는 컴퓨터 상호간 혹은 컴퓨터 단말기 간의 통신규약, 즉 통신규칙과 방법에 대한 약속이 필요한데, 이것이 프로토콜Protocol이다. 인터넷 환경에서 TCP/IP 프로토콜이 이미 표준화되어 사용되고 있고, 보안상의 문제를 보완하거나 새로운 서비스가 제공되며 더 효율적으로 전송능력을 증가시킬 수 있도록 프로토콜을 꾸준히 개선하고 있다.

이제 LAN이나 인터넷과 같은 네트워크 환경은 더 이상 옵션이 아니라 그 자체로 컴퓨터의 일부가 되었다. 인터넷이 있기 전에는 네트워크가 연결되지 않아도 컴퓨터에 설치된 하드웨어와 소프트웨어만 사용하는 것이 일반적이었지만, 이제는 인터넷 접속이 안 되면 작동하지 않는 소프트웨어가 많아져서 업무가 불가능하다. 네트워크 연결이 되지 않은 컴퓨터는 그야말로 타자기 또는 오프라인 게임기에 지나지 않게 되어버린 것이다.

책상 위에 있는 PC만 있는 것은 아니다

컴퓨터에는 가정 또는 사무실에서 책상 위에 놓고 사용하는 PC나 노트북만 있는 것이 아니다. 데이터를 저장하고 처리하여 출력할 수 있는 장치를 갖춘 기기들을 컴퓨터라고 본다면, 훨씬 더 많은 종류의 컴퓨터들이 있다. 원래 1980년대까지도 마이크로Micro 컴퓨터라는 말이 흔하게 쓰이고 있었는데, 1971년 인텔이 처음 개발한 마이크로프로세서microprocessor라는 작은 중앙처리장치Central Processing Unit, CPU를 장착한 것이었다. PCPersonal Computer도 바로 이 마이크로컴퓨터의 일종이었다. 지금도 이 마이크로프로세서의 성능이 컴퓨터의 성능과 가격을 결정짓는 중요한 장치이다.

흔히 전산실이라고 부르는 곳에 가면 항온항습기와 비상전력공급기를 갖추고 화면은 없이 옷장처럼 생긴 장비들을 볼 수 있다. 그 옷장 같은 장비를 랙Rack이라고 부르는데, 그 속에 서버용 컴퓨터들을 끼워 넣고 네트워크로 연결하여 사용한다. 이런 서버용 컴퓨터들은 슈퍼컴퓨터나 대형컴퓨터, 메인프레임, 워크스테이션 등으로 분류가 되는데, 동시접속자의 수나 처리속도와 용량과 같은 성능을 기준으로 가격이 천차만별이다. 혼자 사용하는 것이 아니라 여러 명이 동시에 사용해야 하기 때문에 설치되는 소프트웨어도 PC와는 다르다. 예를 들어, PC에서는 마이크로소프트 윈도우즈를

운영체제로 쓰지만, 서버용 컴퓨터들은 리눅스나 유닉스 같은 운영체제를 설치하여 사용한다.

슈퍼컴퓨터는 가장 빠른 계산능력을 가진 컴퓨터이다. 기술력을 인정받기 위하여 IBM이나 HP, Cray와 같은 기업들이 슈퍼컴퓨터를 제작하는데, 수학이나 과학계산을 위한 것이 대부분이다. 세계 슈퍼컴퓨터 순위 사이트인 top500.org에서는 성능을 기준으로 연 2회 전 세계 슈퍼컴퓨터 목록을 발표한다. 우리나라의 기상청이 보유한 슈퍼컴퓨터인 '해온'과 '해담'이 전 세계 100위권에 이름을 올려놓고 있는데, 2010년 도입 당시의 가격이 550억 원으로 알려져 있다.

격세지감인 것은 마이크로컴퓨터의 성능이 너무나 빨라졌다는 것이다. 과거에는 워크스테이션 같은 서버급 컴퓨터에서나 가능했던 작업들을 PC에서도 수행하는 것을 종종 보게 된다. 예를 들어, 성능은 제한적이지만 개인이 PC를 웹이나 DB서버로 만들어서 쓰기도 한다.

컴퓨터와 인간의 두뇌는 비슷한 면이 있다

컴퓨터를 부르는 한국어는 셈틀인데, 셈을 하는 기계라는 뜻이다. 중국어로는 컴퓨터를 '전뇌電腦'라고 부른다. 전기가 흐르는 뇌라는 뜻이다. 컴퓨터가 영어로 '계산하다'라는 뜻을 가진 'compute'에서 유래한 것이라는 점에서 셈틀이 더 정확하다고 할 수 있다. 그럼, 과연 컴퓨터는 인간의 두뇌와 얼마나 닮았을까.

컴퓨터는 하드웨어와 소프트웨어가 완전히 분리되어 있지만, 인간의 두뇌는 하나로 결합되어 있다. 한편 컴퓨터에는 없고 인간에게만 있는 것이 감정이다. 그러나 외부로부터 정보를 입력 받아서 처리하여 결과를 출력한다는 점에서는 컴퓨터와 두뇌가 매우 비슷하다.

컴퓨터에는 RAM이라는 단기기억장치가 있는데, 인간의 두뇌에도 워킹메모리Working Memory라고 부르는 장치가 있다. RAM은 데이터가 꽉 차면 오래된 것을 지우고 새 것을 채우게 된다. 따라서 RAM이 클수록 데이터 처리가 빠르다. RAM은 읽고 쓰기가 가능한 반도체이지만, ROM은 쓰기는 안 되고 읽기만 가능

컴퓨터	
주기억장치 Main Memory	ROM(Read Only Memory)
	RAM(Random Access Memory)
보조기억장치 Secondary Storage	자기 Disk(Magnetic Disk)
	자기 테이프(Magnetic Tape)
	자기 드럼(Magnetic Drum)
	광디스크(Optical Disk)
	USB(Universal Serial Bus)

하도록 생산된 반도체이다. ROM은 컴퓨터를 켤 때 장치들을 인식하는 데 필요한 정보들을 가지고 있다. 따라서 ROM은 컴퓨터 전원을 끄더라도 내용이 지워지지 않지만, RAM은 전원이 꺼지면 내용이 사라진다.

컴퓨터에는 하드디스크Hard Disk라는 장기기억장치가 있는데, 인간의 두뇌에도 과거에 일어난 사실이나 개념, 그리고 사건을 기억하는 명시적 기억장치가 있다. 최근에는 컴퓨터가 자전거 타기나 자동차 운전과 같은 학습능력을 갖추게 되면서 인간만이 가능하다고 여겨졌던 내재적 기억장치를 갖추기 시작했다.

기억Memory이란 무엇인가

인간의 두뇌는 보고 들은 모든 것을 기억한다고 주장하는 학자들도 있다. 문제는 기억하고 있는 것을 다시 꺼내는 능력에 있어서 사람마다 차이가 있다는 것이다. 따라서 무언가를 머릿속에 저장할 때, 다시 찾기 쉽도록 기억하는 것이 중요하다. 인간의 두뇌가 쉽게 기억하는 것들은 자기 자신과 관련이 있는 정보이거나 매우 특징적인 정보, 그리고 이미 저장되어 있는 기억과 관련이 있는 정보이다. 컴퓨터도 데이터를 아무렇게나 넣으면 다시 찾기 어렵기 때문에 저장할 곳을 미리 설계하여 다시 찾기 쉽게 하는 데이터베이스 기술이 발달하였다. 꼭 기억하고 싶은 것이 있다면, 그 내용을 반복해서 암기하면 훨씬 더 오랫동안 기억한다. 반복을 한 만큼 인코딩이 더 잘 되어 머릿속에 남기 때문이다.

흔히들 공부라고 하면 무언가를 암기하거나 개념을 이해해서 머릿속에 넣어 두었다가 다시 기억해 내서 시험을 치는 것을 생각한다. 그러나 이것은 한 가지만 생각한 것이다. 공부에는 단어 암기나 개념을 이해하는 것도 있지만, 몸으로 직접 체험해서 익숙해지는 것도 있다. 예컨대 영어 공부에 있어서 읽기와 쓰기처럼 암기와 이해를 필요로 하는 서술적 기억도 있지만, 듣기와 말하기처럼 다른 사람을 따라하거나 반복적으로 연습해서 익숙해져야 하는 절차적 기억도 있다.

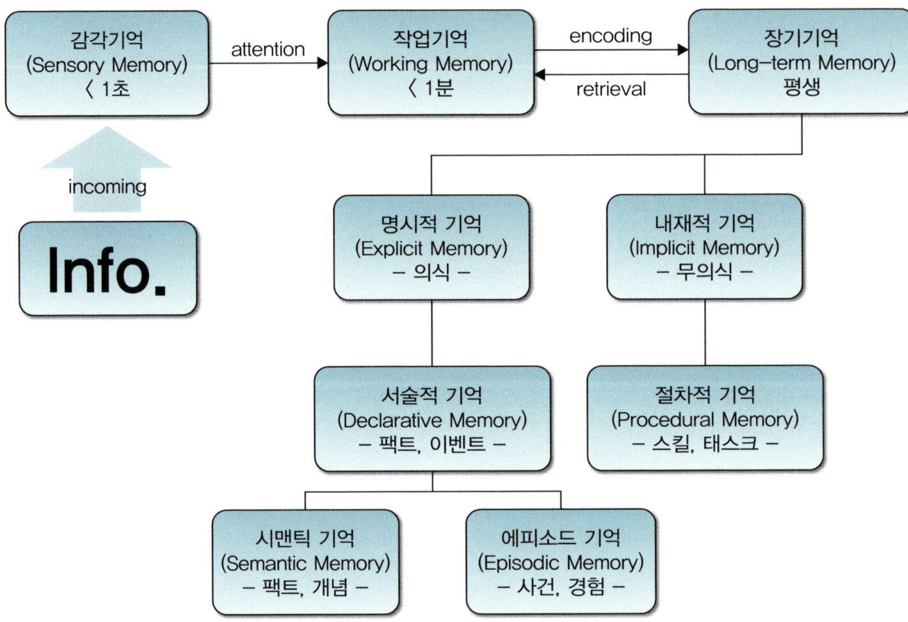
감각기억
(Sensory Memory)
〈 1초
attention
작업기억
(Working Memory)
〈 1분
encoding
retrieval
장기기억
(Long-term Memory)
평생
incoming
Info.
명시적 기억
(Explicit Memory)
– 의식 –
내재적 기억
(Implicit Memory)
– 무의식 –
서술적 기억
(Declarative Memory)
– 팩트, 이벤트 –
절차적 기억
(Procedural Memory)
– 스킬, 태스크 –
시맨틱 기억
(Semantic Memory)
– 팩트, 개념 –
에피소드 기억
(Episodic Memory)
– 사건, 경험 –

미래예측도 알고 보면 기억의 역할이다

장기기억장치의 또 다른 분류는 회상적retro-spective 기억과 미래적pro-spective 기억이 있다. 회상적 기억은 단순히 과거의 일이나 경험을 기억하는 것이지만, 미래적 기억은 앞으로 일어날 일을 기억하는 것이다. 예를 들면, 내일 해야 할 일을 기억해 두는 것이다.

스포츠에서도 미래적 기억은 중요한 역할을 하는 것으로 보인다. 야구선수가 투수의 공을 받아치려면 날아오는 공의 궤적을 미리 예측하여 배트에 정확하게 맞도록 타이밍을 조절하여 휘둘러야 한다. 배트를 휘두르는 속도가 빠를수록 투수의 손을 떠난 공을 단 0.01초라도 더 보고 칠 수 있다. 따라서 타자들이 다양한 속도와 구질의 공을 치는 연습을 하는 것은 미래적 기억을 발달시키기 위한 행동인 것이다. 반대로, 투수의 입장에서는 공이 빠르거나 변화가 심한 구질을 가질수록 공의 궤적이 타자의 예측을 벗어나 안타를 맞을 가능성이 줄어드는 것이다.

미래를 예측하는 것도 과거의 데이터를 기반으로 미래에 일어날 일을 머릿속으로 기억하고 판단하는 것이다. 내일 벌어질 일에 관해서 사람만큼 희망하거나 걱정하는 생명체는 없을 것이다. 회의 날짜와 시간을 휴대폰에 저장하기도 하고

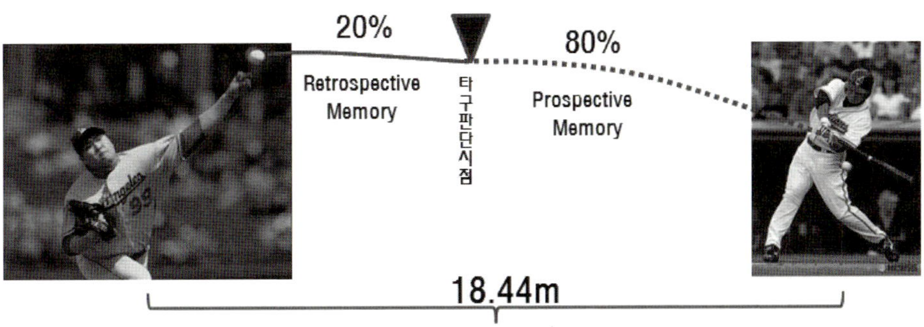

벽에 걸린 달력에 표시해 놓기도 한다. 이처럼 미래에 관한 기억을 두뇌가 아닌 외부의 장치를 이용하는 것도 사람이 유일할 것이다.

인간이 다른 동물과 크게 다른 것은 여러 사람들이 모여 서로 다른 기억을 가진다는 것이다. 교류활성기억transactive memory은 인간이 불완전한 개인의 기억구조를 보충하기 위하여 다양한 외부자원(컴퓨터, 책, 친구)을 활용한다는 것이다. 특히, 기업조직은 어떤 과업을 수행함에 있어서 특정 개인의 기억에만 의존하지 않고 여러 사람들이 각자 다른 기억을 가지고 서로 협력해야 하는데, 각자의 지식을 교류활성기억장치에 해당하는 정보시스템에 모아놓고 서로 공유함으로써 기억의 저장과 검색 활용을 보다 효율적으로 수행한다.

2.2

컴퓨터가 사람이 되어간다

기술은 하나의 도구에 불과하다. 어린 아이들의 협동심을 고취하고 의욕을 불어 넣는 데는 교사가 가장 중요하다.

Technology is just a tool. In terms of getting the kids working together and motivating them, the teacher is the most important.

— *빌 게이츠Bill Gates, 1955~*

최초의 컴퓨터는 ENIAC이 아니었다

많은 사람들이 인류가 만든 최초의 컴퓨터를 에니악ENIAC, Electronic Numerical Integrator And Computer이라고 알고 있다. 1946년 2월 14일, 펜실베니아대학의 존 모클리John Mauchly 교수와 대학원생이었던 프레스퍼 에커트Presper Eckert가 만들었는데, 미국 육군의 탄도궤도를 계산하기 위해 당시로는 거금이었던 49만 달러를 투입하여 만들어졌다. 무게가 27톤이나 되었고, 폭이 24미터, 높이가 2.5미터, 그리고 깊이는 0.95미터였다. 내부에는 17,468개의 진공관이 있었고, 수학자들이 10시간 이상 걸리는 계산을 30초 만에 해결하였다. 아직도 많은 사람들이(심지어는 컴퓨터공학

전공자들 조차도) ENIAC이 세계 최초의 컴퓨터로 알고 있다.

그러나, 모클리 교수가 에니악을 만들게 된 것은 1942년 아이오와대학Iowa State University을 방문하여 존 애타나소프John Atanasoff와 클리포드 베리Clifford Berry가 만든 계산기계를 보았던 것이 계기가 되었다. 애타나소프-베리라고 이름 붙여진 이 기계는 책상 크기에 해당하는 모습으로 진공관을 이용하여 2진수를 계산할 수 있도록 만든 장치였다. 법정소송까지 벌인 결과, 애타나소프-베리가 최초의 전자식 컴퓨터였다는 것을 인정을 받게 되었다. 그러나 인류역사에 엄청난 영향을 끼친 컴퓨터를 발명한 어느 누구도 노벨상과는 인연이 없었다. 노벨상은 주로 근본적인 원리의 발견이나 이해에 대해서 수여하기 때문에, 원리를 응용하여 생산한 제품에 대해서는 주지 않는 것으로 알려져 있다.

아버지는 못 받았는데 아들은 결국 노벨상을 받았다

His son eventually received the Nobel prize

진공관에 의존하던 컴퓨터는 트랜지스터가 발명되면서 급속도로 발전하였다. 트랜지스터Transistor는 1947년 미국의 통신회사인 AT&T의 벨연구소에서 근무하던 3명의 과학자 존 바든John Barden, 월터 브래튼Walter Brattain, 그리고 윌리엄 샤클리William Shockley에 의해 개발되었다. 진공관의 200분의 1크기 밖에 되지 않았고, 전기소모량도 매우 적었다. 1954년 텍사스 인스트루먼트Texas Instrument라는 전자회사가 상업용 트랜지스터를 생산하였고, 1956년 이들 세 명의 학자들은 그 공로를 인정받아서 노벨물리학상을 받았다. 1세대 컴퓨터인 에니악도 못 받았는데, 2세대 컴퓨터가 받은 것은 트랜지스터의 물리학적인 원리를 발견했기 때문이었다. 중요한 사건은 다음 해인 1958년에 터졌다. IBM이 트랜지스터를 이용하여 개발한 컴퓨터가 미국 국세청에 활용된다는 뉴스를 접한 고액의 세금체납자들이 발각될 것이 두려워서 자진납부를 하였다. 이것은 컴퓨터가 세상의 비즈니스를 바꿀 수 있다는 것을 보여준 중요한 사례였다.

하지만, 트랜지스터도 오래가지 못 했다. 텍사스 인스트루먼트에 근무하던 잭 킬비Jack Kilby가 하나의 반도체 칩 위에 여러 개의 저항기와 응축기, 그리고 개별 트랜지스터들을 한 곳에 모은 집적회로Integrated Circuit를 개발한 것이다. 처음 개발된 것은 1958년이었고, 상용화는 1961년에 이루어졌다. 집적회로의 개발은 반도체의 대량생산을 가능하게 하였고, 컴퓨터의 가격이 급속히 떨어질 수 있는 계기를 만들었다. 이 과정에서 IBM은 중대형 컴퓨터를 생산하여 주로 기업이나 정부기관에서 사용하게 되었다.

인생은 언제, 어디서, 누구를 만나느냐에 의해 결정된다

One's life is successful depending on when, where, and who one meets

1971년 Intel은 오늘날과 유사한 CPU를 처음 개발하였고, MITS[Micro Instrumentation Telemetry Systems]사의 에드 로버츠[Edward Roberts]가 1975년에 알테어[Altair] 8800을 개발하였다. 이것이 《파퓰러 일렉트로닉스[Popular Electronics]》라는 잡지의 표지에 실렸는데, 빌 게이츠는 이 잡지를 보고 깨달은 바가 있어서 하버드대학을 중퇴하고 에드 로버츠와 함께 알테어 8800에서 구동되는 소프트웨어를 만들었다. 이후 빌 게이츠와 에드 로버츠가 헤어지면서 알테어 8800도 역사 속으로 사라졌다. 에드 로버츠는 어릴적 꿈이었던 의사가 되었고, 빌 게이츠는 1981년 IBM이 개발한 개인용 컴퓨터에서 작동되는 운영체제를 납품하면서 오늘날의 마이크로소프트사를 키울 수 있는 기틀을 마련했다. 1976년 스티브 잡스[Steve Jobs]는 스티브 워즈니악[Steve Wozniak], 로널드 웨인[Ronald Wayne]과 함께 애플을 창업하여 Apple I과 Apple II를 통해 개인용 컴퓨터를 대중화하는 데 성공했다. Apple II에는 비지칼크[Visicalc]라는 소프트웨어가 설치되었는데 이것이 오늘날 MS-Excel의 원조이다.

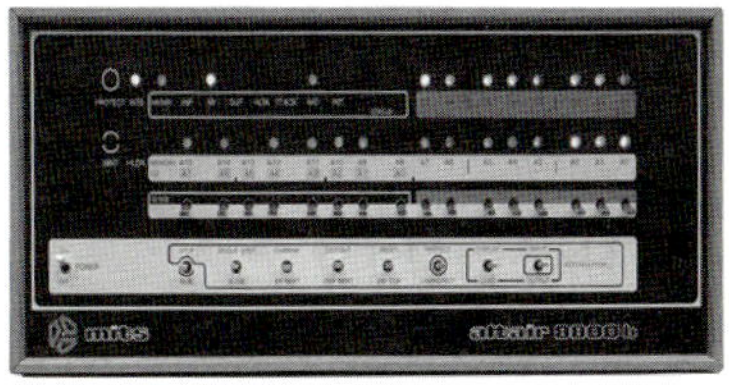

Altair 8800

Apple I

Apple II

IBM PC

표

컴퓨터의 세대별 발전

	1세대 1939-1958	2세대 1959-1963	3세대 1963-1975	4세대 1976-
	진공관(Tube)	트랜지스터	집적회로(IC)	고밀도집적회로(LSI)
주기억장치	자기드럼	자기코어	집적회로	고밀도집적회로
처리속도	ms	μs	ns	ps
사용언어	기계어, 어셈블리어	Fortran, Cobol, Algol	LISP, Pascal, Basic	DBMS/SQL Object- Oriented
제품	ENIAC, UNIVAC I	UNIVAC 1107 IBM7030 PDP-8	IBM 360	Altair 8800 Apple II IBM PC

컴퓨터는 막강한 데이터 처리기계이다

A computer is a powerful machine used to process data

컴퓨터로 전화를 걸고 영화도 보고 물건도 살 수 있지만, 이 모든 일들은 데이터를 처리함으로써 가능하다. 목소리나 동영상을 데이터로 변환하여 전송하고, 물건을 사고 팔 때에도 데이터를 암호화하여 주고받기 때문에 가능한 것이다. 일주일 전에 어디서 어떤 음식으로 점심식사를 했는지도 한참을 생각해야 하는 것이 사람의 두뇌이지만, 컴퓨터는 엄청난 양의 데이터를 저장하고 처리하여 언제든지 보여줄 수 있다.

사람의 두뇌에 해당하는 컴퓨터의 중앙처리장치, CPU[central processing unit]는 명령의 실행을 담당하는 Chip을 말한다. CPU는 외부에서 정보를 입력 받아 기억하고, 컴퓨터 프로그램의 명령어를 해석하여 연산하고, 외부로 출력하는 역할을 수행하는데, 컴퓨터가 데이터를 처리하는 속도는 바로 이 CPU의 속도를 말한다.

CPU의 성능을 측정하는 기준으로 대역폭과 동작속도라는 것이 있다. CPU가 한 번에 처리하는 비트 수가 초창기엔 8비트였는데, 지금은 64비트가 대부분이다. 그만큼 빨라진 것이다. 또 다른 성능기준인 CPU의 동작속도는 Clock 배수와 시스템 버스 Clock을 곱한 값인데, 하나의 Clock 펄스에 대응되는 헤르츠[Hrz]로 표시되고, Clock 속도가 높을수록 그만큼 처리속도가 빨라진다.

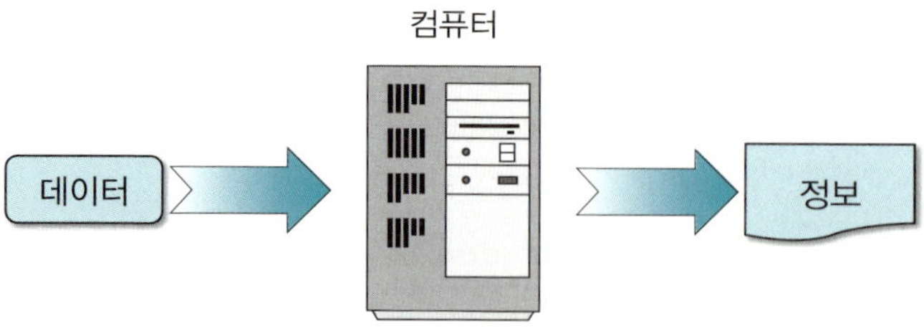

천 리 길도 한 걸음부터—비트와 바이트

A journey of a thousand miles begins with a single step

비트Bit는 컴퓨터에서 사용되는 최소의 단위로 원래 Binary digit를 줄인 것이다. 컴퓨터는 전기신호로 작동되기 때문에 꺼졌다(0), 켜졌다(1)로 구분되는 2진수를 기본으로 사용한다. 여기서 0과 1로 표현되는 데이터의 처리단위가 바로 비트이다. 비트는 0과 1 두 가지의 경우 밖에는 표시하지 못하기 때문에, 바이트Byte라는 단위를 데이터를 처리하는 기본 단위로 사용한다. 8개의 비트를 하나로 묶어 1Byte라고 하는데, 1 Byte가 표현할 수 있는 데이터의 개수는 2^8 = 256개다(1 Byte = 8 Bit). 1 Byte는 문자를 표현하는 가장 작은 단위로 256개의 데이터로 영문자, 숫자, 특수기호 등을 모두 표현한다. 저장 장치의 용량을 표시할 땐 이러한 바이트를 기준으로 하는데, 바이트가 크면 그만큼 속도도 빨라진다. 한글은 영문자와는 달라서 1바이트가 아닌 2바이트로 표현된다.

메모리의 용량은 한 단계씩 증가할 때마다 1,024배가 된다.

1,024KB = 1MB　1,024MB = 1GB　1,024GB = 1TB　1,024TB = 1PB

표

컴퓨터 처리속도 단위

이름	기호	값
milli, 밀리초	ms	1 / 1,000 sec
micro, 마이크로초	μs	1 / 1,000,000 sec
nano, 나노초	ns	1 / 1,000,000,000 sec
pico, 피코초	ps	1 / 1,000,000,000,000 sec
femto, 펨토초	fs	1 / 1,000,000,000,000,000 sec
atto, 아토초	as	1 / 1,000,000,000,000,000,000 sec
zepto, 젭토초	zs	1 / 1,000,000,000,000,000,000,000 sec
yocto, 욕토초	ys	1 / 1,000,000,000,000,000,000,000,000 sec

표

컴퓨터 메모리 용량 단위

표기		크기	
이름	기호	2진 기준	값 (Byte)
kilo byte	KB	2^{10} Byte	1,024 Byte
mega byte	MB	2^{20} Byte	1,048,576 Byte
giga byte	GB	2^{30} Byte	1,073,741,824 Byte
tera byte	TB	2^{40} Byte	1,099,511,627,776 Byte
peta byte	PB	2^{50} Byte	1,125,899,906,842,624 Byte
exa byte	EB	2^{60} Byte	1,152,921,504,606,846,976 Byte
zetta byte	ZB	2^{70} Byte	1,180,591,620,717,411,303,424 Byte
yotta byte	YB	2^{80} Byte	1,208,925,819,614,629,174,706,176 Byte

달 착륙에도 컴퓨터의 도움이 있었다

Computers made a significant contribution to helping humans land on the Moon

1969년 인간이 처음으로 달에 착륙하는 역사적인 사건이 일어났다. 사실, 수백 년 전만 하더라도 지구를 벗어나 우주로 간다는 것을 상상하는 사람은 거의 없었다. 아폴로 11호의 달 착륙은 단지 인류가 지구 이외의 다른 행성에서도 살 수 있다는 가능성을 보여준 엄청난 사건이었다. 이 사건에 가장 큰 기여를 한 것이 컴퓨터에 탑재된 루돌프 칼만Rudolph Kalman의 칼만필터Kalpman Filter 모델이다. 루돌프 칼만은 컴퓨터를 이용하여 확률적 예측모델인 칼만필터를 만들었는데, 이 칼만필터 모델이 아폴로 11호의 달 착륙에 사용된 것이다.

칼만필터는 과거의 상황들을 근거로 앞으로 다가올 상황 및 상태를 예측하여 모델링하는 것이다. 우주에서는 나침반이나 일정한 좌표가 없기 때문에 현재의 위치 및 상황을 구체적으로 표현하는 게 불가능한 상황에서 초기 상태를 중심으로 변화량을 컴퓨터로 측정해서 과거와 현재의 변화가 얼마만큼 있었는지, 그리고

현재의 상황 및 상태가 미래에 어떤 결과를 주게 되는지를 계산하는 것이다. 아폴로 11호가 지구를 떠나 달에 접근하여 착륙할 때에 정확한 속도와 각도의 조절이 되지 않는다면 우주선은 달의 표면에서 추락하게 되거나 영원히 착륙할 수 없게 된다. 이와 같은 상황에 대비해 언제 어디서 정확히 속도를 줄이고, 어느 정도의 기울기로 달의 표면을 날아야 착륙할 수 있는지를 계산하기 위해 칼만필터의 모델을 탑재한 컴퓨터가 사용된 것이다.

이렇게 아폴로에 11호에 탑재된 컴퓨터는 엄청난 계산을 처리할 수 있었을 정도로 당시에는 인류 최고의 기술을 모아 제작된 것이었지만 그 실질적인 성능은 오늘날 우리가 쓰는 휴대전화보다도 떨어진다고 한다. 그만큼 컴퓨터 성능 및 관련 기술은 지난 수십 년 동안 엄청난 속도로 발전했다는 것을 알 수 있다.

내 스마트폰이 보이저 1호보다 7,500배 더 빠르다

My smartphone's processor is even faster than voyager's

1977년에 지구를 떠난 보이저 1호는 190억 킬로미터 이상을 날아서 2013년 9월 12일 태양계를 완전히 벗어났다. 보이저 1호는 722킬로그램이나 되는 무게를 가졌지만, 그 속에 들어간 CPU는 1초에 81,000회 정도의 명령어를 실행시킬 수 있다. 이것은 우리가 쓰는 스마트폰에 들어 있는 CPU에 비하면 7,500분의 1 수준의 처리속도 밖에 되지 않는다. 보이저 1호에 들어간 컴퓨터 메모리는 69.63KB 인데, 이것은 JPEG 사진파일 하나를 저장할 수 있는 정도의 용량 밖에는 되지 않는다. 데이터 저장은 디지털 녹음기를 써서 인코딩하고, 입력된 데이터를 계속 저장할 수 없어서 지구로 전송한 후에는 덮어쓰기를 해서 지워야 한다. 데이터를 지구로 전송하는 것도 1초에 160비트 수준인데, 요즘에는 스마트폰도 2만 비트 이상의 데이터를 전송할 수 있다.

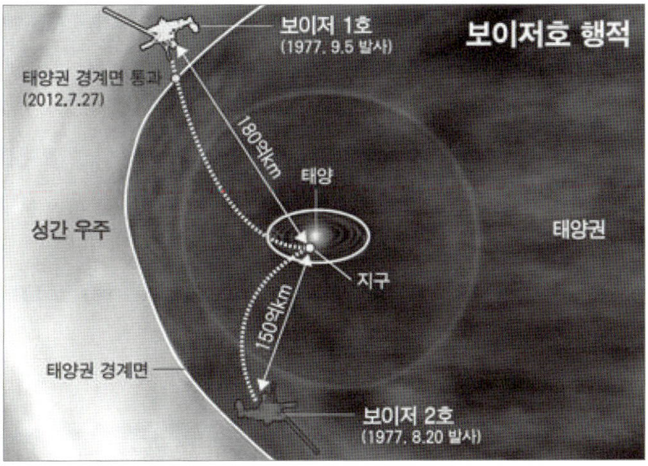

출처: http://www.wired.com/2013/09/vintage-voyager-probes/

무어의 법칙

컴퓨터가 데이터를 처리하는 속도를 어느 수준까지 발전시킬 수 있을지는 모르겠지만, 지난 50년을 돌이켜 보면 무서운 속도로 발전하고 있음을 알 수 있다. 인텔의 공동 설립자인 고든 무어Gordon Moore는 1965년 《Electronics》지에 게재한 "Cramming more components onto integrated circuits"이라는 제목의 글에서 "반도체 집적회로의 성능이 18개월마다 2배로 증가할 것이다"라고 예측하였다(무어의 법칙). 그 후 10년이 지난 1975년에 무어는 18개월이 아니라 24개월에 2배로 증가한다고 수정하였는데, 그 예측은 지금에 와서 평가해보면 굉장히 정확한 것이었다.

로봇이 자전거를 탄다

Robots can now ride a bike

영화에나 나올 것 같은 일들이 현실 속에서 이미 이루어지고 있는 경우가 종종 있다. 로봇이 사람처럼 자전거를 타는 것은 무엇이든 만들어낼 수 있을 것 같은 공학도들의 관점에서도 매우 어려운 숙제였다. 치밀함과 정교함에 있어서는 세계 최고 수준인 일본의 기업들 중 Murata라는 전자회사가 이 일을 해냈다. 2006년에 회사의 이름을 따서 Murata Boy라고 이름 지은 아주 작은 로봇이 실제로 자전거를 타는 시범을 보였다. 이런 기술이 지속적으로 연구되고 발전된다면, 사람이 하고 있는 일의 대부분을 로봇이 대신하게 될 가능성이 매우 높다. 이러한 기술은 전방 공간에 대한 인지능력이 중요한데, 이것은 엄청난 양의 데이터를 빠르게 처리하여 로봇의 행동을 결정할 수 있는 CPU가 장착되어 있기에 가능하게 되었다.

출처: murata.com

퀴즈왕, 왓슨Watson

The king of quiz shows is not a human but a machine called Watson

2011년 2월 미국의 인기 있는 TV 퀴즈쇼 '제퍼디Jeopardy'에서는 특별한 이벤트가 벌어졌다. 왓슨Watson이라는 이름의 IBM 컴퓨터가 이미 퀴즈왕에 선발된 적이 있는 두 명의 인간 챔피언들과 대결을 벌인 것이다. 두 명의 인간 챔피언은 금액 기준으로 사상 최대 상금을 획득한 브래드 러터Brad Rutter와 가장 오랫동안 챔피언의 자리에 올랐던(74번 연속 승리) 켄 제닝스Ken Jennings였다. 왓슨은 인터넷과 연결되지 않은 상태에서 미리 저장된 데이터만을 가지고 사회자의 질문에 답을 하였다. 결과는 왓슨의 완승이었다. 왓슨은 IBM의 창업자 이름이며, IBM의 핵심 연구조직의 이름도 왓슨연구소이다.

왓슨은 컴퓨터가 단순히 계산을 빨리 할 수 있는 도구에 그치지 않고, 인간의 언어를 이해하고 답을 찾아낼 수 있는 능력까지 갖추게 되었다는 것을 의미한다. 사실, 인공지능이라는 분야에서 가장 기념비적인 작품은 IBM이 1997년에 내놓은 딥 블루Deep Blue였다. 당대 최고의 체스 챔피언이었던 게리 캐스퍼로프Garry

Kasparov와 벌인 연속 대국에서 딥블루는 2승 3무 1패의 기록으로 승리했다. 컴퓨터가 시간이 흐를수록 인간의 두뇌를 닮아가고 있는 것은 분명해 보인다.

그렇다면 이런 문답형 소프트웨어를 어디에 쓸 수 있을까. 활용 범위는 엄청나게 넓다. 이 세상의 거의 모든 일들이 질문에 대한 정확한 답을 찾는 일이기 때문이다. 예를 들어, 병원에서 의사는 환자의 기록을 살펴보고 처방을 위한 의사결정을 내려야 한다. 실제로 뉴욕의 MSKCC Memorial Sloan Kettering Cancer Center 병원에서는 IBM의 왓슨을 시험적으로 활용하고 있다. 왓슨은 진료기록을 바탕으로 환자의 상태를 파악하고 의심되는 질병을 예측하고 치료법을 제시한다. 아직까지는 시험적 단계이지만, 기본적인 진단과 처방은 이제 곧 의사가 아닌 컴퓨터가 하게 될 것이다. 또한, 미국의 블랙스톤 디스커버리 Blackstone Discovery 사는 법률과 관련한 자료조사를 대신해 주는 시스템을 개발하였다.

소프트웨어가 신문기사를 쓰고, 주식투자를 한다

Software can now write news stories and make investment decisions

최근에 신문기사를 자동으로 생산하는 소프트웨어가 개발되었다. 로봇 저널리즘의 원조는 대학생들이었다. 2009년 4월 미국 노스웨스턴Northwestern 대학교의 신문방송학과와 컴퓨터공학과 소속 학생 4명이 수업에서 조별 과제로 스탯스 몽키Stats Monkey라는 컴퓨터 프로그램을 만들었는데, 야구경기를 정리하고 요약하기 위한 것이었다. 크리스 해몬드Kris Hammond 교수와 학생들은 이 소프트웨어를 기반으로 내러티브 사이언스Narrative Science라는 기업을 창업하였다. 이 회사는 2013년 9월 1,150만 달러(약 115억 원)의 투자를 받고 소프트웨어도 퀼Quill로 이름을 바꾸어 개발하였다. 학생들이 이런 도전을 하게 된 것은 지역의 작은 신문사들이 생존할 수 있는 방법을 찾아오라는 해몬드 교수의 숙제를 하다가 시작되었다. 시간이 많이 걸리는 기사를 작성하는 일을 컴퓨터에게 맡기면 기자들이 취재나 인터뷰에 더 많은 시간을 쓸 수 있을 것이라고 생각했기 때문이었다.

스웨덴의 칼스타드Karlstad 대학에 있는 클러월C. Clerwall 교수는 2014년에 46명의 학생들을 대상으로 실험을 했는데, 소프트웨어가 작성한 기사를 학생들에게 읽혔더니 기자가 쓴 것인지 소프트웨어가 쓴 것인지 구분하지 못했다고 한다. 이런 분야를 로봇 저널리즘Robot Journalism이라고 한다. 미국의 오토메이티드 인사이트Automated Insights라는 회사는 초당 9.5개의 기사를 생산하는데, 2013년에만 총 3억 개에 이르는 기사를 생산하여 월 평균 1만5천 개의 기사를 언론사에 판매했다. 로봇 저널리즘이 발전하게 되면 기자들은 직업을 잃게 될까 아니면 보다 중요한 일에 더 많은 시간을 쓸 수 있게 될까.

켄쇼Kensho라는 신생기업은 구글 출신의 엔지니어들이 설립한 회사이다. 켄쇼는 워렌Warren이라는 소프트웨어 엔진을 개발했는데, 구글벤처스에서 1,000만 달러(약 100억 원)의 펀딩을 받았다. 워렌은 여러 가지 경제지표를 수집하여 증권시장의 추세를 예측한 정보를 제공한다. 예를 들어, 중국의 위안화 환율이 강세를 보이면 삼성전자의 주식에 어떤 영향을 미칠까? 켄쇼의 워렌은 이런 질문에 답하도록 설계된 소프트웨어인데, 증권분석까지도 사람의 두뇌가 아니라 소프트웨어가 대신하는 경우도 많아지고 있다. 최근에는 주식을 사고파는 것도 소프트웨어가 판단해서 자동으로 하도록 하기도 한다. 이것은 주식투자에 인간의 감정을 개입시켜서 의사결정을 하는 것보다 컴퓨터처럼 아무런 감정이 없는 기계가 미리 정해진 계획대로 투자에 관한 의사결정을 하는 것이 나을 수 있다는 가정에 기초한 것이다. 예컨대 10% 오르면 무조건 팔아야겠다고 생각했던 사람이 실제로는 더 오를 것을 기대하고 팔지 않는 경우가 생겨 결국에는 손해를 보기도 하지만, 컴퓨터는 미리 설정된 대로 행동하기 때문에 일정 비율의 손해와 수익에 따라 판단하고 행동하도록 만들 수 있다.

지식이 지혜를 보장하지는 않는다

Knowledge does not guarantee wisdom

클리블랜드H. Cleveland, 젤레니M. Zeleny, 그리고 애코프R. Ackoff와 같은 학자들은 데이터와 정보, 그리고 지식과 지혜가 서로 어떤 관계가 있는지를 연구하였다.* 이들의 연구는 오늘날 DIKW라고 알려진 모델을 제시하게 되었는데, 각 개념들의 차이와 중요성을 상호보완적인 관점에서 파악하고 있다. 즉, 데이터나 정보를 독립적으로 파악하지 않고 서로 깊은 관련이 있는 것으로 이해해야 한다는 것이다.

데이터를 모으고 처리하면 정보가 되고, 정보에 근거하여 판단하고 행동하면 지식이 되고, 그 지식을 이해하면 미래의 삶에 도움이 되는 지혜를 얻을 수 있다는 것이 애코프의 생각이었다. 자연과학뿐만 아니라 사회과학도 데이터로부터 정보를 얻고 그 정보를 체계화하여 지식을 생성해내는 과정을 거친다. 사실 지금까지는 이런 과정을 통해서 산업을 발전시키고 생활의 편리를 추구하였다. 그러나 정보와 지식이 엄청나게 많아진 사회에서도 여전히 지혜는 부족하다는 느낌을 갖게 된다. 누군가 지식으로부터 지혜를 생성해 낼 수 있는 방법을 개발한다면 노벨상이 아깝지 않을 것 같다.

* Ackoff, Russell (1989). "From Data to Wisdom". Journal of Applied Systems Analysis 16: 3–9.

Clerwall, C. (2014): Enter the Robot Journalist, Journalism Practice, Cleveland, Harlan (December 1982). "Information as a Resource". The Futurist: 34–39.

Davenport, T. H. & Prusack, L. (1998). Working Knowledge: How Organizations Manage What They Know. Boston: Harvard Business School Press. p. 5. ISBN 0-585-05656-0.

Liew, Anthony (June 2007). "Understanding Data, Information, Knowledge And Their Inter-Relationships". Journal of Knowledge Management Practice 8 (2).

Rowley, Jennifer (2007). "The wisdom hierarchy: representations of the DIKW hierarchy". Journal of Information Science 33 (2): 163–180.

Zeleny, Milan (1987). "Management Support Systems: Towards Integrated Knowledge Management". Human Systems Management 7 (1): 59–70.

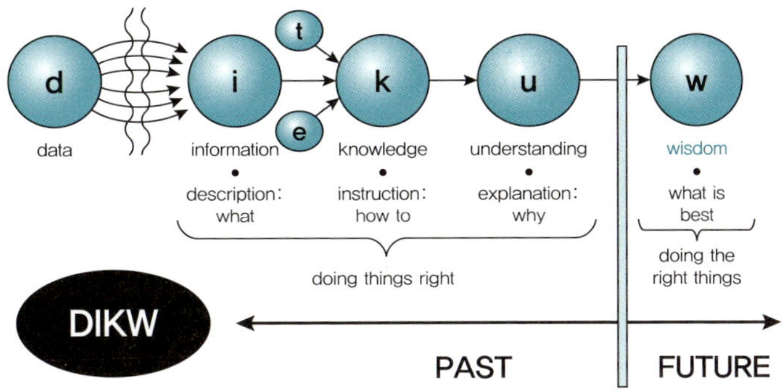

기업의 입장에서 영리추구가 당연한 것이라는 것을 지식으로 이해하고 있다. 그러나 기부나 봉사활동을 통한 사회적 책임의 이행이 강조되고 있는 것은 지식만으로 기업을 경영하기 보다는 지혜로운 경영이 필요하다는 것을 가르쳐 준다. 지식만으로 모든 문제를 해결할 수 없고, 궁극적으로는 지혜로운 의사결정을 하는 것이 더욱 중요한 시대인 것이다. 데이터와 정보, 그리고 지식까지는 컴퓨터가 사람보다 빠르고 정확하겠지만, 지혜는 사람의 영역으로 남을 것으로 보인다. 적어도 당분간은.

2.3

데이터베이스

조선왕조실록도 데이터베이스다

The Annals of the Joseon Dynasty was an example of a database

데이터는 정보를 생성하는 데 기초가 되는 자료이다. 이 자료가 논리적으로 구조화되어 저장되어 있는 집합을 데이터베이스라고 한다. 예를 들면, 동네 상가의 주소와 전화번호, 업종들을 기록한 자료는 데이터이고 이 데이터를 업종별(음식점, 의류업 등), 시도군별, 한글 자음 모음의 순서로 찾기 쉽게 잘 정리해놓은 '전화번호부'는 일종의 데이터베이스라고 볼 수 있다. 그 밖에도 사용자의 회원 가입 정보를 가지고 있는 웹사이트, e-mail의 주소록, 과목별 강의노트, 항공예약시스템 등 다양한 목적의 시스템들이 데이터를 저장해 놓고 있으면 데이터베이스라고 볼 수 있다.

조선왕조 시조인 태조부터 철종까지 472년에 걸친 조선의 역사가 담긴 조선왕조실록이 세계문화유산으로 등재되었을 정도로 전 세계에서 인정받는 이유는 무엇일까? 가까운 중국과 일본도 실록이 존재한다. 하지만, 중국의 경우 황제가 열람을 했던 황제 중심의 역사기록이며, 일본은 실록 제작 시스템이 제대로 갖춰있

지 않았고 중요한 역사적 사건들 또한 빠져 있다. 이에 반해 조선왕조실록은 사관의 기록정신을 바탕으로 편찬돼 임금도 볼 수 없다는 원칙하에 기록됐다. 인류 역사상 단일왕조 역사서로서 가장 규모가 큰 기록 시스템인 것이다. 조선왕조실록은 조선시대의 정치, 외교, 군사, 제도, 법률, 경제, 산업, 교통, 통신, 사회, 풍속, 미술, 공예, 종교 등 다방면의 역사적 사실이 기술된 세계적으로 유례가 없는 정보시스템이다. 국왕과 신하들의 인물정보, 천문관측자료, 천재지변 기록, 전령과 전례자료, 통계자료, 민간 동향 등 많은 종류의 내용들이 매우 일정한 편찬 체제와 양식으로 기술되었다. 연대순으로 데이터가 잘 조직화되어 있어 필요한 정보를 찾고 열람하기에 매우 편리한 구조를 가지고 있다. 현대사회의 데이터베이스도 필요한 정보를 필요할 때에 잘 찾을 수 있게 정리하여 구조화시켜 두는 것과 그 목적이 같다는 면에서 조선왕조실록은 매우 훌륭한 데이터베이스라고 볼 수 있다. 특히, 조선왕조실록은 서울의 춘추관뿐만 아니라 강화도의 마니산, 경북 봉화의 태백산, 평안도 영변의 묘향산, 그리고 강원도 평창의 오대산에 만일의 사태에 대비하여 복사본을 각각 1부씩 보관하였는데, 데이터베이스의 백업backup과도 같은 기법이라고 할 수 있다.

데이터는 기록된 것이다

Data is something that is recorded

데이터는 어떤 형태로든 기록된 것이다. 기록을 위한 저장장치로 우리는 두뇌와 컴퓨터를 주로 활용한다. 사람이 보고 들은 것들을 기록하는 방식은 뇌과학의 연구대상이다. 또 다른 기록장치인 컴퓨터는 일정한 규칙에 의하여 숫자와 문자, 특수기호를 조합하여 사진이나 소리, 비디오, 문서 등을 저장하는 것이다. 입력에 있어서 일정한 규칙을 미리 정하는 것은 다시 찾아서 출력하기 위한 것이다.

데이터 압축은 데이터를 더 적은 저장 공간에 효율적으로 기록하기 위한 기술, 또는 그 기술의 실제 적용을 가리킨다. 데이터를 더 작은 크기로 변환시키는 인코딩Encoding 과정과 저장된 데이터를 다시 불러와서 원래 데이터 형태로 복원시키는 디코딩Decoding 과정으로 이루어진다. 이때 인코딩하기 전의 데이터 크기와 인코딩하고 나서의 데이터 크기의 비율을 압축률이라고 한다. 압축률이 높을수록 우수한 압축 기술인 것이다. 예를 들어, 화성에서 착륙한 큐리오시티의 카메라는 보정되지 않은 사진을 5,500개 이상 저장할 수 있고, 실시간으로 손실이 없는 데이터 압축이 가능한 8GB 플래시 메모리를 가지고 있는데, 1280×720화소 영상을 화소당 10프레임까지 압축시킬 수 있다고 알려져 있다. 큐리오시티가 화성에서 찍은 사진을 지구에서도 선명하게 받아볼 수 있는 것은 그만큼 압축 기술이 훌륭하기 때문이다.

유형	데이터	속성	입력	처리	출력
숫자 (Number)	12 + 8	소수점, 단위		00001100 00001000 -------------- 00010100	20
문자 (Text)	안녕 하세요!	글씨체, 크기, 굵기 ...		72 101 108 108 111 33	안녕하세요!
사진 (Image)		해상도, 색깔, 밝기...		0000000000100000000 0000000001110000000 0000001111111100000 0000000001111111000 0001111111111111110	
소리 (Sound)		강도, 높낮이...			
비디오 (Video)		프레임, 압축방식			
문서 (Docu- ment)	숫자, 문자, 이미지…	포맷, 암호화방식		000018f0h: 00 E0 FC C8 D8 FC B0 00001900h: A0 FC 48 98 FC 30 88 00001910h: CC 00 58 B0 00 48 98 00001920h: 00 C8 FC C8 B0 FC B0 00001930h: 48 FC 48 30 FC 30 18 00001940h: CC 00 00 B0 00 00 98 00001950h: 00 C8 FC E0 B0 FC D8	

다시 찾을 수 없는 데이터는 머리만 아프다

Data that cannot be retrieved is a headache

데이터베이스를 사용하는 이유는 무엇일까? 업무를 보거나 공부를 하면서 기존에 정리해 두거나 필기해 놓았던 서류의 위치를 가끔 잊어버리거나 분실하면 다시 찾는 과정에 많은 시간을 허비하게 된다. 업무의 효율성을 가장 중요하게 생각하는 기업의 경우에는 과거의 산출물과 지식, 경험이 잘 축적되어 향후의 업무에 그 지식이 활용됨으로써 가장 빠른 시간 내에 성과를 내는 것이 무엇보다 중요하다. 이때에 도움이 되는 것이 데이터베이스다. 데이터베이스는 단순한 데이터의 저장을 위한 것이 아니라, 데이터를 필요로 할 때 다시 쉽게 찾을 수 있도록 저장하는 것이 중요하다. 향후에 찾을 수 없는 데이터는 저장소의 공간만 차지하고 찾는데 소모되는 비용이 더 큰 쓰레기더미일 뿐이기 때문이다.

디지털 데이터베이스가 개발되기 이전에는 병원과 같은 조직에서 서류 캐비닛에 환자의 신상기록, 치료기록, 처방기록, 직원기록, 병원물품 공급자 기록, 병원비 수납기록 등에 대한 정보를 종이문서의 형태로 보관하고 있었다. 종이문서에서 데이터를 찾아내어 정보의 형태로 요약하여, 주로 어떤 환자들이 어떤 병으로 내원하여 주로 어떤 약 처방을 받는지에 등에 대한 정보를 일일이 수작업으로 자료를 입력하고 대조해야 하는 번거로움이 존재하였다. 이러한 종이문서 형태의 데이터베이스는 병원의 입장에서는 캐비닛을 위한 공간과 종이의 낭비는 물론이고, 정보를 기반으로 해야 하는 운영에도 도움이 되지 못한다. 무엇보다 이러한

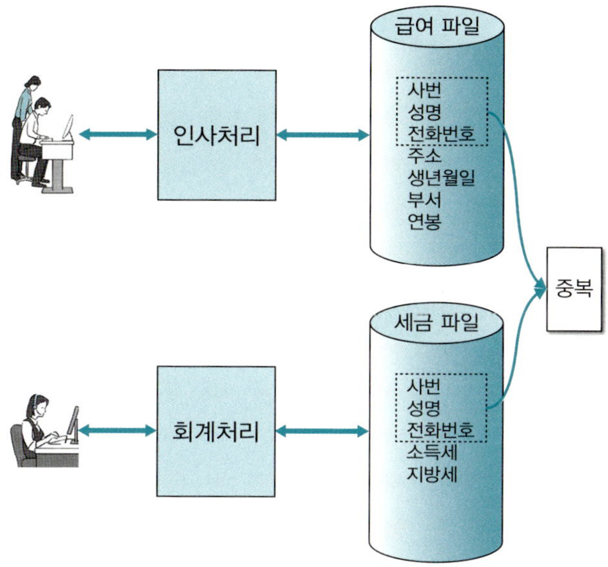

종이문서 데이터베이스는 종종 부정확한 데이터를 포함하기도 하며, 직원의 실수로 엉뚱한 위치에 들어가면 찾는 것 자체가 불가능할 수도 있다.

컴퓨터가 등장하면서 철제 서류함이 아니라 폴더 별로 파일을 저장하여 보관하는 방식이 등장하였다. 지금도 개인별로 USB나 하드디스크에 많은 파일들을 가지고 있다. 그러나 파일이 늘어나면 중복이 생기고 일관성에 심각한 문제가 발생한다. 예를 들어, 회계부서에서도 개인의 신상기록을 파일로 가지고 있고, 인사부서에서도 같은 기록을 담은 파일을 가지고 있어서 어느 것이 더 정확한 것인지를 확신하지 못하는 경우가 발생한다는 것이다. 이러한 파일관리 시스템의 경우, 각각의 업무담당자마다 맡은 업무에 해당하는 파일을 생성하고 저장하기 때문에 데이터의 중복이 발생하고 각각의 다른 사람들이 저장하기 때문에 데이터의 불일치 또한 심각하게 발생할 수 있다.

데이터베이스는 중복을 싫어한다

A database does not like redundancies

데이터베이스란 논리적으로 연관된 데이터의 집합이며, 그 내용을 구조화함으로써 여러 사람들에 의해 공유되어 사용될 목적으로 저장해 놓은 데이터의 집합이다. 데이터를 조직적으로 통합하여 중복을 없애고 구조화시켜 놓음으로써 입력, 수정, 삭제, 검색과 같은 작업들이 용이하도록 저장해 놓은 것이 데이터베이스이다. 그리고 데이터베이스는 어떤 조직에서 허가받은 모든 사람들이 공유하고 활용할 수 있는 공동의 자료이다. 또한 기업에서는 같은 데이터가 개인이나 부서의 업무에 따라서 다르게 활용될 수 있기 때문에 무결성과 일관성을 유지해야 한다.

디지털 데이터베이스를 사용하는 이유

- 데이터의 중복을 최소화할 수 있다.
- 데이터의 무결성(Integrity)과 일관성(Consistency)을 높일 수 있다.
- 데이터의 공유와 유지가 쉽다(캐비닛에서 멀리 떨어져 있는 부서 사람들도 공유).
- 데이터의 보안성을 향상시킬 수 있다(캐비닛의 열쇠보다 더 강력한 보안성).
- 데이터를 쉽고 빠르게 찾을 수 있다.

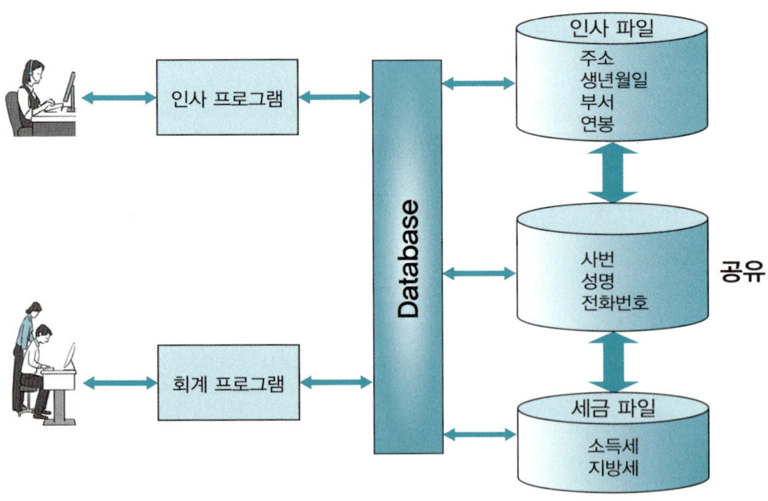

데이터베이스에 관련해서 기억해야 할 세 사람이 있다

There are three people who should be honored in database history

찰스 바크만Charles Bachman, 1924~은 스무 살에 2차 세계대전에 참전하여 90밀리 대포의 조준사격을 다루면서 처음 컴퓨터를 만났다. 제대 후 미시간주립대Michigan State Univ.에서 기계공학으로 학부를 마치고 펜실베니아대학Univ. of Pennsylvania에서 석사를 졸업한 바크만은 1950년에 다우케미칼Dow Chemical에서 처음 직장생활을 시작하여 1957년 다우케미칼 역사상 처음으로 전산실장이 되었다. 1960년에 GEGeneral Electric로 회사를 옮긴 바크만은 1963년 IDSIntegrated Data Store라고 불리는 최초의 DBMS를 만들었는데, 계층형 데이터베이스를 기반으로 네트워크형 데이터베이스의 개념을 소프트웨어를 통하여 구현한 것으로 인정받고 있다. 바크만은 그 공로를 인정받아서 1973년 미국컴퓨터학회Association for Computing Machinery, ACM로부터 튜링상Turing Award을 받았다. 튜링상은 IT분야의 최고의 상으로 알려져 있다.

에드가 커드Edgar Codd, 1923~2003는 영국 출신으로 옥스퍼드대학에서 수학과 화학을 전공하고, 2차 세계대전 중에 공군 조종사로 참전하였다. 미국으로 건너가 미시간주립대Univ. of Michigan-Ann Arbor에서 컴퓨터를 전공하여 박사학위를 받았다. 캘리포니아에 있는 IBM의 연구센터에서 근무하게 된 커드는 기존의 트리와 네트워크 구조가 너무 복잡하고 저장과 검색도 쉽지 않은 단점을 극복하고자 테이블에 착안하여 1970년 관계형Relational 데이터베이스의 초기모형을 발표하였다. 이를 기반으로 1974년 IBM은 System/R이라는 최초의 관계형 DBMS를 개발하였다. 1978년 오라클Oracle사도 관계형 DBMS를 출시하였다. 커드는 관계형 데이터베이스의 기초를 제공한 공로를 인정받아서 1981년 튜링상을 수상하였다.*

피터 첸Peter Chen, 1947~은 대만 출신으로 국립대만대학에서 전자공학을 전공하였고, 미국으로 건너가 1973년 하버드에서 컴퓨터와 수학을 전공하여 박사학위를 받았다. 그가 MIT에서 교수를 하던 시절에 발표한 개체-관계 모델Entity-Relationship Model에 관한 논문은 수학의 집합이론set theory에 근거하여 데이터베이스의 이론적 체계를 확립하였다.** 데이터베이스시스템의 성능을 수학적으로 미리 예측하고 검증할 수 있게 되었고, 여러 가지 연산을 수학적으로 최적화할 수 있는 길을 열었기 때문에, 데이터베이스 기술의 발전에 있어서 획기적인 계기를 마련한 것으로 평가받고 있다. 피터 첸은 아직 튜링상을 받지는 못했지만, 그의 이름을 딴 피터 첸상Peter Chen Award이 만들어졌고, 2008년부터 매년 컴퓨터와 관련한 개념 모델링에 기여한 연구자에게 수여되고 있다.

이들의 노력으로 데이터베이스의 기본개념이 정립되었는데, 데이터를 그냥 아무렇게나 저장하는 것이 아니라, 미리 구조Structure를 만들어 놓고 저장함으로써 저장된 데이터를 검색, 수정, 삭제하는 것이 훨씬 더 수월하게 되었다. 데이터베이스는 3가지 특성으로 이루어져 있는데, 저장구조structure와 연산operation, 그리고 제약조건constraints이 그것이다. 저장구조는 데이터를 저장하는 방식이고, 연산은 구조에 저장된 데이터를 대상으로 수행할 수 있는 검색, 수정, 삭제와 같은 작업을 말한다. 제약조건은 데이터들 간의 중복을 피하고 상호참조를 유지해야 하는 것과 같은 사항들을 말한다.

* Chen, Peter P. (1976). The Entity-Relationship model – Toward a unified view of data. ACM Transactions on Database Systems (1: 1). pp. 9-36.

** Codd, Edgar F. (1970). A relational model of data for large shared data banks. Communications of the ACM (13: 6). pp. 377-387.

관계형 데이터베이스 이전에는 두 분의 형님이 계셨다

There were two brothers before the relational database

아무도 컴퓨터가 데이터를 입력하고 처리하는 과정을 직접 들여다보면서 작업할 수는 없다. 개념적으로만 이해하고 컴퓨터에게 작업을 시킬 뿐이다. 따라서 컴퓨터에서 데이터가 저장되고 처리되는 방식을 개념적으로 정확하게 이해하는 것은 매우 중요하다. 데이터베이스의 경우에도 저장구조가 어떤 개념을 가지고 있느냐가 중요하다. 데이터베이스의 저장구조는 크게 3가지 종류가 있는데, 나무tree, 망network, 그리고 표table이다.

트리구조는 족보와 흡사한 구조를 가졌는데, 부모parents와 자식children으로 구성된다. 부모와 자식은 1:N의 구조를 갖게 되는데, 하위 레벨의 자식들이 상위레벨에 있는 부모를 하나만 갖게 되어 있다. 최상위에 있는 것을 뿌리라는 뜻의 루트root 세그먼트라고 부른다. 족보로 치면 시조始祖에 해당하는 것이다. 그러나 이러한 구조에 알맞은 데이터 유형이 많지 않다. 예를 들어, 기업에서 직원 한 명이 소속 부서가 두 개 이상인 경우가 있고, 부서장도 다른 부서의 직원들과 함께 일을 해야 하는 경우도 있다. 이처럼 현실세계에서 1:N은 드물고, N:N으로 이루어진 관계가 훨씬 더 많다. 결국, 트리구조는 중복이 나타날 수밖에 없어서 데이터의 무결성과 일관성에 한계가 있을 수밖에 없다.

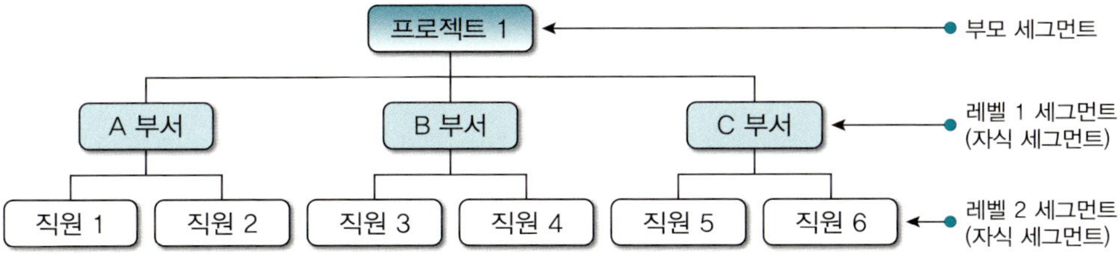

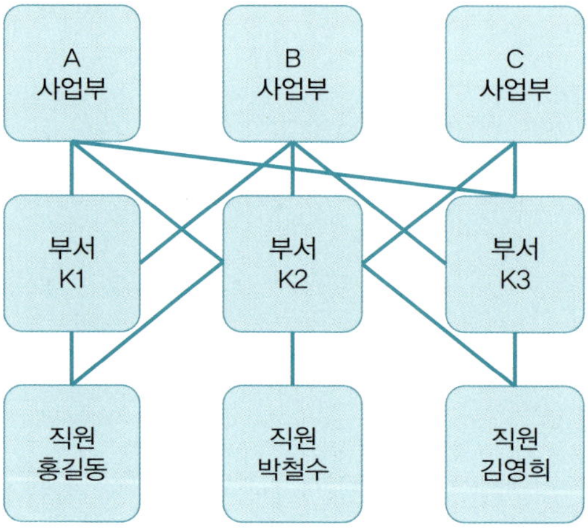

네트워크형 데이터베이스는 N:N의 관계를 가진 데이터들을 저장하고 표현할 수 있다. 네트워크형의 가장 큰 장점은 어떠한 데이터 구조도 모두 표현이 가능하다는 것이다. 하지만, 데이터가 많아질수록 복잡해져서 입력, 수정, 삭제, 검색과 같은 작업이 매우 어렵다. 따라서 데이터베이스의 복잡한 내부구조와 데이터의 누적상태를 잘 이해하고 있는 관리자가 필요하다.

오늘날 거의 모든 DB는 관계형이다

Almost all databases are relational today

계층형과 네트워크형의 단점과 한계를 극복한 것이 관계형 데이터베이스이다. 관계형은 모든 데이터를 미리 설계된 2차원 테이블에 넣고 관리한다. 관계형이라는 이름은 테이블과 테이블 사이를 연결하여 데이터의 입력과 수정, 삭제, 검색을 용이하도록 만들었기 때문에 붙여졌다. 관계형은 2차원 테이블이기 때문에 열[column]과 행[row]으로 구성된다. 예를 들어, 학생에 관한 데이터를 저장하기 위한 테이블은 학번, 성명, 소속학과, 폰번호 등과 같은 열을 가지도록 설계된다. 여기에 각 학생들의 데이터를 행마다 입력하여 누적하게 된다. 따라서 테이블의 열은 데이터의 속성[attribute]을 의미하고, 행은 실제 데이터의 기록인 레코드[record]가 하나씩 누적되는 것을 의미한다. 속성을 필드[field]라고 부르기도 한다.

열(속성)

기본키

학번	성명	소속학과	폰번호
11000101	홍길동	경영정보	010-555-0110
11000102	장백기	경영정보	010-777-0122
12000101	안영이	경영	010-555-2222
12000102	장그래	경영	010-555-3333
13000103	한석률	회계	010-555-5555

행(레코드)

어떤 기업이나 기관에서 관계형 데이터베이스를 구축하려면 일단 테이블이 몇 개나 필요할지를 먼저 생각해야 한다. 여기서 테이블은 사람, 장소, 사물 등의 데이터를 저장하기 위한 것으로 개체entity라고 부른다. 데이터베이스 설계자가 처음 하는 일은 해당 조직의 개체를 찾아내는 것인데, 가장 쉬운 방법은 고유번호가 필요한지를 확인하는 것이다. 그 이유는 개체는 테이블이고, 테이블에는 레코드를 누적시켜야 하기 때문에 반드시 레코드들 간의 구분을 위하여 고유번호를 붙여주어야 한다. 우리 주변에 있는 많은 것들은 고유번호를 가지고 있다. 예를 들어, 학교에서는 학생, 학과, 교수, 과목 등이 고유번호를 가지고 있고, 기업에서는 고객, 상품, 주문, 영수증, 거래, 직원, 자산, 지점 등이 고유번호를 가지고 있다. 이처럼 고유번호를 가지고 있는 것들은 거의 대부분 회사의 데이터베이스 내에서 하나의 테이블로 존재한다고 볼 수 있다.

같은 테이블 내에서 두 개의 서로 다른 레코드가 같은 기본키 값을 가질 수 없다. 이것은 수많은 레코드들 중에서 원하는 레코드를 검색하는데, 서로 중복되면 찾을 수 없기 때문이다. 즉, 각 레코드마다 중복되지 않고 유일한unique 필드속성를 기본키primary key라고 한다. 주민번호나 고객번호가 같으면 누가 누군지 구분할 수 없기 때문에 같은 번호를 부여하지 않는 것과 같은 원리이다.

개체와 개체를 연결하는 것이 관계relationship이다

Connecting an entity to another entity is a relationship

하나의 테이블에 모든 데이터를 넣을 수 있으면 좋겠지만 현실은 그렇지가 못하다. 예를 들어, 앞에서 보았던 학생 테이블에 학생들 개개인이 수강한 과목들을 모두 기록한다면, 빈 칸이 너무 많이 생기게 되고 끝도 없이 길어질 것이다. 따라서 과목은 별도의 테이블에 기록하게 된다. 학생과 과목을 두 개의 테이블에 각각 나누어 저장하고, 학생들이 수강한 과목들을 연결해 놓으면 누가 어떤 과목을 수강했는지를 찾아낼 수 있게 된다.

학번	성명
11000101	홍길동
11000102	장백기
12000101	안영이

과목번호	과목명
INFS1001	경영정보학원론
INFS1002	마케팅원론
INFS1003	경영학원론
INFS1004	회계학원론

이 경우에 학생과 과목 사이의 관계는 분명히 N:N이라는 것을 알 수 있다. N:N은 다:다多:多라고 표현하기도 한다. 이런 관계를 피터 첸이 개발한 개체관계도Entity-Relationship Digram, ERD로 표현하면 다음과 같다. 또한, 학생 테이블에서 학과를 분리하여 별도의 개체를 생성할 수도 있다.

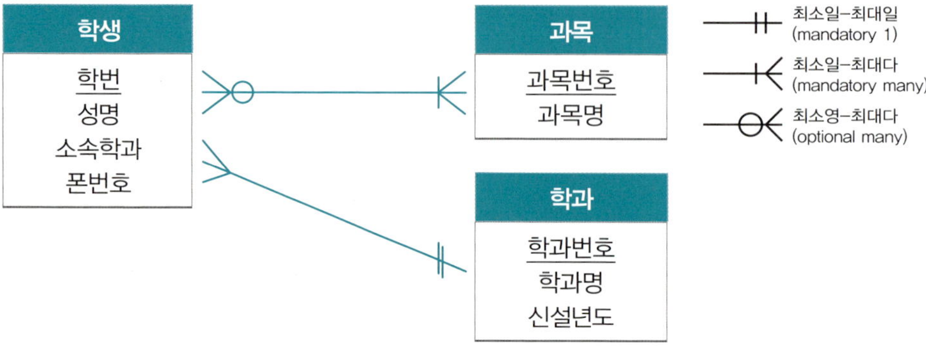

학과와 학생의 관계는 1:N으로 나타난다. 보통의 경우 학생들은 한 학과에만 소속될 수 있고, 학과의 입장에서는 최소한 한 명 이상의 학생들을 가지고 있기 때문이다. 그리고 기본키에는 밑줄을 그어서 다른 속성들과 구분한다. 드물지만 1:1의 관계도 존재하는데, 예를 들어 회원정보를 기본과 추가로 나누어 보관할 수 있다. 이런 경우에 기본키 값이 같을 수도 있기 때문에, 한 테이블에 넣을 수도 있다.

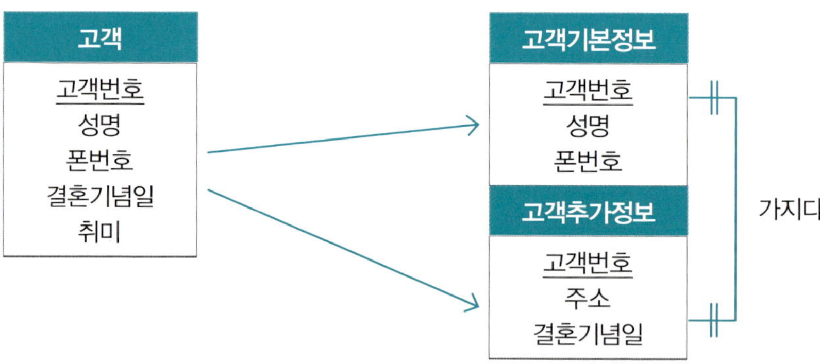

N : N 관계는 반드시 숨어있는 개체를 찾아야 한다

We must find the hidden entity betweem two entities that have N:N relationships

앞에서 보았듯이 학생과 과목의 관계는 N:N이다. 한 명의 학생은 여러 과목들을 수강할 수 있는 반면에, 과목의 입장에서는 한 과목을 여러 학생들이 수강할 수 있기 때문이다. 학생과 과목 사이의 이러한 N:N 관계는 둘 사이를 연결시켜 주는 무언가가 존재하기 때문이다. 즉, 학생이 과목을 수강하면 반드시 기록해야 하는 것이 성적이다. 그런데, 성적은 학생테이블과 과목테이블 중 어느 쪽에도 넣기가 곤란하다. 이런 문제를 해결하려면 중간에 학생과 과목을 연결시켜주는 제3의 개체가 필요한데, 그 개체는 성적을 기록하기 위한 것이다.

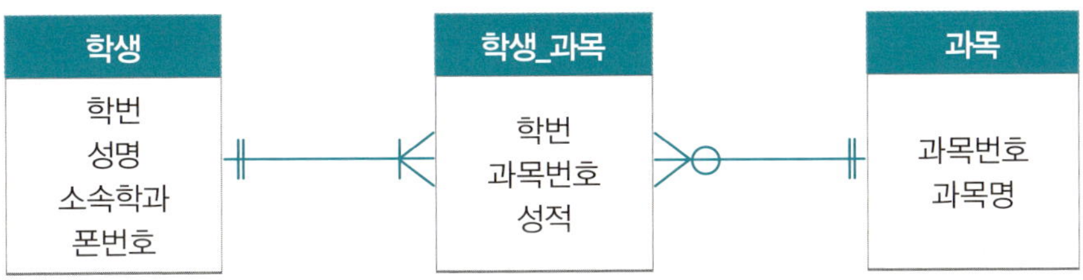

이처럼 '학생_과목'처럼 독립적으로 존재하지 못하고, 두 개체와의 사이에 존재하는 것을 결합개체[Associate Entity]라고 부른다. 어떤 학생이 어떤 과목에서 어떤 성적을 받았는지를 알아내려면, 그 학생의 학번과 그 과목의 과목번호를 모두 알아야 가능하다. 사실, 데이터베이스의 입장에서는 학생과 과목이 관계를 갖는 유일한 이유는 성적이 있기 때문이다. 예를 들어, 어떤 학생이 열심히 강의를 들었지만 데이터베이스에 해당 과목의 성적이 없다면, 그 과목은 수강하지 않은 것과 같다.

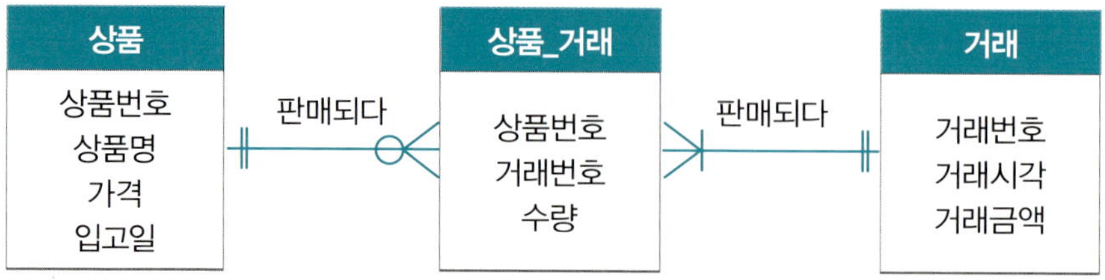

마트에 가보면 같은 상품이 많이 팔려나간다. 마트의 입장에서는 어떤 상품이 얼마나 거래되었는지를 반드시 기록해야 한다. 많이 팔리는 상품은 빨리 주문을 해서 가져와야 하고, 그렇지 않은 상품은 반품하거나 더 이상 주문하지 말아야 하기 때문이다. 상품의 관점에서는 한 개의 상품이 전혀 팔리지 않거나 또는 여러 번 거래된다. 반대로, 거래의 관점에서는 한 번의 거래로 최소한 1개, 많게는 여러 상품들이 한꺼번에 계산된다. 따라서 N:N의 관계가 성립하는데, 수량은 어느 쪽에도 기록할 수 없다. 따라서 상품과 거래의 중간에 결합개체가 있어야 수량이라는 속성값을 기록할 수 있다.

현실세계에 완벽한 것은 없다

There is nothing perfect in the real world

관계형 데이터베이스가 기존의 계층형이나 네트워크형보다는 월등히 우수하여 오라클 DBMS는 관계형DB를 구현하여 데이터베이스 시장을 장악하였다. 많은 IT 개발자들과 관리자들이 관계형 데이터베이스를 배우고 사용해서 익숙해졌다. 그러나 1990년대에 들어서면서 숫자나 문자를 처리하는 데는 탁월하였던 관계형 데이터베이스가 멀티미디어 데이터의 저장과 처리에는 약점을 드러내었다. 관계형 데이터베이스는 모든 데이터를 테이블이라는 하나의 구조에 넣어야 하기 때문에 여러 종류의 데이터들로 연관되어진 오디오나 비디오 같은 비정형 복합 데이터를 저장하고 처리하는 데 문제가 대두되었던 것이다.

마침 Smalltalk와 C++를 필두로 객체지향Object-Oriented, OO 프로그래밍이 크게 유행하면서 객체지향의 개념을 데이터베이스에 접목하려는 시도가 있었다. 객체지향은 모든 사물을 객체로 보고 이 객체들에 대한 정의와 처리방법을 정의한 기술이다. 가장 큰 장점은 객체지향 언어를 사용하는 프로그램 개발자들 입장에서 볼 때, 프로그램에서 사용하는 개체들과 데이터베이스 스키마구조가 유사해서 프로그램과 데이터베이스 간에 발생하는 추가적인 변환처리 작업을 할 필요가 없어진다는 것이었다.

객체지향형 데이터베이스는 그래픽이나 멀티미디어 관련 데이터와 연산을 묶어서 하나의 객체로 저장함으로써 자동으로 데이터를 조회하고 공유할 수 있게 하는 방식이다. 한 번 정의된 객체들의 재사용성이 높아서 다양한 멀티미디어 요소들이나 웹 응용시스템에 사용되는 자바 애플릿을 관리할 수 있고, 무엇보다 업무 변화에 대한 적응력이 탁월하다는 것이 장점이다. 시스템 설계가 비교적 단순

	객체지향형	관계형
장점	• 비정형(멀티미디어) • 데이터 처리 • 객체지향언어와의 통합	• 사용용이성 • 안정성 • 이론적 타당성 • 문자/숫자 처리
단점	이론적 미흡 이해하기 어려움	비정형/멀티미디어 데이터 처리가 어려움

하여 사용과 유지보수가 매우 편리하다는 장점도 있었다. 하지만, 관계형 데이터베이스에 비해 기본적인 데이터베이스 기능인 안정성과 성능이 다소 떨어진다는 평가도 받고 있다. 객체지향형 DBMS를 구현하기 위한 노력으로 Gemstone이나 O2, VBase 등이 있었으나 크게 성공하지는 못했다. 객체지향으로 데이터베이스를 구축하기 위한 수학적 이론과 표준이 미흡하였고, 논리적/물리적으로도 매우 복잡한데다 객체들 간의 상속성 때문에 데이터의 중복과 저장 공간의 낭비가 단점으로 지적되었다. 특히, 이미 보편화된 관계형 데이터베이스와의 호환성이 부족하다는 것은 중요한 문제였다.

그래서 나온 데이터베이스가 객체관계형object-relational이다. 이것은 관계형 데이터베이스의 안정성을 기반으로 객체지향형의 비정형 데이터의 저장과 처리를 수월하게 하는 장점을 결합한 것이다. 오라클도 1997년에 출시한 Oracle 8 버전부터 객체지향의 개념을 부분적으로 적용하여 객체관계형이라고 부르기 시작했다.

데이터베이스 전용 언어가 따로 있다

There is a language just for databases

IBM이 처음 만들었던 관계형 DBMS인 System/R은 씨퀄Structured English QUEry Language, SEQUEL이라는 표준 언어를 내장하고 있었는데, 데이터베이스에 데이터를 저장하기 위한 입력과 저장된 데이터를 수정, 삭제, 검색할 수 있는 기능을 가진 언어가 씨퀄이었다. 불행하게도 SEQUEL은 이미 등록된 상표였기 때문에 더 이상 사용하지 못하고 SQLStructured Query Language로 줄여서 부르게 되었다. 그런데 여전히 씨퀄이라고 부르는 사람들이 가끔 있다. SQL은 1987년 국제표준기구International Standard Organization, ISO에 의하여 데이터베이스 표준 언어로 채택되었다.

이 관계형 데이터 모델의 가장 큰 특징은 원하는 데이터를 검색하기 위해 절차적인procedural 언어 대신에 선언적인declarative 언어를 사용하기 때문에 초보 사용자도 원하는 질의를 쉽게 작성할 수 있게 되었다는 점이다. 즉, 사용자는 자신이 원하는 조건의 데이터를 찾는 방법을 일일이 프로그래밍하지 않고, 자신이 원하는 데이터의 조건만 지정하면 DBMS에서 해당 조건에 맞는 데이터를 검색해줄 수 있게 되었다.

다음에 간단한 SQL 예제를 예시하여 이해할 수 있도록 하였다.

[SQL 예제]

학생			
학번	성명	소속학과	폰번호
11000101	홍길동	경영정보	010-555-0110
11000102	장백기	경영정보	010-777-0122
12000101	안영이	경영	010-555-2222
12000102	장그래	경영	010-555-3333
13000103	한석률	회계	010-555-5555

예제 1. 소속이 "경영"학과인 학생들의 정보를 모두 찾아내라.

Select * from 학생 where 소속학과 = "경영"

학번	성명	소속학과	폰번호
12000101	안영이	경영	010-555-2222
12000102	장그래	경영	010-555-3333

예제 2. 학번이 13000000 보다 큰 학생들의 이름과 소속학과를 찾아내라.

Select 학번, 성명, 소속학과 from 학생 where 학번 > 13000000

학번	성명	소속학과
13000103	한석률	회계

데이터베이스 시장에서 오라클의 위력은 무시무시하다

The power of Oracle is overwhelming in the database market

이와 같은 DBMS의 종류로는 시장을 장악하고 있는 오라클을 중심으로 IBM의 DB2, 마이크로소프트의 SQL-Server, 오픈소스인 MySQL이나 MariaDB와 같은 중대형 서버를 위한 DBMS가 경쟁하고 있다. 국내에도 알티베이스 큐브리드, 티베로와 같은 순수 국산 DBMS도 존재하지만 시장 점유율은 크지 않다. 그리고 개인의 작은 데이터베이스를 관리하기 위한 마이크로소프트의 Access와 같은 PC용 소형 DBMS도 있다. 그러나 Access같은 작은 DBMS에는 많은 데이터를 넣을 수 없어서 보통 2기가바이트 이상의 레코드를 저장할 수 없는 것으로 알려져 있다. PC 소프트웨어 시장에서는 마이크로소프트가 거의 독점적 지위를 누리고 있지만, DBMS 시장에서는 오라클을 빼놓고 생각할 수가 없다. 우리나라의 DBMS 시장에서도 2위를 다투고 있는 마이크로소프트의 SQL-Server와 IBM의 DB2가 각각 20% 미만이고, 1위인 오라클이 60% 정도의 점유율을 꾸준히 유지하고 있는 것으로 알려져 있다.

오라클Oracle은 원래 회사의 이름이 아니라 제품의 이름이었다. 1970년 커드가 CACM에 게재한 논문을 읽고 관계형 데이터베이스의 위력을 예감한 래리 엘리슨Larry Elison, 1944~은 1977년 밥 마이너Bob Miner, 그리고 에드 오츠Ed Oates라는 동료들과 함께 SDLSoftware Development Laboratories이라는 회사를 세워 이듬해인 1978년 오라클 버전 1을 개발했지만 출시하지는 않았다. 1979년 회사의 이름을 SDL에서 RSIRelational Software, Inc.로 바꾸고 오라클 버전 2를 개발하여 출시하였는데, 이것이 크게 성공하면서 1983년에는 아예 회사이름을 오라클로 바꿔버렸다. 래리 엘리슨이 SDL을 세우기 전에 미국중앙정보국Central Itelligence Agency, CIA의 프로젝트에 참여했는데, 그 프로젝트의 암호명이 오라클이었다고 한다. 엘리슨은 그 암호명을 자신이 만든 DBMS의 제품명으로 쓴 것이었다. 래리 엘리슨은 2014년 기준 세계 5위의 자산보유자였는데, 70세의 나이로 오라클의 회장직에서 물러났다.

래리 엘리슨에게는 메간 엘리슨Megan Ellison이라는 딸이 있는데, 1986년생인 메간은 남가주대학Univ. of Southern California에서 영화를 전공했지만, 1년 만에 대학을 중퇴하고 2006년부터 영화산업에 뛰어들었다. 사실 성공한 IT 기업인들 중에는 대학 중퇴자들이 많다. 빌 게이츠, 스티브 잡스, 그리고 메간의 아버지 래리 앨리슨도 모두 중퇴자들이다. 메간은 2011년 안나푸르나 픽쳐스Annapurna Pictures라는 영화사를 설립하여 여러 편의 영화를 제작했다. 그녀가 제작하여 아카데미 각본상까지 받은 〈Her〉라는 작품은 컴퓨터 속의 가상의 인물과 사랑에 빠진 남자를 그린 것이다. 2014년 미국의 《타임》지가 선정한 100명의 가장 영향력 있는 인물에 뽑히기도 했다.

2.4

데이터 처리에도 설계가 필요하다

정보시스템을 구축한다는 것은 데이터의 생성과 처리를 의미한다. 컴퓨터 한 대로 모든 데이터 처리를 수행할 수 없는 경우가 많기 때문에 여러 대의 컴퓨터를 어떻게 연결시킬 것인지를 고민하게 된다. 컴퓨터들을 단순히 네트워크 케이블로 연결하면 쉽겠지만, 컴퓨터마다 수행하는 역할이 다르다. 예를 들어, 어떤 컴퓨터에는 데이터베이스를 설치하고, 어떤 컴퓨터는 데이터를 입출력해야 하고, 또 어떤 컴퓨터는 데이터처리만을 담당해야 하는 것이다. 더욱 어려운 것은 사용자들마다 정보시스템에 접근할 수 있는 권한이 다르다는 것을 고려하여 정보시스템 전체 구조를 설계해야 하는 것이다. 이처럼 다양한 업무절차와 통신체계, 소프트웨어, 하드웨어 기술들이 여러 가지 형태로 서로 어떻게 연결되어야 하는지를 설계한 것이 정보시스템 아키텍처architecture이다. 아키텍처는 원래 건축물을 설계하고 구축하는 기술이나 구조를 뜻하는데, 정보시스템이 데이터를 처리하는 방식에도 아키텍처가 필요한 것이다.

이 같은 체계들은 1960년 천공카드punched card방식의 네트워크 환경에서 시작해 1970년대 들어 메인프레임mainframe 컴퓨팅, 즉 중앙컴퓨터에서 모든 일을 처리하고 단말기들은 입력과 출력만 담당하는 방식인 중앙집중식 네트워크 환경으로 발

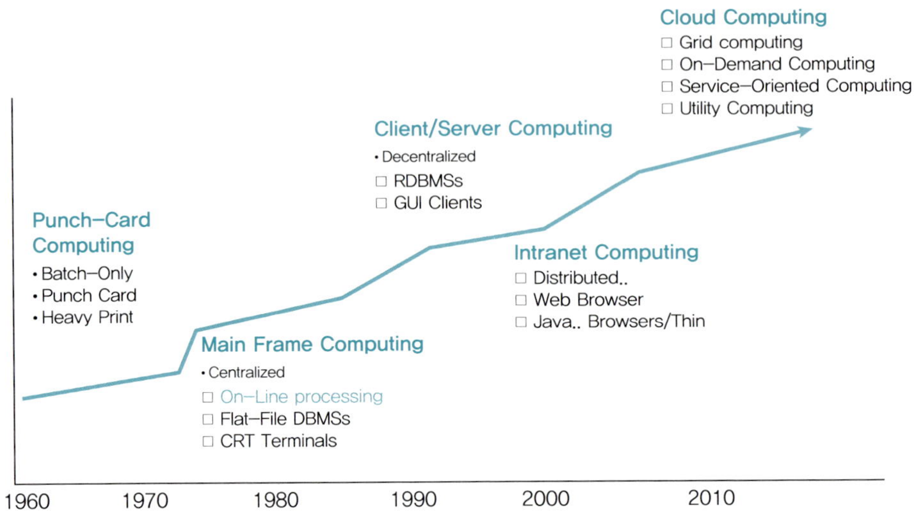

전해 왔다. 그 이후 1990년대에 PC의 값이 떨어지며 대량 보급되고 기존의 단말기가 똑똑해진 덕분에 중앙집중적 방식이 아닌 분산형decentalized 방식의 네트워크 환경으로 변화하기 시작하였다. 2000년대에 들어 인터넷이 확산되면서 분산형으로 내부 컴퓨터들을 서로 연결하는 것에서 벗어나 웹브라우저를 통해 더 넓은 네트워크 환경을 형성하는 엑스트라넷extranet과 내부 연결 네트워크로 제한하는 인트라넷과 같은 개념이 생겨나기 시작하였다. 근래에 들어 언제 어디서나 접속이 가능한 가상의 네트워크 환경인 클라우드cloud 컴퓨팅이라는 개념이 등장하였다.

메인프레임 시대에는 멍청한 컴퓨터가 인기 있었다

Dummy terminals were very popular in the age of mainframe computing

메인프레임 컴퓨팅은 하나의 중앙 컴퓨터가 계산에 필요한 모든 일을 수행하고, 이에 연결된 더미 터미널들은 단순히 입력/출력 기능만 보유하는 방식이다. 이 중앙컴퓨터를 메인프레임 컴퓨터라고 불렀는데, 기억 용량이 크고 많은 입출력장치를 제어하고 다수의 사용자가 함께 쓸 수 있는 대형 컴퓨터를 말한다. 메인프레임 시대에는 주로 대기업이나 은행의 업무처리, 대학교나 연구소 등의 실습이나 연구에서 중앙 컴퓨터에 다수의 단말기인 더미 터미널을 연결해서 사용하였다. 이 더미 터미널은 자체적으로 일을 수행하지는 못하고 단순히 데이터를 입력하고 보여주는 출력의 역할만 하는 것이었다. 대형 중앙컴퓨터는 일반적으로 조직의 전산실에 설치되어 있어서 각 더미 터미널을 통해 입력되는 자료와 작업을 처리하는 방식이다. 이후 1990년대 들어 더미 터미널 방식의 멍청한 컴퓨터가 아닌 작고 똑똑한 PC가 보급되고, 인터넷이 확산되면서 그 중요성이 줄어들었으나, 아직도 대규모 전산 시스템을 요구하는 곳에서는 이러한 중앙집중식 메인프레임 네트워크 환경을 사용하고 있다. 예를 들면, 2012년까지 NASA의 공군비행센터에서는 IBM의 메인프레임 z9을 사용하여 왔다.

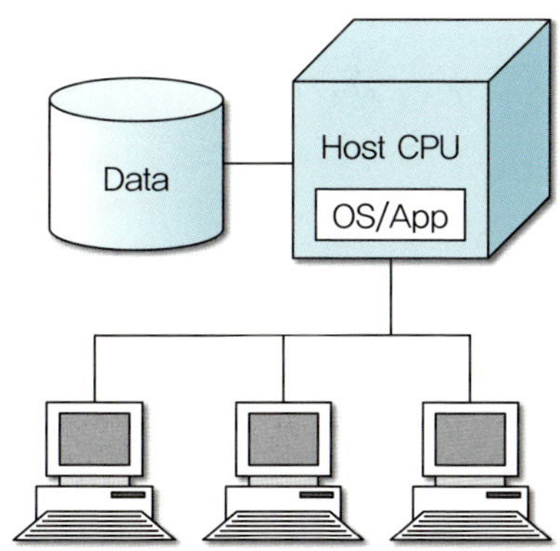

Dummy Terminal

클라이언트-서버Client-Server는 유지보수가 어렵다

It is hard to maintain a client-server architecture

클라이언트-서버 네트워크 환경은 분산형 네트워크 방식의 하나이다. 중앙집중식에서는 하나의 중앙컴퓨터가 모든 일을 수행하는 반면에, 분산형 방식은 네트워크상에 분산된 여러 컴퓨터가 같은 자원(데이터베이스, 애플리케이션, 프린터 등)을 가지고 함께 협력하여 일을 처리하는 방식이다. 여기서 분산된 여러 컴퓨터들을 클라이언트Client라 부른다. 이 클라이언트 컴퓨터들이 서버Server와 통신하여 서버컴퓨터에 공유되어 있는 자원을 사용하여 일을 처리한다. 결국 클라이언트/서버 방식에서의 일처리는 두 가지 타입의 기기에서 구분되어 이루어진다.

사용자가 사용하는 컴퓨터인 클라이언트와 모든 데이터를 저장하고 처리하며 모든 통신 활동을 관리하는 서버Server로 나누어져 이루어지는 것이다. 여기서 메인프레임 시대의 단말기와 클라이언트/서버 방식의 단말기의 다른 점은 기존의

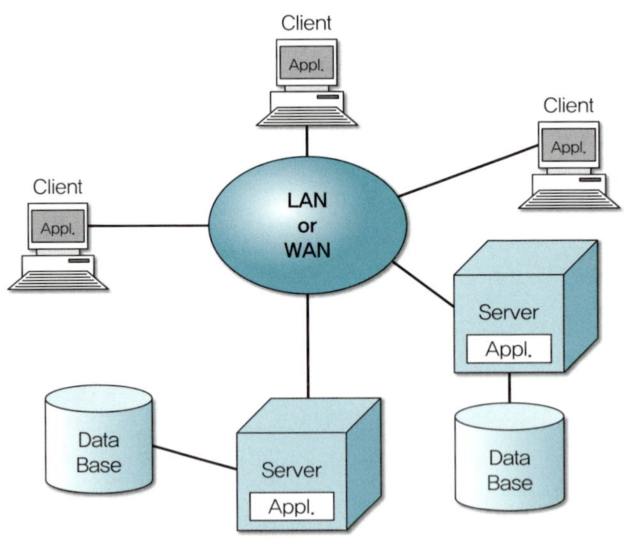

더미 터미널은 CPU, 메모리, 하드디스크가 없는 입출력만 가능한 기기였다는 것이다. 이 더미 터미널을 PC가 대체함으로써 클라이언트 쪽에 컴퓨팅 파워가 생긴 것이다. 기존의 더미 터미널이 직접 서버에 자료를 요청하고 요청한 자료를 스스로 처리할 수 있는 똑똑한 컴퓨터로 성장한 것이다. 메인프레임의 중앙컴퓨터와 서버도 의미는 같지만 성능은 다르다. 일단, 메인프레임 컴퓨터는 서버컴퓨터보다 엄청난 양의 연산처리가 가능하고 더 많은 데이터를 저장할 수 있다. 또한 그 성능만큼 가격 면에서도 더 비싸고 안정적이다. 하지만, 모든 것들이 중앙컴퓨터를 통해서만 가능하기 때문에 만약 네트워크가 정상 작동하지 않거나 너무 많은 수의 사용자들이 접속하게 되면 네트워크 장애가 생겨 아무 일도 할 수 없게 된다.

클라이언트/서버 방식은 대부분의 일처리가 사용자의 개인컴퓨터에서 이루지고, 서버컴퓨터는 파일과 데이터의 저장 또는 자원공유를 위해서 쓰여진다. 그래서 서버는 사용자가 데이터나 프린터 등의 접근/허락을 요청하면, 그에 대해서 응답하는 방식으로 클라이언트 컴퓨터의 접근을 허용한다. 이러다보니 클라이언트/서버의 장점은 메인프레임 네트워크 환경보다 신속한 응답이 가능하고 서버/중앙컴퓨터의 부담과 통신 과부하의 부담 또한 감소되었다. 하지만 클라이언트-서버 방식이 항상 좋은 것만은 아니다. 개방성, 확장성, 소프트웨어 유지보수 면에서 메인프레임 통신 환경보다 비용과 노력이 많이 들어갈 수 밖에 없는 구조이기 때문이다. 메인프레임 시대에는 유지보수를 위해 중앙컴퓨터만 업그레이드하면 되는 구조였지만, 클라이언트/서버 환경에서는 클라이언트 컴퓨터와 서버컴퓨터 간의 통신과 호환, 요청/응답을 위해 서버컴퓨터 이외에 클라이언트 컴퓨터들의 유지보수까지 함께 동반되어야 하는 어려움이 생기게 되는 것이다.

Intranet과 Extranet은 인터넷을 기반으로 한 것이다

인트라넷은 조직 내부의 관련자들이 정보를 공유하게 하는 네트워크 시스템을 말한다. 인터넷 기술(HTML, HTTP, TCP/IP)을 사용하여 필요로 하는 사용자들을 연결해주기 때문에 비교적 적은 비용으로 사내 네트워크를 구성할 수 있다. 인트라넷의 접근은 권한을 가진 조직의 구성원만 가지고 있으며, 내부에서의 접근은 보안인증 또는 암호가 있으면 가능하고 외부접근 방화벽^Firewall^으로 외부 접근을 막는다. 엑스트라넷은 인트라넷에서 좀 더 확장된 개념으로 회사 외부의 허락된 사용자들의 접근을 허용하는 인트라넷을 말한다. 협력업체나 공급업체 등과 같이 내부정보를 함께 공유하여 더 효율적인 업무처리를 위해 엑스트라넷을 구축한다고 보면 된다. 예를 들어, 현대차의 특정 차 모델의 부품을 공급하는 협력업체에게 현대차 생산관리시스템에 접속을 허용하여, 현재 현대차 공장의 부품 재고와 앞으로의 생산 스케줄들을 공유한다면 적시에 효율적인 납품이 가능할 수 있을 것이다.

그렇다면 인터넷은 인트라넷, 엑스트라넷과 어떻게 다를까? 인터넷은 전 세계의 여러 네트워크를 한데 묶어놓은 것으로 보면 된다. 회사나 조직에서 자신들의 정보를 공유하고자 만들었던 네트워크를 좀 더 많은 사람들과 정보를 공유하고자 서로 연결하기 시작했는데 이게 바로 인터넷의 시작이다. 전 세계의 여러 네트워크가 서로 연결되어 있기 때문에 서로 통신하는 데 통신규약이 필요하다. 이것을 프로토콜이라고 하는데 인터넷은 TCP/IP라는 통신 프로토콜을 사용하여 전 세계가 서로 통신할 수 있게 한다. 인트라넷과 엑스트라넷은 특정 집단의 허락된 사람의 접근만을 허용하는 반면에 인터넷은 불특정 다수가 접근할 수 있다.

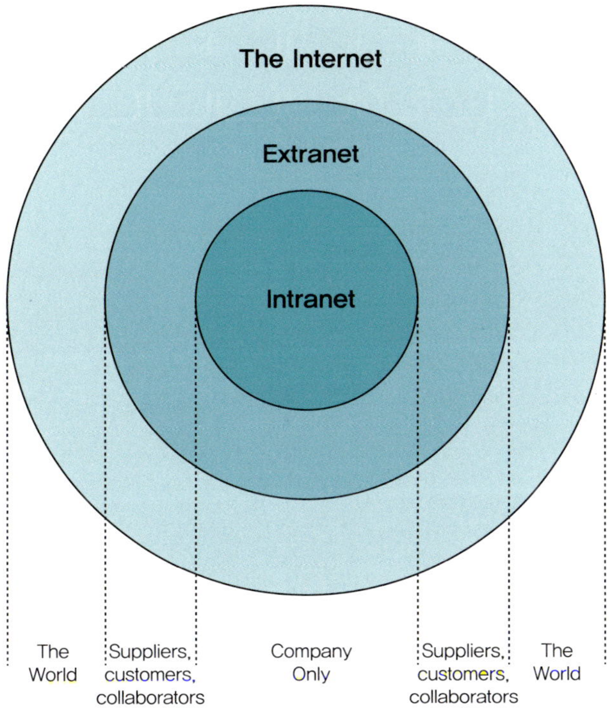
The Internet
Extranet
Intranet
The World
Suppliers, customers, collaborators
Company Only
Suppliers, customers, collaborators
The World

클라우드 컴퓨팅이 새로운 추세다

Cloud computing is another new trend

클라우드 컴퓨팅은 기존의 개인의 데스크탑 상의 프로그램과 저장공간을 가지고 하는 업무처리를 벗어나 개인 PC에 얽매이지 않고 인터넷상에서 업무처리를 가능하게 하는 것을 말한다. 기본적 개념으로는 온라인상의 저장공간을 뜻한다. 즉 각종 소프트웨어나 자료를 인터넷상의 저장공간에 저장하여 PC나 휴대폰과 같은 각종 단말기로 작업을 수행할 수 있는 사용환경을 말한다. 따라서 사용자는 인터넷 접속 가능한 단말기만 갖고 있다면 언제 어디서나 업무처리가 가능하다. 대표적인 공공 클라우드 서비스로는 구글드라이브Google Drive, 드롭박스Dropbox, 스카이드라이브SkyDrive 등이 있다.

1995년 미국의 AT&T와 여러 통신사들이 함께 클라우드 컴퓨팅 서비스를 시작하였는데, 아직 이 시기에는 소비자 중심의 웹기반이 형성되기 전의 일이였기 때문에 실패하였고, 21세기 들어 비로소 클라우드 컴퓨팅이라는 단어가 널리 퍼지기 시작했다. 본격적인 서비스의 시작은 Salesforce.com인데, 구글의 기술과 야후의 업무용 애플리케이션을 접목시킨 클라우드 컴퓨팅 환경을 제공하였다. 그 이후 2000년대에 들어 마이크로소프트가 웹서비스를 확장하여 SaaS와 같은 개념을 정립하였고, IBM은 이러한 개념들을 더 확립시켜 클라우드 컴퓨팅의 발전에 중요한 역할을 하였다.

이러한 클라우드 컴퓨팅의 가장 큰 특징은 사용자가 필요로 하는 때에 맞춰 사용자가 원하는 만큼 컴퓨팅 자원을 사용하는 '온디맨드On-Demand' 방식이라는 것이다. 또한 모든 컴퓨터 자원을 한데 모아 이를 관리함으로써 분산 컴퓨팅을 이룸과 동시에 전체적인 IT 자원 관리의 효율성을 증대시킨다. 또한 사용자의 모든 작업

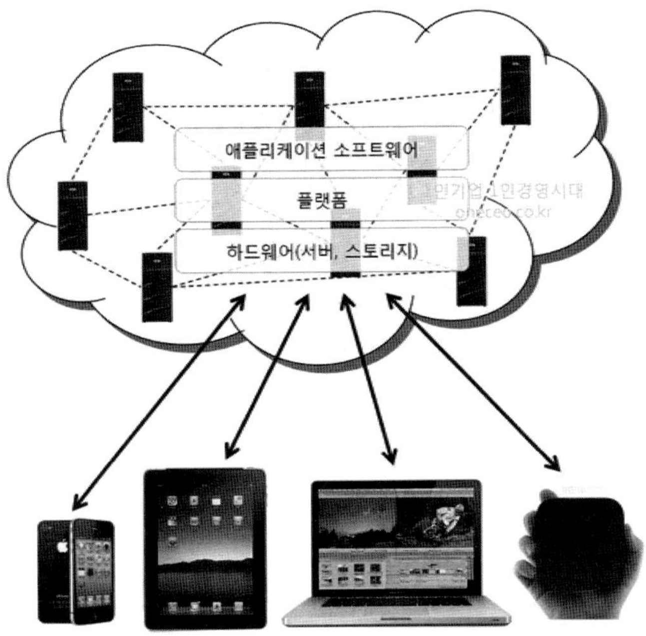

이 중앙의 센터에서 이루어지기 때문에, 컴퓨터가 더 이상 개인용이 아니게 된다. 이렇게 중앙 컴퓨터에서 모든 작업이 이루어지게 되면 기존의 클라이언트-서버 네트워크 환경의 가장 큰 약점인 유지보수 비용이 줄어들게 되고, 소프트웨어 회사들도 제품 개발을 할 때 다양한 사양과 형태의 단말기를 지원할 필요성이 없어지기 때문에 개발비용 또한 다소 줄어들게 된다.

클라우드 기술은 소프트웨어 이용 방식 또한 획기적으로 바꿔 놓았다. 지금까지는 기업 또는 개인이 직접 소프트웨어 패키지를 구입해 PC에 설치하여 소프트웨어 불법 복사 등의 부정적인 유통과정을 통제할 수가 없었다. 하지만 클라우드 서비스를 통해 공급하게 되면서 소프트웨어 유통구조에 대한 투명성을 높일 수 있게 되었다. 실제로 미국과 서유럽에서는 클라우드를 통한 소프트웨어 공급이 82% 수준에 이르렀다.

빅데이터

2014 월드컵 16강 경기결과를 모두 다 맞춘 이가 있다. 그 주인공은 용한 점쟁이가 아니라 구글 엔지니어들이였다. 이들은 자사의 클라우드 플랫폼을 이용해 16강 경기 결과를 예상하였는데, 모든 경기 결과를 정확히 예측한 것으로 밝혀졌다. 구글 창업자는 의료 데이터를 분석하여 그들의 생활을 추적한다면 내년에 미국에서 10만 명의 생명을 구할 수 있다고 말한 바 있다. 이처럼 빅데이터 분석이 정교해지면 얼마나 무서운 세상이 올지 놀라울 뿐이다.

빅데이터의 핵심은 얼마나 많은 데이터를 분석했는지가 아니라 그 의미를 어떻게 부각시키느냐의 문제, 즉 시각화Visualization이다. 빅데이터를 단지 숫자로만 볼 게 아니라 의미있는 정보로 변환시켜 보여주는 기술이 필요해지고 있다. 예를 들어, 1954년도 영국에서 일어난 콜레라 질병 사건으로 당시 500여 명 이상이 사망했는데, 이 사건을 단지 500명이라는 사망자 숫자로만 보면 그다지 새로울 의미를 파악할 수 없었지만, 어디에서 사망했는지를 지도에 그림으로 그려 분석한 결

과 새로운 사실을 알게 되었다. 사망 숫자가 밀집한 지역에서 공동으로 사용하는 물에서 문제가 있었던 것이다. 500이라는 숫자만 놓고 보면 사고의 해결책을 찾을 수 없지만 그림을 그려보면 해결책을 찾을 수 있다는 것이다. 예컨대 '삼천 이십 이만일천 오백삼십이 제곱킬로미터(30,221,532 km)'라는 숫자만 놓고 보면 도대체 무엇을 의미하는 것인지 알 수가 없다. 답은 아프리카 대륙의 크기다. 이렇게만 놓고 보면 얼마나 큰 것인지 작은 것인지를 알 수 없다. 그러나 그림으로 보면 아시아, 미국 등 주요 18개 국가를 합친 것과 동일한 크기라는 사실에 놀랄 수 밖에 없다. 이처럼 데이터는 어떻게 보여지느냐에 따라 그 가치가 확연히 달라진다.

Web 3.0

우리가 지금 사용하고 있는 인터넷은 그동안 많은 혁신과 발전을 겪어왔다. 처음 인터넷이 나왔을 때에는 회사가 자사의 역사와 비전을 소개하고 상품을 소개하기 위한 홈페이지를 만들어 마치 브로슈어처럼 사용자들이 읽을 수만[Read-Only] 있는 회사의 홍보수단에 불과했다. 홈페이지의 내용을 회사가 수정하고 업데이트하기 때문에 서비스 제공자 위주의 일방적인 또는 단편적인 웹에 불가했다. 이렇게 인터넷이 한 방향 소통[One-Way]에만 한정되었던 때를 Web 1.0시대라고 부른다. 그러다 2000년대에 들어 서비스 제공자뿐만 아니라 이제는 서비스 사용자들이 웹에 참여하여 서로 소통하기 시작하였다. 사용자들이 제품에 사용자 후기를 쓰기 시작하고, 자발적으로 블로그에 제품 홍보를 하기도 하며, 제품 서비스에 문제가 생기면 사용자들끼리 웹상에 커뮤니티를 만들어 함께 정보를 공유하고 협업하여 문제를 풀어나가기 시작한 것이다. 이렇게 사용자들이 참여하고 서로 양방향[Two-Way]으로 소통하는 형태의 인터넷을 Web 2.0시대라고 부른다.

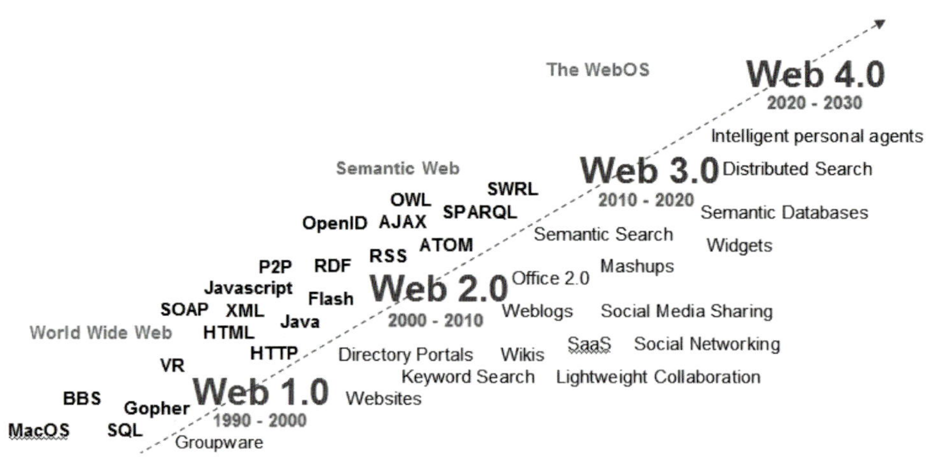

그리고 이제 Web3.0시대가 왔다. Web 3.0은 사용자가 검색하는 순간 컴퓨터가 지능적으로 단어, 문장의 뜻을 이해하고 사용자의 필요를 논리적으로 추론하여 그에 따라 검색결과를 정렬하여 보여주는 시맨틱웹Sementic Web기술로 대표되고 있다. 웹이 정보의 의미를 이해하고 처리할 수 있게 된다는 것이다. 대표적인 예로 아이폰의 Siri가 있다. 아이폰의 Siri는 사용자의 목소리의 의미를 이해하고 사용자에게 맞춤형으로 검색결과를 보여주고 사고할 수 있는 인공지능을 갖고 있다. 예를 들어 사용자가 통영에 가고 싶어서 적당한 호텔을 찾고 있다고 가정하자. 인공지능형 웹은 스스로 호텔 평을 읽고 사용자의 기존 성향, 과거 이용내력, 프로파일 등을 통해 데이터마이닝 기술을 이용한 논리적 추론으로 사용자에게 가장 적합한 호텔을 결정하여 보여줄 수 있는 것이다. Web 3.0은 빅데이터와도 직결되는데, 사용자에게 맞춤형 서비스를 제공할 때에 개인의 프로파일뿐만이 아니라, 웹상의 사용자와 비슷한 성향을 가진 다른 사람, 비슷한 검색어를 입력하고, 비슷한 사이트를 클릭하고, 비슷한 상품을 구매하는 전 세계 다양한 정보를 바탕으로 가장 적합한 서비스를 할 수 있게 되는 것이다. 그 활용분야는 무궁무진해서 재정설계, 교육컨설팅, 대출상담 등 다양한 분야에 활용되고 있다.

소셜 웹, 소셜미디어

사람들은 이제 현실세계를 벗어나 가상세계인 사이버공간에서 사람들을 만나고 관계를 형성하고 있다. 소셜웹은 SNS를 포함해서 여러 개의 서비스 장르를 가지고 있다. 크게 실시간 업데이트 서비스, 마이크로 블로그 서비스, 참여형 북마크 서비스, 비디오 및 사진공유 서비스로 나뉠 수 있으며(Qualman, 2009) 또한 성격에 따라 표현형, 관계형, 공유형, 게임형으로 분류되기도 한다(박정남, 2010)*. 키에츠만(Kietzamann 등, 2011)에 따르면, 소셜웹의 특징은 첫 번째로 이용자에게 다른 이용자와 현재 접촉이 가능한지 여부 등을 알려주고, 자신과 연결 가능한 다른 이용자의 상태(오프라인, 온라인 상태) 등을 알려줌으로써 연결의 즉시성을 가지고 있다. 두 번째로, 소셜웹은 이용자들 간에 각종 정보와 컨텐츠를 공유하고, 의견이나 정보의 확산을 촉진시키는 역할을 한다. 셋째, 대화를 촉진시키는 역할을 한다. 대부분의 소셜웹은 언제 어디서나 대화가 손쉽게 일어나도록 하고 있다. 넷째, 현실세계에서 개인이 유지할 수 있는 집단의 규모보다 더 많은 집단 형성과 유지를 가능하게 해 준다. 다섯째, 타인을 인식하고 평가하는 데 필요한 평판reputation체계가 존재한다. 연결된 친구의 수가 본인이 쓴 글에 대한 "좋아요"의 수 등 다양한 평판체계가 존재하여 관계를 확장하는 데 유용하게 쓰이고 있다. 마지막으로 사용자의 정체성Identity을 구현할 수 있게 해준다. 현실세계에서 다 채우지 못하는 정체성을 웹을 통해 연결하는 기능 또한 가지고 있다.

* 박정남(2010). Start! 트위터와 미투데이. 에이콘출판사.

Qualman, E. (209). Socialnomics: how social media transforms the way we live and do business. John Wiley & Sons, New Jersey.

Kietzman, J., Hermkens, K., McCarthylan P., Silvestre, B. (201). Social media? Get serious! Understanding the functional building blocks of social media. Business Horizons. 54, p.243.

이러한 소셜웹은 저널리즘 환경도 바꾸고 있는데, 뉴스의 생산과 소비, 그리고 언론이 만들어 내는 뉴스의 확산 과정까지 광범위하게 소셜웹에서 이루어지고 있다. 최근에는 SNS의 영향력을 언론보도에 적극적으로 활용하는 사례들이 늘면서 다양한 참여형 보도가 등장하고 있다.

모바일 테크놀로지Mobile Technology — 퍼베이시브 컴퓨팅Pervasive Computing

컴퓨터 기기의 모습이 변하기 시작했다. 컴퓨터는 우리가 생각하는 일반 데스크탑 PC에서 벗어나 여러 가지 형태로 사람이 가지고 다닐 수 있는 모바일 기기로 그 범위가 확장되어 가고 있다. 가장 많이 사용하고 있는 스마트폰도 이미 그 성능은 일반 PC에 버금가는 속도와 처리능력을 보여주고 있다. 그 밖에도 태블릿 PC, 시계, 안경, 여러 가지 형태로 사람이 착용하거나(wearable, 웨어러블) 가지고 이동할 수 있는(모바일) 형태로 변화하고 있다.

웨어러블 기기의 대표적인 사례로 구글 글라스가 있다. 2012년 6월 스카이다이버들이 낙하하면서 하늘에서 구글 글라스로 찍은 영상을 전 세계에 생중계하면서 그 존재가 세상에 알려지게 되었다. 하지만 이러한 엄청난 기술력에도 아직 제대로 상용화되지 않은 이유가 있다. 바로 탑재 가능한 어플리케이션의 부재이다. 아직까지 앱도 부족하고 이 엄청난 기기의 활용을 극대화할 만한 소프트웨어 개발이 부족한 것이다.

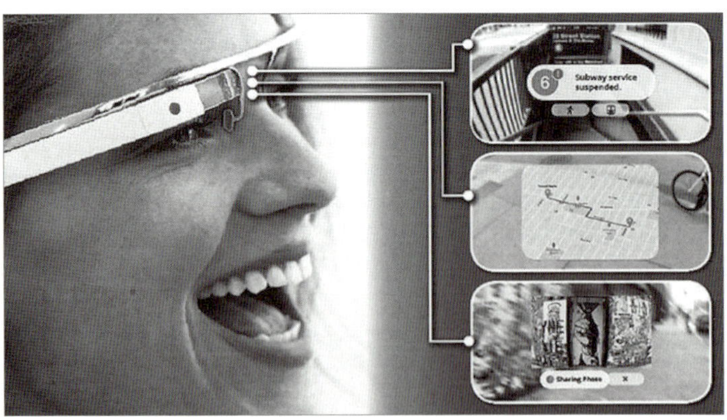

다른 한편으로는 이러한 웨어러블 기기가 빅데이터 기술과 같은 다른 혁신기술과 결합하여 제품화되어 가고 있다. 국내 최대 음원 사이트인 멜론에서는 직접 제작한 시계에서 재생을 누르면 고객 상황에 맞는 노래가 나올 수 있도록 하는 기술을 구현 중이다. 즉 현재 시각, 위치, 날씨 특성에 맞는 음원 추천 서비스를 해주는 시대가 온 것이다.*

* http://www.smartwatchnews.org/dinard-da-mata-creative-smartwatch-concept/

사물인터넷

Internet of Things

인터넷에 연결되어 있는 사물things의 수가 이미 전 세계 인구의 수를 넘어서는 시대가 왔다. 2050년에는 아마도 50억 개의 사물기기들이 인터넷에 연결될 것이라는 보고도 있다. 이건 단지 스마트폰과 태블릿 PC만을 이야기하는 것이 아니다. 집안의 가전제품, 대중교통수단, 병원 CCTV, 신호등, 가로수 등 거의 모든 사물 Everything이 부착된 감지센서로 데이터를 자동으로 업데이트하며 인터넷으로 연결될 것이라는 것이다. 예를 들면 사람이 회사에서 업무 도중에 스마트폰으로 자신의 아이가 부엌 오븐기기를 잘못 작동하고 있다는 것을 집안 CCTV와 오븐기기의 센서를 통한 알람을 받고, 집에 빨리 도착하기 위해 현재 도로 교통 상황에

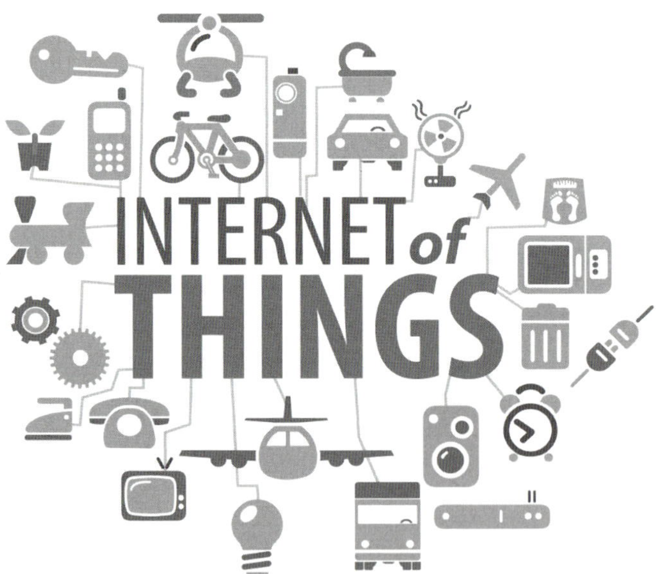

따라 어떤 교통수단을 이용해야 하는지, 또한 집에 가는 동안 아이를 데리고 가야할 병원의 응급실 상황을 스마트폰으로 체크할 수 있게 된다. 이렇게 거의 모든 사물의 정보가 인터넷을 통해 서로 연결되어 정보를 주고 있는 것이다. 이 같은 상황은 미래의 일이 아니라 현재에도 벌어지고 있고 현재의 기술로 충분히 가능한 일이다. 앞으로의 사물인터넷 시대에는 더 많은 어플리케이션과 부가적인 서비스들이 지속적으로 나타날 것이다. 대표적인 예로 시스코에서 사물인터넷환경을 연출한 상황을 들어보자. 아침에 주간미팅이 45분 정도 늦춰졌다. 이 같은 소식은 자동으로 미팅에 참석하는 직원의 침대 옆 알람기기에 전송되어 해당직원은 잠을 30분 정도 더 잘 수 있게 알람시간을 자동으로 조정해 준다. 소식은 부엌의 커피포트에도 전해져 때맞춰 물을 끓이고, 토스트를 굽는다. 식사를 마친 직원이 집을 나서며 문을 잠그면 집안의 모든 전기기기가 스스로 꺼지고 가스도 차단된다. 구글은 스마트홈 네트워크에 막대한 투자를 하고 있으며, 자동차 시장도 인터넷으로 자동제어 업데이트 기능을 탑재하고 있다. 이같이 사물인터넷의 가능성은 그 끝을 예측하기 어렵다.

Virtual World—Virtual Life Second Life

〈아바타〉라는 영화를 알고 있을 것이다. 영화 〈아바타〉와 같은 세계를 실현해 놓은 곳이 있다. 바로 세컨드 라이프Second Life이다. 세컨드 라이프는 인터넷 기반의 가상현실 공간을 말한다. 자신의 아바타를 이용해 공부를 하고 집과 차를 사고, 물건을 만들어 파는 등 여러 경제활동을 한다. 또한 세컨드 라이프에서 번 돈을 실제 미국달러로 환전도 해주기 때문에 현실과의 경계도 허물어지고 있다. 실제 세컨드 라이프에 들어가 보면 현실세계의 대기업들이 이곳에 가상지점을 내서 광고를 하고 물건을 팔며 큰 광고효과를 보고 있다. 세컨드 라이프 주민들이 창출하는 국내총생산량GDP은 5억~6억 달러에 달하고 있다. 사실 이런 가상공간은 현실세계에서 본인의 욕구와 자아실현을 충족하지 못하는 많은 사람들의 욕구를 자극하며 급성장하고 있으며, 가상공간을 통해 또 다른 삶을 살고자 하는 사람들이 지속적으로 유입되고 있다. 또한 현실세계의 직장 외에 다른 직업을 체험하고자 하

거나 아바타를 통해 현실의 '나'와 전혀 다른 '나'의 삶을 경험해보고 싶은 사람들도 늘고 있는 추세이다. 현실세계에서는 너무 소극적이어서 이성친구와 데이트도 못해본 사람이 가상공간에서 멋지게 생긴 내 아바타를 가지고 대리만족을 한다면 그 느낌이 어떨까?

실제로 고려대에서는 국내 대학 최초로 세컨드 라이프 가상캠퍼스를 오픈하였다. 실제 캠퍼스 내에 운영되고 있는 순환버스가 세컨드 라이프 캠퍼스에서도 운행되고 있고, 경영학과 전공과목인 '마케팅조사론'과 '디지털경영전략론' 수업을 세컨드 라이프에서 진행하였다. 마이크만 있으면 실제 대화가 가능해서 실제 목소리로 발표하고 질문하는 방식이다. 비록 우리나라 정서와 맞지 않은 부분이 많아 아쉽게도 세컨드 라이프는 한국에서 철수하게 됐지만, 아직도 하버드, 예일, 프린스턴, MIT 등 세계 유수의 대학들이 원격 수업과 연구활동 등을 위해 활용하고 있다.

03 정보시스템 구축

3.1 시스템적 접근 그리고 정보시스템의 정의와 구성요소

3.2 정보시스템의 구축 접근법

3.3 정보시스템의 구축방법론

3.4 정보시스템의 성공과 실패

3.1

시스템적 접근 그리고 정보시스템의 정의와 구성요소

코끼리 다리를 만져보고 코가 얼마나 긴지 알 수 있을까?

Can we know how long the nose of an elephant is by just touching its legs?

불교 경전인 〈열반경〉에 나오는 '군맹무상群盲撫象'은 장님들이 코끼리를 만지는 것과 관련된 우화가 나온다. 앞을 보지 못하는 사람들이 코끼리의 각 부위를 만져

보고 자기가 본 것이 진실이라 주장한다는 것이다. 코끼리의 다리를 잡은 사람은 무슨 나무인 줄 알고, 몸통을 만지는 사람은 벽인 줄 알고, 꼬리를 잡은 사람은 밧줄인 줄 알고, 코를 잡은 사람은 뱀과 닮았다고 생각할 수 있다. 각자 자신이 만진 부분을 근거로 판단하였으므로 틀리다고 생각하기 어렵다. 이 우화는 얼마 안 되는 부분적인 이해를 바탕으로 전체를 판단하면 실패한다는 것을 의미한다.

기업은 사람Human, 부서Department, 역할Role, 관계Relationship 등으로 이루어진 복잡한 시스템이다. 기업의 사이즈가 크면 클수록 그 복잡성은 더욱 심해진다. 대기업의 경우 신입사원이 전체 조직구조를 파악하는 데만도 상당한 시간을 소요하게 되거나, 퇴사할 때까지 옆 부서에서 하는 일이 무엇인지 구체적으로 알지 못하는 경우도 있다. 신입사원 초기에는 주어진 업무에 집중해야만 하겠지만, 어느 정도 적응하고 나면 부서와 기업 전체의 모습을 이해하려 해야 한다. 기업 전체의 업무 프로세스 중에서 자기가 하는 일이 어디에 위치해 있고, 내가 하는 일이 궁극적으로 기업의 이익에 어떤 영향을 끼치는지를 알고 있어야 한다는 것이다. 자신의 업무나 자신의 부서가 가장 중요한 일을 한다고 믿고 행동하지만, 실제로는 여러 사람과 부서들의 협력에 의해서 이루어진다는 것을 기억해야 한다.

어떤 조직에서 전체적인 움직임을 파악할 때, 가장 기본적으로 이해해야 하는 것이 데이터와 정보의 흐름이다. 투입요소와 처리과정, 그리고 산출물까지도 모두 데이터로 남아 있고 그것이 기업의 곳곳을 흘러 다니기 때문이다.

모든 시스템은 개방형이다?

Are all systems open?

모든 시스템은 경계Boundary를 가지고 있다. 사람에게는 피부가 있고, 태양계에는 태양의 중력이 미치는 지점이 있다. 국가에는 국경선이 있다. 모든 시스템은 그 경계 밖에 존재하는 것들과 물질이나 에너지를 서로 주고받아야 생존할 수 있는데, 외부와의 상호작용이 전혀 없는 완벽한 폐쇄Closed시스템이 존재할 수 있을까? 국가 간의 무역을 예로 들면, 쿠바나 북한의 경우에 상당히 폐쇄적으로 보이지만 상대적으로 적은 규모의 무역을 하고 있을 뿐이다.

입력은 없는데 출력만 있는 시스템이 존재할 수 있을까? 공부하지 않았는데 좋은 성적이 나왔거나, 투입요소가 없는 기업에서 산출이 많다면 이 경우에 해당할 것이다. 실제로 우리는 경험을 통해서 이런 경우는 없다는 것을 너무나 잘 알고 있다. '콩 심은 데 콩 나고 팥 심은 데 팥 난다'는 속담은 입력의 중요성을 아주 잘 설명해 준다. 아무리 좋은 프로세스를 가지고 있다고 하더라도 입력이 좋지 못하면 좋은 출력물을 얻는 것은 어렵다. 좋은 시나리오가 감독과 배우를 잘못 만나서 완전히 망가진 영화가 나올 수도 있지만, 나쁜 시나리오는 아무리 좋은 감독과 배우를 만나더라도 좋은 영화로 나오기는 어렵다는 것이다. 그래서 기업들은 우수한 원재료의 확보에 심혈을 기울인다. 빵집에서는 밀가루, 커피숍에서는 원두, 의류업체는 원단, 군대에서의 신병교육과 같은 것이 매우 중요한 이유이다. 정보시스템에서는 원시데이터Raw Data라고 하는 입력물이 좋아야 출력물인 정보가 좋을 것이다.

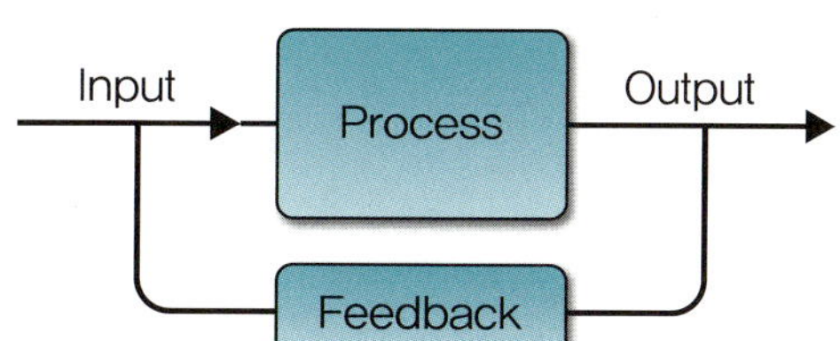

입력은 있는데 출력이 없는 시스템이 존재할 수 있을까? 이런 시스템을 블랙홀이라고 한다. 뭐든지 빨아들이기만 할 뿐 출력은 없는 것이다. 공부를 많이 했는데 성적이 오르지 않거나, 투입요소가 많은 기업에서 매출액이 저조하다면 여기에 해당할 것이다. 기업에서 일처리가 너무 오래 걸려 결과물이 늦거나 없는 경우에 "블랙홀에게 맡겼다"라는 표현을 쓰기도 한다. 한편 실제로 많은 입력을 받아서 처리하지만 출력물은 훨씬 더 적어 보이는 경우 또한 허다하다. 출력이 좋으려면 프로세스의 지속적인 개선을 통하여 혁신을 이루어야 한다. 아무리 좋은 음식을 먹는다고 하더라도 운동을 소홀히 하면 건강이 나빠지듯이 기업이 좋은 자원을 투입하더라도 제조공정을 지속적으로 개선하지 못하면 고객만족을 달성하지 못하는 것이다. 따라서 기업에서는 정보시스템을 흐르는 데이터와 정보의 생성과정을 점검하고 개선하는 작업을 지속적으로 수행하여야 한다.

치밀한 분석을 바탕으로 종합적인 이해를 해야 한다

We should achieve comprehensive understanding along with accurate analyses

대부분의 미국인들은 한국에 관해서 그다지 아는 것이 많지 않다. 대다수는 분단으로 인해 대단히 위험하다고 생각한다. 한국에 관한 지식과 정보가 없어서 중국과는 다른 언어를 쓰고 스스로 발명한 문자를 사용한다는 사실은 모른다. 북한이 핵무기를 개발한다거나 미사일을 시험발사했다는 등의 뉴스만을 접하기 때문이다. 그런데, 한국에 와서 직접 살아본 외국인들이 공통적으로 하는 이야기는 굉장히 안전하다는 것이다. 자정이 넘은 시간에 친구들과 모여서 술을 마시고 도심을 걸어 다녀도 괜찮은 나라는 전 세계에서 드물기 때문이다. 사실, 뉴욕 같은 도시에서 자정이 넘어서 거리를 걷는다는 것은 매우 위험한 일이다. 어떤 국가에 대해

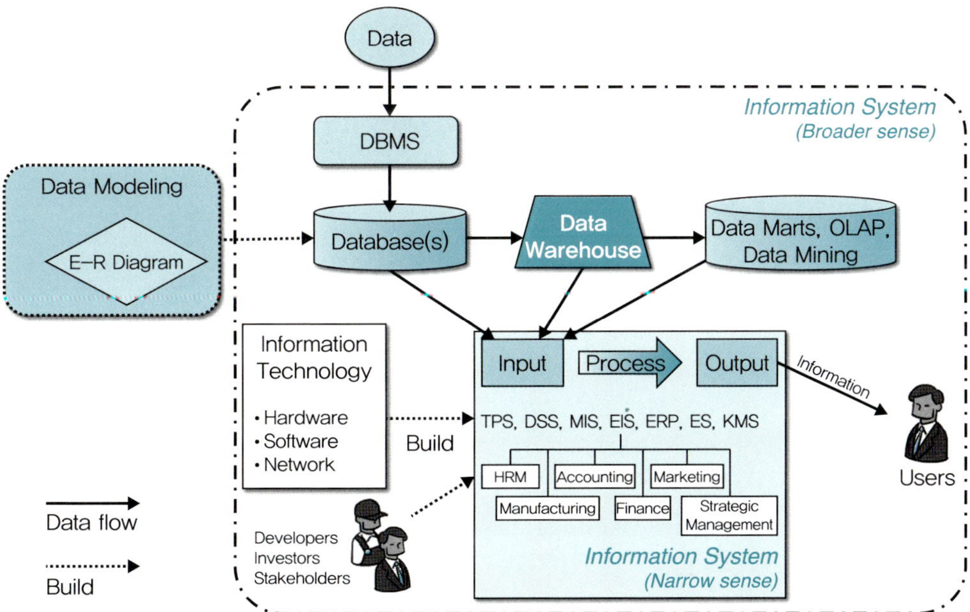

서 이해하려면 기본적으로 그 나라에 관한 여러 가지 정보를 알아야 하고, 그 정보를 기반으로 종합적인 판단을 해야 한다. 이처럼 우리가 무언가를 잘못 이해하는 것은 정보가 부족하거나 편협한 정보만을 가지고 있기 때문이다. 아무리 정확한 정보를 가지고 있더라도 한쪽 부분만을 드러내는 정보는 전체적인 판단을 잘못하도록 유도한다.

치밀한 분석을 바탕으로 종합적인 이해를 추구하는 것이 시스템적 접근이다. 기업에서 정보시스템의 구축은 당연히 시스템적 접근을 요구한다. 하드웨어나 소프트웨어, 데이터, 업무프로세스, 그리고 사용자와 같은 구성요소들 하나하나에 대한 치밀한 분석과 구성요소들 간의 관계, 그리고 외부환경과의 상호작용까지도 고려해서 종합적으로 접근해야 한다.

휴대폰도 정보시스템일까?

Is a cell phone an information system?

시스템은 '공동의 목표를 달성하기 위하여 함께 작동하는 구성요소들의 집합'으로 정의된다고 하였다. 정보시스템은 데이터를 수집해서 정보를 만들어내는 시스템이다. 즉, 데이터를 처리해서 정보를 만들어내는 데 필요한 구성요소들을 연결하여 인간이 만든Man-Made 시스템이다.

정보시스템 = 하드웨어 + 소프트웨어 + 네트워크 + 데이터 + 프로세스 + 사람

정보기술 = 하드웨어 +소프트웨어 +네트워크

여기서 보듯이 정보시스템은 정보기술을 활용하여 업무프로세스와 사람이 발생시키는 데이터를 수집하고 처리하여 정보를 생성하는 시스템이다. 즉, 정보기술은 정보시스템을 구축하는 데 필요한 구성요소라고 보아야 한다.

휴대폰을 흔히 IT, 정보기술로 분류한다. 단순히 통화나 문자메시지를 주고받을 수 있는 통신기술도 있고, 컴퓨터와 비슷한 기능을 가진 스마트폰도 있다.

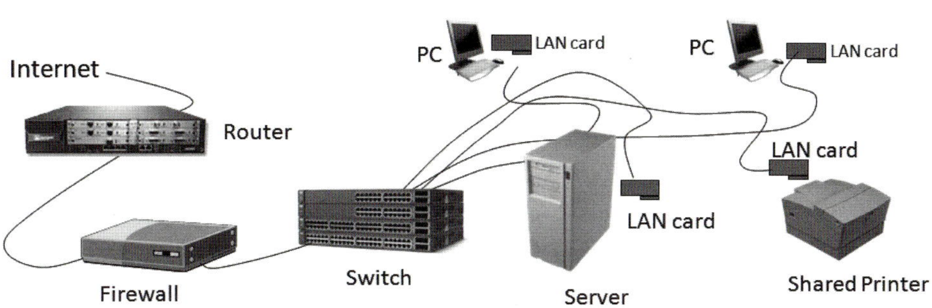

휴대폰이나 스마트폰은 정보기술에 해당하고, 정보시스템의 일부가 되기도 한다. 예를 들어, 기업의 CEO들이 매출액과 같은 정보를 스마트폰으로 언제 어디서나 확인할 수 있다면 정보시스템의 일부로 활용된 것이다. 이처럼 오늘날의 정보시스템은 거의 대부분 컴퓨터와 같은 정보기술을 활용하여 구축되고 있다. 이것은 컴퓨터가 데이터를 대량으로 수집하고 저장하여 처리할 수 있는 능력을 갖추고 있기 때문이다.

정보시스템의 하드웨어는 주로 컴퓨터를 의미하는데 입력Input, 저장Storage, 출력Output을 수행하는 장치Devices들을 구성요소로 한다. 소프트웨어는 데이터를 수집하고 처리하여 보여주는 것을 수행하는 프로그램으로 운영체제나 웹브라우저, 데이터베이스관리시스템, 또는 엑셀이나 파워포인트 같은 어플리케이션을 말한다. 네트워크는 문자, 숫자, 그림, 소리와 같은 데이터를 전송하는 유무선의 하드웨어와 소프트웨어의 조합을 말한다. 인터넷도 정보시스템을 구축하기 위한 네트워크로 활용될 수 있다.

정보시스템의 핵심은 데이터와 프로세스, 그리고 사람이다

The heart of an information system consists of data, processes, and humans

정보시스템이 데이터를 처리하여 정보를 만들어주는 시스템이기 때문에 원재료인 데이터의 중요성은 더 이상 언급할 필요가 없다. 기업에서 사람들이 업무를 수행하면서 발생하는 것이 데이터이다. 비즈니스 프로세스business processes상에서 여러 가지 업무를 수행하면서 각종 데이터가 발생하고 사람들은 의사결정을 하기 위해서 정보를 필요로 한다.

프로세스는 업무의 처리과정을 의미한다. 커피숍이 원두를 구매하려면 판매자와 접촉하여 계약을 맺은 후 일정 금액을 미리 지불하고, 원두가 가게로 배달되면 잔금을 지불하는 과정도 구매업무의 프로세스다. 이 과정에서 필요한 원두의 양, 판매자와의 접촉 일시와 장소, 계약서와 선금 지급, 실제 배달 일자와 양, 그

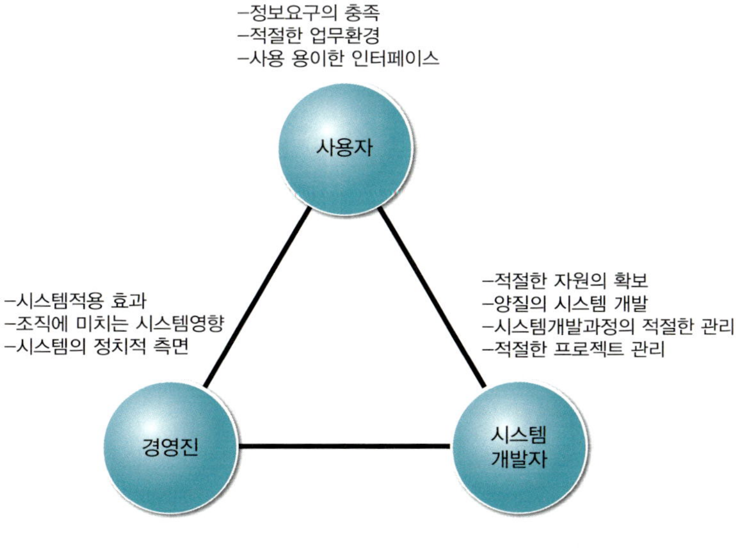

리고 잔금 지불 기록까지도 모두 데이터이다. 이 과정을 얼마나 세밀하고 정확하게 이해하고 있느냐에 따라서 정보시스템의 품질이 좌우된다. 결국 데이터를 발생시키는 것은 프로세스이기 때문이다.

기업 정보시스템에 관여하는 사람들로는 고객이나 협력업체 종사자, 그리고 기업 내부의 사용자들이 있다. 정보시스템은 주로 기업 내부의 비즈니스 의사결정을 지원하기 위하여 사용자들을 중심으로 구축된다. 사용자는 데이터를 입력하고, 정보를 얻거나 의사결정을 수행하기 위하여 시스템을 사용하는 사람들이다. 개발자는 사용자들의 정보요구를 분석하여 필요한 데이터를 수집하고 처리하여 정보를 제공하는 시스템을 구축하여 주는 사람들이다. 그리고 투자자는 비즈니스의 효율성을 개선하여 이윤을 최대화하기 위해 정보시스템의 개발에 투자하는 사람들이다. 정보시스템을 바라보는 사용자와 개발자, 그리고 투자자의 관점이 서로 다르기 때문에 구축과정에 있어서 어려움을 겪게 된다. 예를 들어, 사용자들은 데이터 입력을 최소화하여 업무량을 줄이고 싶어 하지만, 투자자들은 정확하고 포괄적인 정보를 얻기 위하여 최대한 많은 데이터를 입력하여 정보를 얻고자 한다.

정보시스템을 구축하기 위해서 어떤 기술을 선택할 것인가?

Which technologies should we choose to build an information system?

음식을 만들려면 재료를 잘 골라야 한다. 단순해 보이는 아메리카노도 어떤 원두를 써서 몇 도에서 볶고 어떤 기계로 뽑아서 어떤 물을 얼마나 섞느냐에 따라서 완전히 다른 맛이 난다. 좋은 커피를 만들고자 한다면 기본적으로 원두와 물이라는 재료가 좋아야 하고 기계에도 신경을 써야 한다. 이처럼 기업이 좋은 제품이나 서비스를 생산하려면 좋은 원재료를 확보해야 하고 필요한 인력과 자본을 투입해야 한다.

정보시스템을 구축함에 있어서도 사람과 프로세스, 그리고 데이터에 대한 이해와 분석을 바탕으로 필요한 기술이 무엇인지를 파악해야 한다. 비슷한 목적을 가진 다양한 기술들이 존재하기 때문에 성능과 비용을 고려하여 판단하게 된다. 특히, 서버용 컴퓨터는 수억 원을 호가하는 아주 비싼 것들이 많아서 과도하게 성능이 좋은 것보다는 요구되는 데이터의 처리를 잘 수행할 수 있는지를 판단해야 한다.

사용자가 많은 경우에는 PC의 사양Specification도 중요하다. PC가 개발된 소프트웨어를 안정적으로 지원하지 못하면 정보시스템 전체의 운영이 어렵기 때문이다. 개인이 설치한 소프트웨어가 회사용 소프트웨어의 작동을 방해하는 일이 흔하게 발생한다. 예를 들어, 웹브라우저로 은행에 접속하기 위해 설치된 보안프로그램 때문에 회사에서 업무처리를 위해 설치한 소프트웨어가 제대로 작동하지 않는 경우가 있다. 이런 사소한 PC문제들을 해결하기 위하여 대부분의 기업들은 헬프데스크Helpdesk를 운영하고 있지만, 일차적으로는 사용자가 스스로 문제를 해결할 수 있다면 좋을 것이다. 그래서 사용자들의 IT 활용 수준을 고려하여 정보시스템을 설계해야 하는 것이다.

정보시스템의 개발에서 소프트웨어는 웹브라우저에서 작동하도록 만드는 것과 바탕화면에 별도의 실행 아이콘을 만드는 두 가지 방법이 있다. 데스크탑 PC에 설치되는 웹브라우저의 경우에는 마이크로소프트의 인터넷 익스플로러, 구글의 크롬, 모질라의 파이어폭스가 있고, 모바일 웹브라우저에는 사파리, 안드로이드, 오페라 미니와 같은 제품들이 있다. 브라우저마다 버전이 있고, 특정 버전은 기업에서 개발한 소프트웨어와 충돌을 일으키기도 한다. 따라서 브라우저에서 작동되는 소프트웨어를 만드는 경우에는 어떤 브라우저를 선택하는지가 중요한 이슈가 된다. 이러한 이유로 소프트웨어가 개발되면 사용자의 다양한 PC환경을 고려한 테스팅을 실시하여 문제없이 작동되는지를 확인해야 한다.

데이터베이스DB의 경우에는 오라클이나 MS-SQL Server와 같은 대용량 DB를 쓰기도 하고, 자료의 양이 많지 않으면 공짜로 다운받아서 쓸 수 있는 MySQL을 쓸 수도 있다. 사용자가 직접 DB를 조작하는 경우는 거의 없고, 단순히 DB에 데이터를 입력하고 출력을 요청하는데, 그 과정에서의 처리는 프로그램이 수행한다. DB를 조작하는 언어를 SQLStructured Query Language이라고 하는데, 크게 데이터의 입력Insert, 수정Update, 삭제Delete, 그리고 검색Select으로 기능을 구분할 수 있다.

3.2

정보시스템의 구축 접근법

같은 건물도 어디서부터 짓느냐에 따라서 완전히 다르다

Approach = The action of coming near to something in distance or time
= A way of dealing with a situation or problem

접근接近, Approach은 무언가에 가깝게 다가서는 것을 말하는데, 넓게 해석하면 상황이나 문제를 다루는 방법을 의미하기도 한다. 복잡하고 어려운 문제일수록 어느 관점에서 접근하느냐가 중요하다. 예를 들어 취업이라는 문제를 나를 중심으로 이해하는 스펙이라는 관점에서 접근할 수도 있지만, 반대로 기업을 중심으로 업무수행 능력이라는 관점에서 접근할 수도 있다. 스펙이라는 관점에서는 토익과 같은 객관적인 점수가 중요하지만, 업무수행이라는 관점에서 필요한 것은 점수가 아니라 직접 외국인과 이메일을 주고받거나 업무관련 용어들에 익숙한 것이 훨씬 더 중요할 수 있다. 전쟁에서 최정예 부대를 조직하여 적의 심장부를 직접 공격할 수도 있지만, 주변지역부터 차근차근 점령해서 압박하는 공격도 가능하다.

정보시스템의 구축도 매우 복잡하고 어려운 문제라서 어디서부터 어떻게 접근

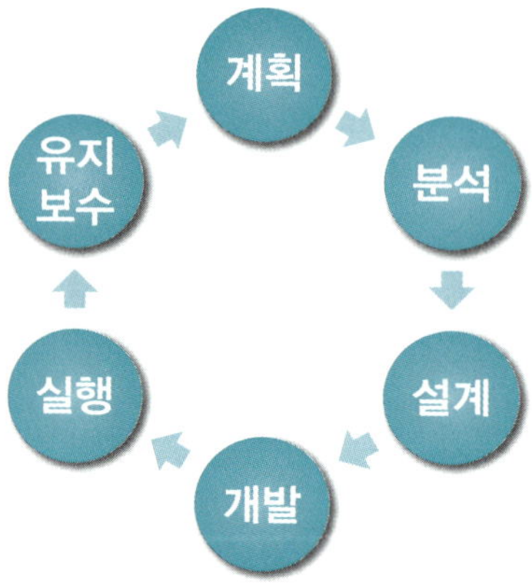

하느냐가 매우 중요한데, 가장 오래되었고 아직까지도 많이 쓰이는 것이 SDLC Systems Development Life Cycle, 시스템 개발 수명 주기라고 하는 접근법이다. 이것은 시간의 흐름에 따라 계획, 분석, 설계, 개발, 실행, 유지보수라는 단계를 거쳐서 정보시스템의 구축이 진행되도록 하는 것이다. 가장 이해하기 쉽고 계획을 짜기에도 용이하다.

이것은 기본적으로 정보시스템을 하나의 생명체로 바라보는 접근이다. 아이가 태어나서 어른으로 성장하는 과정에서 아프면 병원에 가서 진료를 받기도 하지만, 결국은 수명을 다하는 생명처럼 정보시스템도 만들어 놓으면 꾸준히 수정과 보완을 거쳐서 사용하다가 언젠가는 완전히 폐기되는 순서를 겪게 된다. SDLC는 이러한 과정을 반복적으로 순환하는 것인데, 유지보수를 하다가 필요하면 다시 계획해서 부분적으로 수정해 나가면서 사용한다는 개념이다.

SDLC는 시간의 진행에 따라 계획, 분석, 설계, 개발, 실행, 그리고 유지보수가 진행되는데, 이런 단계들이 뒤로 갈 수 없다고 보는 것이 폭포수Waterfall 접근이다. 즉, 폭포수 접근은 SDLC를 바탕으로 각 단계를 수행하되 앞 단계로 돌아갈

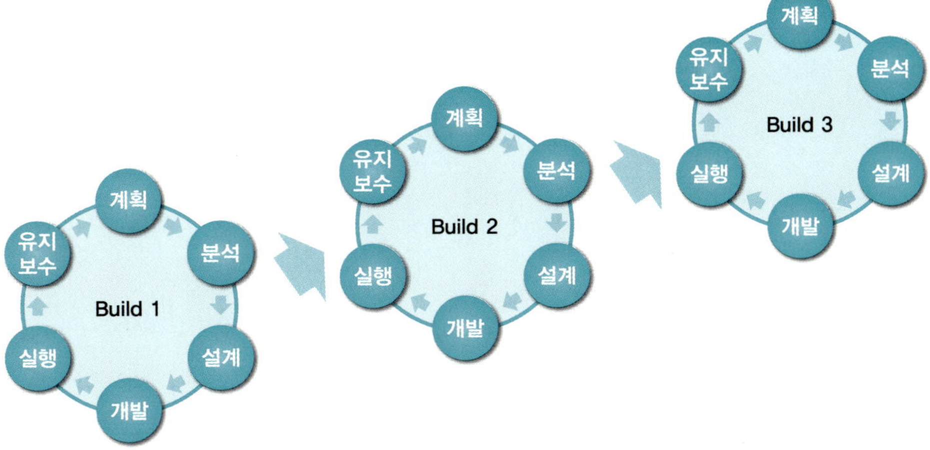

수 없다고 생각하는 접근법이다. 예를 들어, 설계가 끝나고 개발이 진행 중인데 다시 설계나 분석으로 되돌아갈 수 없다는 것이다. 폭포의 물이 다시 거꾸로 올라가지 못하는 것과 같은 원리다. 이것은 정보시스템의 개발비용과 관련이 있는데, 분석이 끝나고 개발을 진행 중인 프로젝트가 다시 분석으로 돌아가면 그만큼 비용이 소모되기 때문에 각 단계별로 완벽성을 추구하도록 유도하기 위한 접근법이다. 실제로 정보시스템 개발에서는 사용자들이 요구사항을 변경하는 것을 막기 위해서 분석보고서에 사용자들로부터 일일이 사인을 받기도 한다.

점층적Incremental 접근은 SDLC를 여러 차례 반복해 가면서 시스템을 단계적으로 진화시키는 접근법이다. 즉, 첫 번째 SDLC인 Build 1이 끝나면 다시 SDLC 단계들을 밟아서 Build 2와 Build 3로 나아가는 방식이다. Build 1을 통해서 개발자와 사용자들이 모두 시스템의 모습을 머릿속에 그릴 수 있고, Build 2와 3으로 진행되면서 점점 더 나은 시스템을 구축할 수 있는 것이 장점이다. 그러나 첫 번째 Build에서 잘못하게 되면 사용자들의 불신을 일으켜서 협조를 얻기가 어려워진다는 단점이 있다. 또한, Build를 몇 번이나 해야 할지에 따라서 비용부담이 크

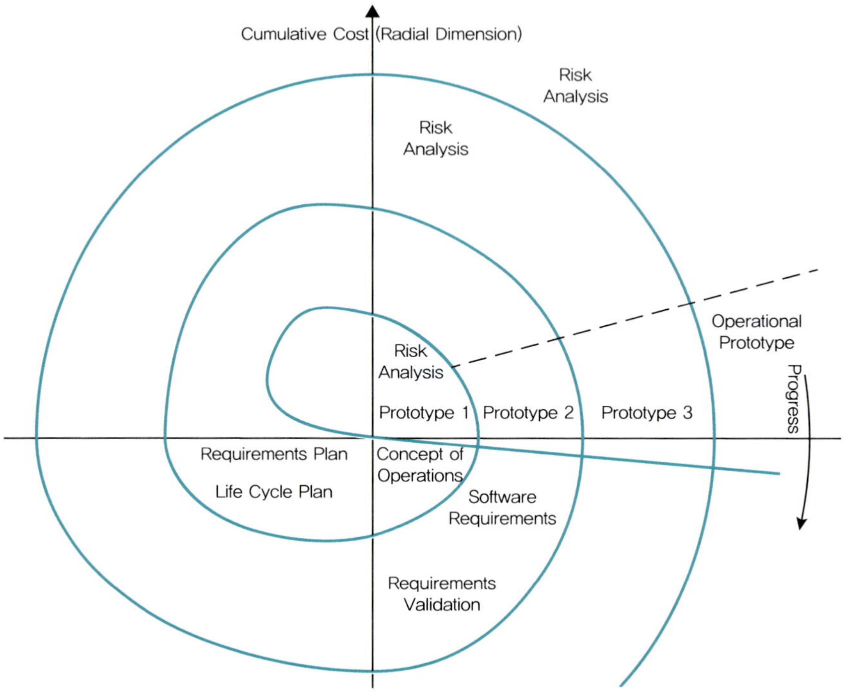

고 개발자와 사용자들이 지칠 수 있다는 것도 단점이다.

프로토타입Prototype, 초기모형은 소프트웨어 개발 기법의 하나로 개발의 초기 단계에서 시작 모델 또는 잠정판을 작성하여 시험과 개선을 반복한 후 최종판을 작성하는 방법이다. 잠정판을 사용자에게 제공하여 시험 사용하게 하고 시험 사용을 통해서 요구를 분석하거나 요구의 정당성을 검정하고 잠정판의 성능을 평가하여 그 결과를 개선 작업에 반영함으로써 실용판의 규격을 완성해 가는 방법이다. 실제 우주선을 만들기 전에 설계도에 따라 작은 모형을 만들어서 여러 가지 시험을 해 보듯이 소프트웨어의 기본적인 기능을 알아보기 위해서 프로토타입을 만들고 이후의 소프트웨어 완성품을 미리 예측해보는 방법이다. 파일럿 프로젝트라고 부르기도 한다. 너무 많은 비용과 시간이 들지 않는다면 프로젝트 시작을 위한 좋은 기반을 제공한다. 점층적 접근에서의 Build 1을 사용자들이 실제 사용하는 시스템이 아니라 프로토타입으로 만들어서 여러 가지 테스트를 하기도 한다.

나선형[Spiral] 접근은 먼저 첫 번째 SDLC를 통해서 프로토타입을 만들고, SDLC를 여러 차례 반복해서 돌림으로써 프로토타입이 점점 더 완성된 시스템으로 발전하도록 하는 접근법이다. 프로토타입을 기반으로 SDLC와 점층적 접근법을 합친 것으로 볼 수 있다. 나선형 개발 방법은 4가지 상태를 갖게 되는데, 목적과 한계를 정하는 1상과 위험분석과 프로토타입을 만드는 2상, 실체를 만들어 내는 3상, 다음 계획을 세우는 4상으로 이루어진다. 사이클의 수가 늘어날수록 성숙도는 높아가지만 일정과 비용이 드는 일이기 때문에 종료 시점을 잘 결정해야 된다. 나선형 개발 방법은 여러 기능들이 복합적으로 들어 있는 패키지 제품 등을 개발할 경우 유용한 방법이 된다. 처음부터 많은 기능과 거창한 제품의 스펙을 생각하고 개발하는 것이 아니기 때문에 일정에 맞추어 제품의 사양을 조절하고, 현재 사양의 개발에 집중할 수 있다. 기능 간의 우선순위를 정할 수 있는 기회가 있기 때문에 핵심 기능을 명확히 할 수 있고, 부가적인 기능을 다음 버전으로 미룰 수 있는 지표를 마련할 수 있다.

요구사항을 모두 들어줄 수는 없다

It is impossible to accept all the requirements

구축될 정보시스템이 갖추어야 할 여러 가지 기능이나 프로세스를 정의할 때, 개발하는 쪽에서는 가급적 줄이려고 하고 사용하는 쪽에서는 최대한 늘리려고 한다. 반드시 구현되어야 할 기능들도 있고 그렇지 않은 것들도 있다. 경우에 따라서는 사용자들 간에도 서로 상충되는 요구사항들을 내놓기도 한다. 이처럼 정보시스템을 구축하는 일은 요구사항의 정확한 분석이 선행되어야 하는데, 크게 보면 기업의 비즈니스와 관련된 요구사항과 구축될 시스템의 성능과 관련된 요구사항으로 구별된다.

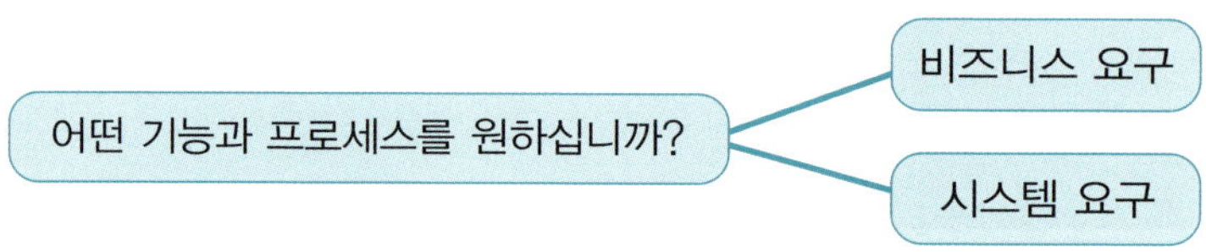

요구Requirement와 요청Request은 완전히 다른 개념이다. 요구는 반드시 이루어져야 하는 것이고, 요청은 이루어지면 좋겠다는 뜻으로 부탁하는 것이다. 사용자들의 입장에서는 편리성이나 업무량 감소에 초점을 맞추기 때문에, 요구사항을 모두 들어주면 기업 전체의 업무가 돌아가지 않을 수도 있다. 그래서 반드시 들어줘야만 하는 요구사항들과 그렇지 않은 요청사항들을 구분하는 것이 매우 중요하다.

요구사항을 수집하는 방법으로 인터뷰, 설문, 관찰, 회의, 그리고 문서분석이 있다. 특히, 문서분석은 해당 기업에서 이미 사용하고 있는 각종 서류양식과 보고서 등을 대상으로 어떤 데이터와 정보가 존재하는지를 파악할 수 있는 중요한 작업이다. 훌륭한 시스템분석가들은 문서분석을 철저하게 수행함으로써 인터뷰나 설문, 그리고 회의를 최소한으로 진행하여 시간과 비용을 절약한다.

2003년 개봉되어 5백만 명 이상의 관람객을 끌어들인 영화 〈살인의 추억〉에는 경험과 직관에 의존하는 박두만(송강호) 형사와 서류와 분석에 의존하는 서태윤(김상경) 형사가 등장한다. 스타일이 전혀 다른 두 사람이 함께 일을 하면서 여러 가지 충돌이 일어나기도 하지만, 시간이 흐를수록 서로 협력하여 사건을 해결하려는 방향으로 전개된다. 사용자 요구와 요청을 정확하게 이해하는 것 두 가지 모두 필요하다고 볼 수 있다.

밑바닥부터 올라갈 것인가, 아니면 위에서부터 내려올 것인가

Should we begin from the bottom or from the top?

여의도 63빌딩 꼭대기에 올라가면 서울의 전체적인 모습을 한 눈에 볼 수 있고, 지리산 천왕봉에 올라가면 남도의 크고 작은 산들과 지형을 내려다 볼 수 있다. 이처럼 높은 곳에서 내려다보면 전체적인 형태를 파악할 수 있는데, 정보시스템에서도 전체적인 구조를 먼저 만들고 작은 것들을 차례차례 만들어 나가는 접근 방식이 하향식Top-Down 접근이다. 하향식 접근법은 시스템의 전체적인 모습이 명확하고 뚜렷할 경우에는 유리하지만, 그렇지 않을 경우에는 작은 서브시스템들이 전체 시스템과 맞지 않아서 전체를 수정해야만 할 수도 있다.

절차식Procedural 프로그래밍은 시스템의 전체를 먼저 파악한 후 문제를 해결하기 위한 작업 단위를 나누는데 이 작업 단위는 구체적인 기능으로 더 이상 나눌 수 없을 때까지 잘게 쪼개서 기능 하나가 하나의 동작만 수행할 때까지 작업을 분할한다. 분할된 기능들은 애초의 큰 문제를 풀기 위한 작은 문제들이며 기능을 설계할 때도 문제를 푸는 절차가 중심이 된다. 그리고 기능의 동작 구현을 위한 명령을 작성하며 명령은 언어의 구문들로 구체화된다. 문제라는 큰 개념에서부터 기능, 명령, 구문의 작은 단위로 이동해 가면서 개발이 진행되기 때문에 이 방식을

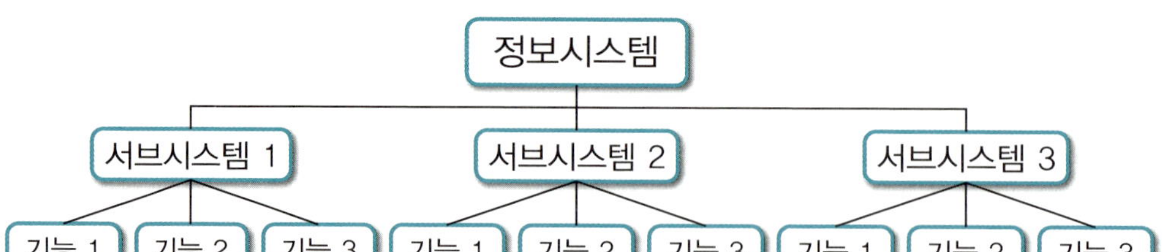

하향식이라고 한다. 문제 해결에 필요한 명령들을 선정하고 순서에 맞게 배치하여 원하는 동작을 하도록 프로그램을 완성해 나가는 방식이다. 구조가 간결하고 결과 프로그램의 성능이 좋지만 규모가 커지면 복잡해져서 유지보수나 확장이 어려워지는 단점이 있다. 절차식 개발의 첫 단계는 풀고자 하는 문제를 면밀히 분석하여 전체적인 모습을 정확하게 정의하는 것이다.

건물의 내부에서 건물 전체가 어떤 모습인지를 파악하는 것은 거의 불가능하다. 이처럼 정보시스템의 전체적인 모습이 불확실할 경우에는 서브시스템부터 개발해서 전체를 완성시켜 나가는 접근을 하게 되는데, 이것이 상향식Bottom-Up 접근법이다. 상향식 접근은 기초 부품을 먼저 완성하고 이 부품을 모아 상위의 시스템을 완성시켜 나가는 방식이다.

객체지향적Object-Oriented 프로그래밍은 객체에 초점을 두고 문제를 해결해 나가는 방식이다. 프로그램의 세계는 현실 세계의 모방이므로 코드에서 다루는 대부분의 사물들은 추상적인 객체로 모델링될 수 있다. 객체를 구성하는 속성과 동작을 하나로 묶고 필요한 인터페이스를 외부로 공개하면 객체가 정의된다. 부품이 되는 객체를 완성한 후 이 부품들을 조립하고 객체끼리 상호 동작하도록 연결하면 프로그램이 완성된다. 이처럼 개별 기능으로부터 출발하여 전체 시스템을 구축하는 것이 상향식 접근이다.

접근법의 왕형님은 SDLC다

The big brother of approaches is SDLC

여러 가지 방법론들 중에서 대표적인 몇 가지를 간략하게 살펴보았다. 방법론을 적용하는 근래의 동향을 보면 전체적인 전략은 SDLC를 기반으로 구조적[Structured] 또는 객체지향적[Object-Oriented] 방법론으로 전체 프로젝트의 윤곽을 잡은 후 세부 개발을 하거나, 국지적으로 Agile이나 XP같은 철학으로 팀을 운영하게 되는 모습을 보게 된다. 인생 어느 일에나 만능열쇠는 존재하지 않듯이 방법론 하나만을 갖고 모든 정보시스템 프로젝트를 성공시킬 수 없다. 가장 중요한 것은 기술이나 방법론보다는 분석가와 개발자, 그리고 사용자들 간의 정확한 의사소통과 변화에 능동적으로 대처할 수 있는 유연성을 갖는 것이다.

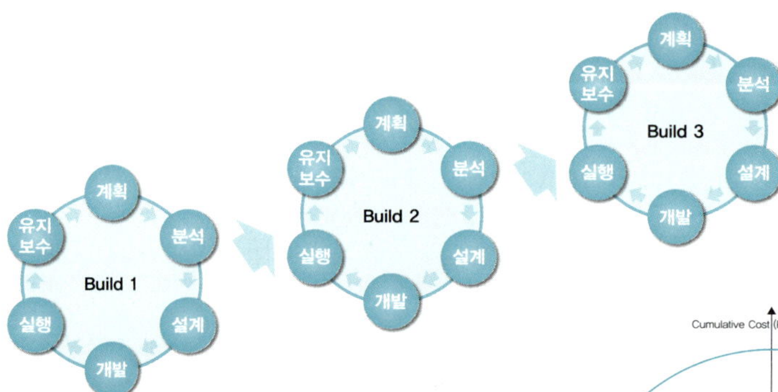

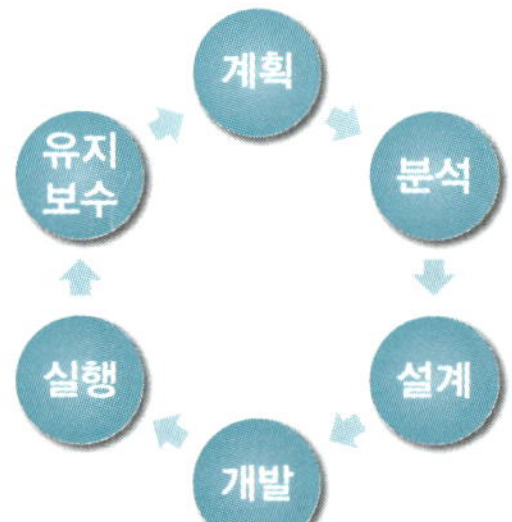

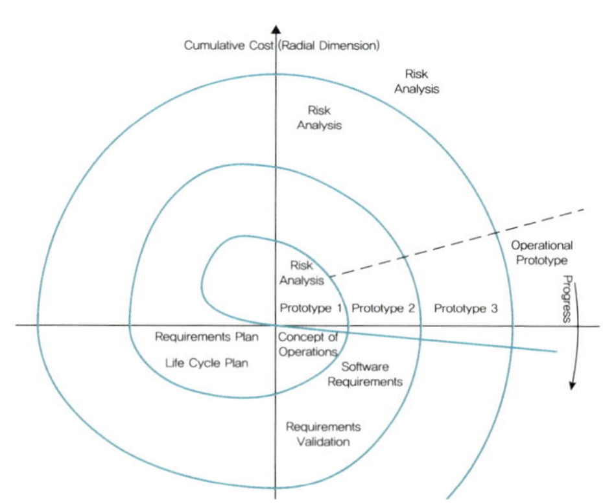

구축하기 전에 타당성을 따져야 한다

We should check the feasibility before we build

기업들은 어느 순간에든 비즈니스 기회를 포착하기 위해 노력하고, 그 기회가 회사의 인력과 자본을 투입할 만한 가치가 있는지를 판단한다. 어떤 일을 하기 전에 그 일을 수행할 만한 경제적 가치가 있는지, 시간과 자본, 인력과 기술력은 충분한지를 따져보게 되는데, 이러한 사전조사를 타당성 분석Feasibility Study이라고 한다. 정보시스템을 구축하기 전에도 경제적, 시간적, 기술적, 운영적, 법적으로 시스템을 구축하는 것이 타당한 것인지를 살펴보아야 한다.

타당성 = 경제적 + 시간적 + 기술적 + 운영적 + 법적

경제적 타당성Economic Feasibility은 새롭게 구축될 시스템의 효과Effectiveness를 측정하는 데 가장 자주 사용되는 방법이다. 비용편익cost/benefit 분석이라는 기법을 가장 보편적으로 사용하는데, 신규 시스템으로부터 얻는 이익이 구축하는 데 드는 비용보다 높은지를 살펴보는 것이다. 경제적 타당성을 조사하는 데 있어서 중요한 것은 단순히 금전적으로 쉽게 판단할 수 있는 비용과 편익만을 따지는 것이 아니라, 눈에 보이지 않는 비용이나 효과도 객관적으로 파악하여 포함시켜야 한다. 예를 들어 사용자가 데이터를 입력하거나 보고서를 출력하는 데 걸리는 시간을 단축시키거나 복잡한 업무프로세스가 단순해짐으로써 나타나는 효과도 측정하여야 한다.

시간적 타당성Schedule Feasibility은 전체 시스템의 구축을 완료하는 데 필요한 시간은 물론이고 여러 단계들이 정해진 시간 이내에 마칠 수 있는 것인지를 조사하는

것이다. 정보시스템의 구축에는 대부분 3개월 이상이 소요되고 길게는 2년 이상 걸리는 경우도 있다. 시스템의 분석과 설계, 개발과 테스팅, 그리고 시범운영과 유지보수로 이어지는 단계별로 필요한 시간을 미리 예측하고 늦어질 경우에 대비하는 것이 필수적인 작업이다.

기술적 타당성Technological Feasibility은 정보시스템의 구축에 요구되는 기술들을 내부에 확보하고 있거나 외부에서 조달할 수 있는지를 미리 조사하는 것이다. 단순히 프로그래밍 능력뿐만 아니라 하드웨어를 설치하고 운영하는 것이나 데이터베이스시스템의 내부를 조작하여 입출력 성능을 끌어올릴 수 있는 능력도 필요하다.

운영적 타당성Operational feasibility은 구축될 시스템이 원래의 비전과 목표를 달성하면서 분석과 설계 단계에서 제시된 내용들이 제대로 반영되어 사용자들을 만족시킬 수 있는지를 조사하는 것이다. 또 한 가지 기억해야 할 것은 완벽한 시스템은 존재할 수 없기 때문에 구축 후에 유지보수를 하면서 정상적으로 운영할 수 있는 인력과 예산이 있는지를 시스템의 구축 이전에 미리 파악해야 한다는 것이다.

법적 타당성Legal feasibility은 시스템이 구축되었을 경우에 입출력되고 처리되는 데이터나 업무처리 방식의 변화 등이 법과 제도적인 측면에서 문제를 일으키지 않을지를 미리 살펴보는 것이다. 특히, 개인정보보호법과 같은 국가의 법률이나 명령은 기업의 내부규정과는 관계없이 반드시 지켜야 하는 것이기 때문에 문제의 소지가 있는지를 사전에 확인해야 한다. 업무처리 방식의 변화로 인하여 종업원들의 근로시간이 연장된다면 노조와의 협의도 고려해야 한다.

구축의 전 과정을 미리 설계하고 예측해야 한다

We should foresee the entire process of building in advance

ISP[Information Strategy Planning, 정보전략계획]는 전형적인 Top-Down의 하향식 계획이다. 먼저 기업의 비전과 전략을 파악하고 현재의 정보시스템이 비전과 전략을 제대로 지원하고 있는지를 파악하여 새로운 정보시스템의 구축을 계획하는 것이다. 아래의 그림에서 보듯이 기업의 요구에 따라 ISP는 3가지 종류로 나뉜다. 정보시스템이 단순 지원 역할만을 목적으로 계획을 수립할 수도 있지만, 기업이 가지고 있던 비전이나 전략까지 수정하여 전략적인 경쟁무기로써 활용할 수 있도록 시도하는 것이 정보전략계획이다. 최근의 추세는 전략이나 가치창출을 목적으로 수행하는 대규모 정보전략계획을 수립하는 것을 목적으로 하는 경우가 많다. 이것은 단순히 필요한 정보를 정의하는 수준이 아니라 이와 관련된 각종 비즈니스 활동들을 분석하여 정보시스템 개발을 위한 중장기적이고 종합적인 계획을 수립해야 한다. 전략이나 가치창출을 위한 ISP 보고서를 작성할 경우의 고려사항은 다음과 같다.

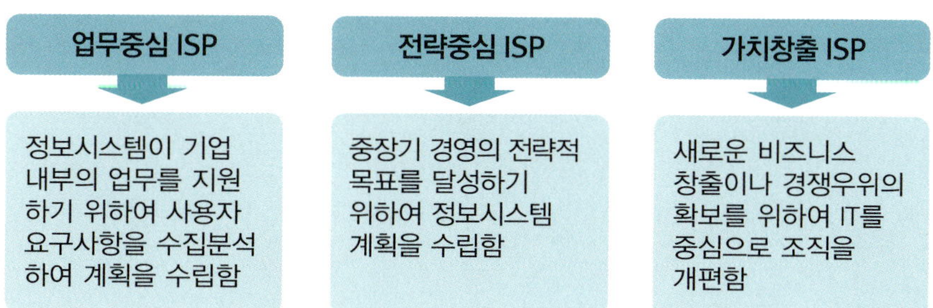

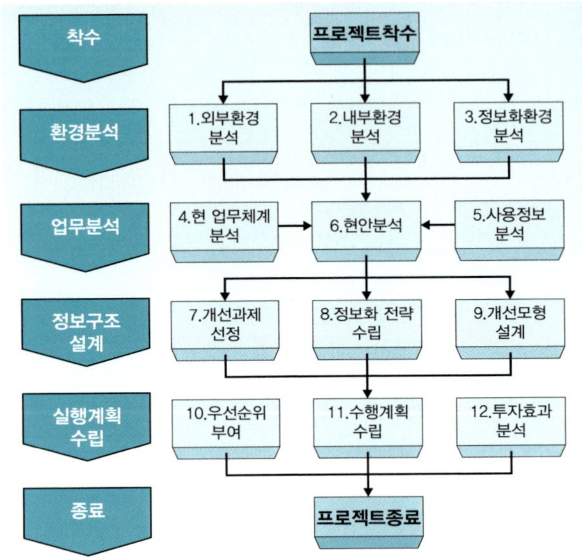

단계(Phase)	활동(Activity)
P1. 착수단계	A1.1 프로젝트 착수
P2. 환경분석단계	A2.1 외부환경분석 A2.2 내부환경분석 A2.3 정보화환경분석
P3. 업무분석단계	A3.1 현업무체계분석 A3.2 사용정보분석 A3.3 현안분석
P4. 정보구조설계 단계	A4.1 개선과제선정 A4.2 정보화전략수립 A4.3 개선모형설계
P5. 실행계획 수립 단계	A5.1 우선순위부여 A5.2 수행계획수립 A5.3 투자효과분석
P6. 종료단계	A6.1 프로젝트 종료

전략이나 가치창출을 위한 ISP 보고서를 작성할 경우의 고려사항

- 기업의 비전과 전략이 정보시스템과 일치해야 한다.
- 경영층과 현업부서가 새로운 정보시스템의 필요성을 충분히 인정해야 한다.
- 정보시스템으로 달성할 수 있는 목표가 분명하게 제시되어야 한다.
- 정보시스템의 구축 범위와 내용이 명확하게 정의되어야 한다.
- 정보시스템의 구축에 필요한 자원들이 적절하게 할당되어야 한다.
- 정보시스템 구축의 전체 일정 및 자원의 관리가 체계적으로 수행되어야 한다.

일정관리에는 Gantt 형님이 계신다

There is a big brother called Gantt Chart for schedule management

헨리 갠트Henry Gantt, 1861~1919는 대학과 대학원을 졸업하고 26세의 나이에 경영학의 아버지라고 불리는 프레더릭 테일러Frederick Taylor, 1856~1915를 만났다. 두 사람은 과학적 관리Scientific Management를 현실에 적용할 수 있다는 것을 증명하기 위하여 미드베일 철강Midvale Steel이나 베들레헴 철강Bethlehem Steel 같은 공장에서 함께 일을 하였다. 그들은 공장의 제조공정을 하나씩 분석하고 다시 설계하여 생산성을 높이고자 하였다. 이 과정에서 갠트는 많은 과업들tasks 중에서 무엇이 우선순위가 높고, 동시에 진행될 수도 있는지를 한눈에 알아볼 수 있는 그림을 만들었다. 1916년 갠트가 《엔지니어링 매거진Engineering Magazine》이라는 잡지에 "Work, Wages and Profit"이라는 제목으로 발표하였는데 이것이 갠트 차트로 알려졌다. 오늘날에는 아주 보편적인 도구가 되었지만, 복잡한 공정을 어떻게 처리해야 할지 모르던 당시로서는 획기적인 발명이었다. 갠트의 업적을 기리기 위하여 미국에서는 갠트상Gantt Award을 제정하여 수여하고 있다.

프로젝트 관리용 소프트웨어가 나오면서 요즘엔 갠트 차트를 컴퓨터로 그리고 관리할 수 있게 되었다. 특히, 프로젝트의 범위가 넓고 해야 할 일이 많을수록 갠트 차트는 일정관리를 위하여 각 업무별로 시작과 끝을 막대기bar로 표시하여 전체 일정을 한 눈에 파악할 수 있다.

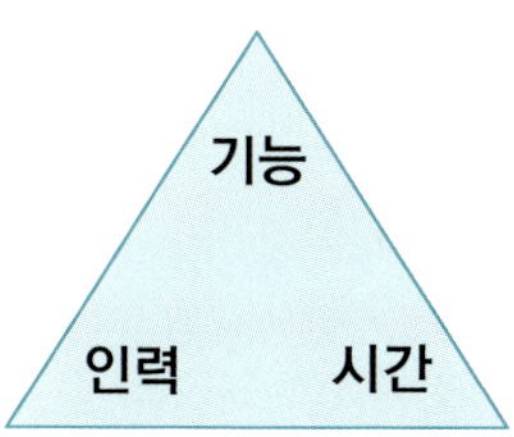

갠트 차트에서는 구축될 시스템이 구현해야 할 기능별 투입되는 비용(인력과 시간)을 명확히 보여준다. 여기서 기능과 시간, 그리고 인력은 삼각구도를 형성하게 되는데, 구현해야 할 기능이 크고 복잡할수록 더 많은 시

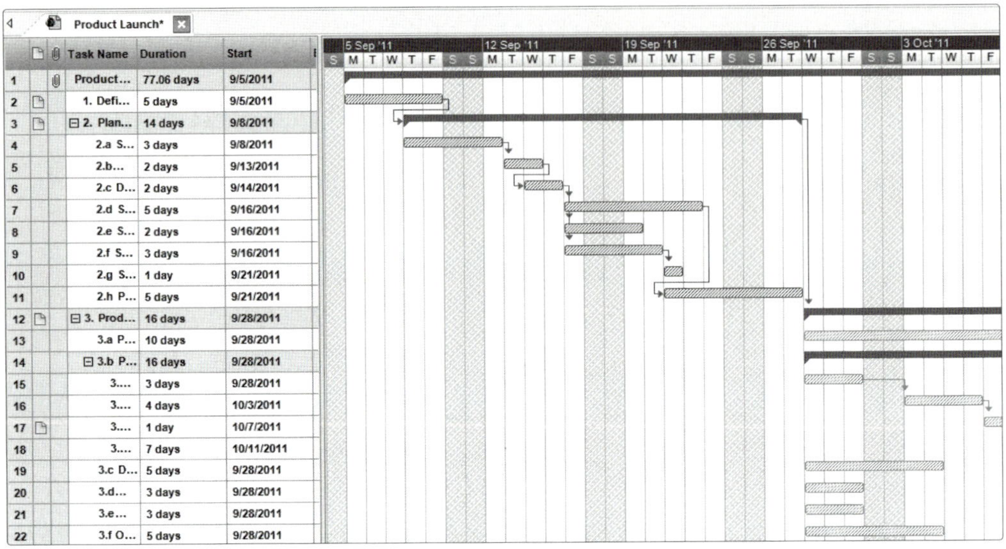

갠트 차트
출처: 위키피디아

간과 인력이 투입되게 된다. 비용을 산정할 때 흔히 사용되는 방법이 MM[Man/Month]이다. 1MM은 한 사람이 한 달 동안 다른 일을 하지 않고 꼬박 투입되어야 한다는 것을 의미한다. 예를 들면, 100 M/M규모의 프로젝트를 10개월 안에 끝내려면 10명이 투입되어야 한다는 의미다. 하지만 사람마다 실력이 다르기 때문에, 초급/중급/고급/특급으로 구분하여 명시하기도 한다. 예컨대 경력 10년 이상의 고급 개발자가 3개월 투입되어야 한다는 조건으로 계약한다.

프로세스를 보면 다 보인다

To see the processes is to see everything

MIT 컴퓨터공학과의 교수였던 마이클 햄머Michael Hammer, 1948~2008는 1990년 7월 《하버드 비즈니스 리뷰Harvard Business Review》에 "Reengineering Work: Don't automate, obliterate"이라는 제목의 글을 게재했다. 어떤 기업이 비용과 품질, 서비스와 속도 같은 측면에서 획기적인 개선을 달성하려면 비즈니스 프로세스를 근본적으로 재설계해야 한다는 것이 요지였다. 햄머는 이 글에서 프로세스를 흐르게 하는 것은 데이터나 정보이기 때문에 BPR/PI 프로젝트에서는 반드시 정보기술의 전략적 활용을 고려해야 한다고 하였다. 이처럼 기업의 비즈니스 프로세스들을 연결하는 복잡한 네트워크를 분해하고 새롭게 설계하여 혁신적인 모습으로 거듭나게 하는 것을 BPRBusiness Process Re-engineering이라고 하였다. 비즈니스는 기업에서 주로 쓰는 용어이기 때문에 공공기관에서는 PIProcess Innovation라는 용어를 사용한다. 기업이 무언가를 개선하려 할 때 그 노력은 제품이나 서비스가 아닌 프로세스에 집중되어야 한다는 것이다. 제품과 서비스를 만들어내는 프로세스가 제대로 설계되어야 장기적인 성공을 보장할 수 있기 때문이다.

햄머는 BPR 개념을 발표하여 유명해져 당시 시간당 강사료가 1,000만 원을 넘었던 것으로 알려졌고, 《타임Time》지가 선정한 가장 영향력 있는 25명의 미국인에 뽑히기도 했다. 햄머는 2008년에 세상을 떠났지만, 기능Function에 초점을 맞추던 1990년대 초반에 프로세스의 중요성을 역설하고, 정보기술을 활용하여 프로세스를 혁신할 수 있다는 것을 명확하게 제시함으로써 중요한 업적을 남겼다. 이 시점과 맞물려 인터넷이 등장하였고 PC가 대량으로 보급되었다. 기업들은 과감하고 빠르게 정보기술에 투자하여 내부의 프로세스를 혁신하는 데 집중할 수 있었다.

프로세스는 조직이 자원의 투입을 통해서 산출물을 얻는 것과 관련된 모든 활동들의 집합이다. 따라서 프로세스는 업무와 업무, 기능과 기능, 그리고 업무와 기능을 연결하고, 데이터와 정보는 그 연결 파이프를 통하여 흘러간다. 결국 프로세스를 보게 되면 누가 어떤 일을 하고 있고, 그 일은 다음 사람에게 어떻게 연결되어 있으며 궁극적으로 회사의 이익에 어떤 기여를 하는지 파악할 수 있다. 즉 프로세스를 분해해서 펼쳐놓으면 핵심적인 일과 부가적인 일들을 구분해 낼 수 있고, 어느 프로세스에서 원가를 절감하고 생산성을 높이거나 속도를 빠르게 할 수 있는지를 결정할 수도 있다. 이런 결정들은 필연적으로 부서나 업무들 간의 이해가 상충하게 되는데, 그때 중요한 기준이 바로 조직 전체의 비전이나 목표가 된다. 만약 원가절감을 목표로 한다면 속도나 매출액은 개선 순위에서 후순위로 미루게 된다.

오늘날의 많은 기업들은 종이에 사인하는 방식이 아니라 컴퓨터 화면에서 패스워드로 사인하는 전자결재시스템을 갖추고 있다. 서류가 프로세스를 따라 이동하면서 직책을 맡은 사람이 승인을 하는 것으로, 정보기술을 활용하여 기업의 의사결정 프로세스를 시스템으로 구축한 것이다. 그 결과 기업 구성원들은 언제 어디서나 업무를 수행할 수 있고 빠른 의사결정을 통한 경영활동이 가능해졌다.

프로세스도 모델링이 필요하다

Modeling is needed for processes

커피숍에서 손님에게 커피를 판매하는 과정을 살펴보면, 프로세스가 생각보다 길고 복잡하다는 것을 알 수 있다.

1. 손님이 들어온다.
2. 메뉴판을 본다.
3. 메뉴를 정하고 주문을 한다.
4. 점원은 주문을 받고 컴퓨터에 입력한다.
5. 컴퓨터는 금액을 계산한다.
6. 점원은 손님에게 금액을 알려주고 결제방법을 묻는다.
7. 손님은 현금, 카드 또는 포인트로 결제를 한다.
8. 현금인 경우에 현금영수증이 필요한지 묻는다.
9. 주문 내용을 생산하는 점원에게 알려준다.
10. 영수증과 알람을 손님에게 준다.
11. 생산이 완료되면 알람에 불이 들어오도록 하여 알려준다.
12. 손님이 주문한 것을 확인하고 가져간다.

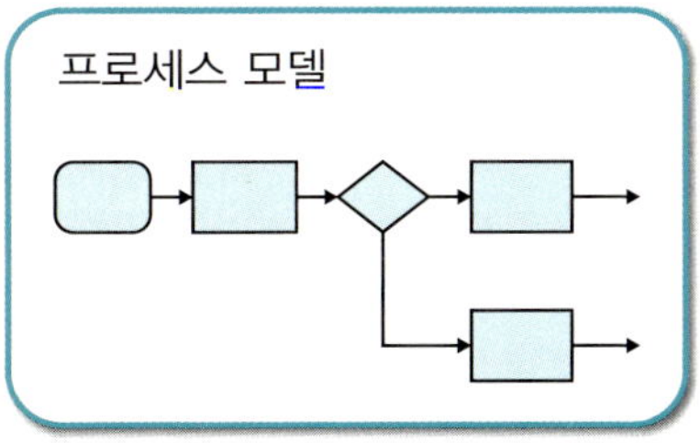

이 과정을 조금 더 단순화해보면 접근-주문-계산-결제-생산-확인으로 이어진다. 이 과정에서 컴퓨터에 데이터로 기록되는 부분이 있고, 점원과 손님이 나눈 대화처럼 기록되지 않는 부분도 있다. 이처럼 프로세스를 모델링하는 것은 다음과 같은 이유 때문이다.

프로세스 모델링을 하는 이유

- 기업에서 어느 프로세스가 어떤 자원을 쓰는지를 파악할 수 있다.
- 의사결정의 과정은 물론이고 영향을 미치는 요인을 분석할 수 있다.
- 수집해야 할 데이터가 무엇인지를 찾아낼 수 있다.
- 불필요한 프로세스를 찾아내서 제거할 수 있다.
- 기술을 활용하여 나아질 수 있는 방법을 찾을 수 있다.

새로운 프로세스를 설계하면 원하는 결과를 얻을 수 있는지를 미리 알아보기 위하여 시뮬레이션을 한다. 시뮬레이션은 컴퓨터를 이용해서 할 수 있는데 프로세스 모델 위에 업무의 흐름을 그리고 필요한 데이터를 입력하여 어떻게 흘러가는지를 보여주고 문제 있는 곳을 시각적으로 표현해 준다. 예를 들어, 손님이 점원과 직접 대면하지 않고 아이패드로 주문을 하면 어떤 결과가 발생하는지 시뮬레이션함으로써 어떤 결과가 나오는지 볼 수 있다.

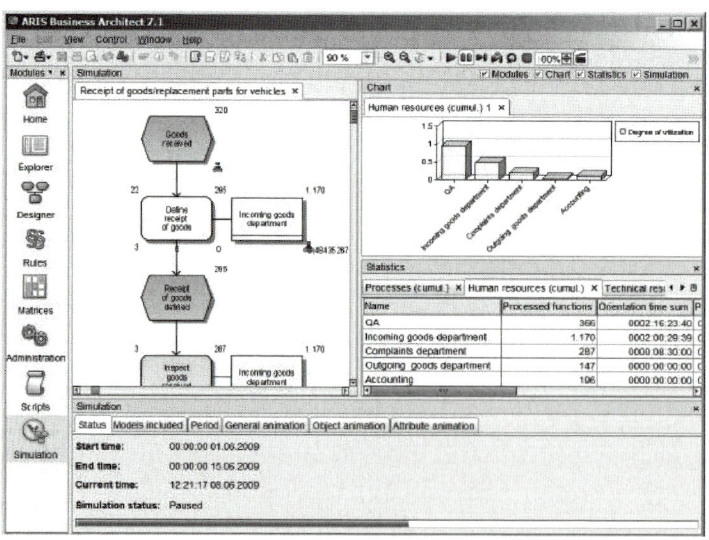

프로세스를 미리 장착시킨 패키지시스템도 있다

We might want to purchase a package system with the processes installed

기업에서 한 번 정착된 프로세스를 고치는 것은 쉬운 일이 아니다. 일단 해당 부서나 담당자가 이미 익숙한 프로세스를 버리고 새로운 프로세스에 적응하는 것이 부담스럽기 때문이다. 매일 다니던 길을 버리고 새로운 길을 개척해서 가려면 그만큼 어려운 것이다. 이것을 잘 아는 기업들은 이미 최적의 프로세스가 장착된 정보시스템을 찾게 된다. 컨설팅을 통해서 기존의 좋은 프로세스를 설계하려면 시간이 많이 걸리고 종업원들의 저항도 만만치 않기 때문에 이처럼 아예 선진 프로세스를 담고 있는 시스템을 도입하여 종업원들이 따르도록 만드는 것이 ERP 시스템이다.

ERP[Enterprise Resource Planning] 시스템은 인사, 회계, 재무, 생산, 마케팅에 이르기까지 업종별, 기능별 프로세스를 이미 장착하고 있다. 예를 들어, 구매라는 프로세스가 있으면, 기존의 기업과 사례를 치밀하게 연구하여 가장 이상적인 형태의 업무처리방식(프로세스)을 설계하고 정보시스템을 구축하는 것이다. 여기서 이상적인 프로세스를 흔히 Best Practice라고 한다. 업계에서 가장 좋은 업무처리방식이니 따르라고 설득하거나 명령하는 것이다. 그 방식대로 설계하고 시뮬레이션해서 구축된 시스템이 ERP인 것이다.

ERP시스템을 구축할 경우에도 해당 기업의 사용자들과의 인터뷰나 문서분석을 통하여 프로세스의 현재[As-Is] 모습을 파악한다. 이 과정은 도입될 ERP시스템이 이미 장착된 프로세스[To-Be]와 어느 정도의 차이가 있는지를 알아보기 위한 것이다. 기업마다 고유한 프로세스를 가지고 있기 때문에 어쩔 수 없이 수정이 불가능한 경우에는 원래의 ERP 안에 들어있는 프로세스를 수정하기도 한다. 그러나 이러한 수정이 많아질수록 ERP가 가지고 있는 Best Practice를 도입하는 효과가 떨어지기 때문에 최대한 기업에 도입될 ERP의 프로세스를 따르도록 유도하게 된다.

ERP가 등장한 가장 중요한 이유는 기업의 안팎에 산재한 업무 프로세스들에서 발생하는 데이터를 통합적으로 관리하여 서로 일치시키고 그로부터 정확한 정보를 생성하여 의사결정을 하는 데 있다. 따라서 어떤 기업이 ERP를 도입하려면, 그 기업이 가지고 있는 기존의 업무프로세스를 도입되는 ERP시스템이 제공하는 프로세스와 비교하여 차이가 얼마나 큰 지를 분석해야 한다. 경우에 따라서는 기존의 업무프로세스를 완전히 포기하고 ERP시스템에 내장된 프로세스를 받아들여야만 한다.

패키지 도입이냐 시스템통합이냐

Purchasing a package system or integrating systems

ERP를 내용 수정이 어렵고 다양한 제품/서비스를 내장하고 있는 패키지로 인식하기도 한다. 이것은 SAP나 오라클 같은 글로벌 기업들이 제공하는 ERP시스템이 하나의 패키지로 판매되기 때문이다. 하지만 A회사는 생산관리 모듈을 구매하고, B기업은 판매관리 모듈만 구매하는 것처럼 기업들은 ERP가 가지고 있는 여러 가지 모듈들 중에서 선택적으로 받아들이는 것이 일반적이다. ERP가 기업의 기능들을 내장하고 있는 시스템이기 때문에 SAP나 오라클의 패키지를 구매하지 않고 시스템 통합이라는 방식으로 구축할 수도 있다.

	패키지 도입	시스템통합(Systems Integration)
장점	• Best Practices 도입(업무표준화) • 업무기능 간 통합성 향상(프로세스 중심) • Data의 일관성/신뢰성 향상	• 특정 업체에 종속 안 됨 • 현업의 변화에 대한 대응력 높음 • 성공/실패 모두 우리 책임
단점	• ERP 업체에게 종속됨 DB, Process, 개발인력 내부프로세스 이해에 많은 시간 환경/정책 변화에 대응하기 어려움 • 구축과정의 출혈 초기투자비 업무처리절차 전면 수정 • 대학 성공/실패 사례 성공만큼 실패도 많이 알려짐 미국에선 법정소송 사례도 발생	• 업무표준화 어려움 프로세스가 아닌 기능중심 업무설계 업무담당자 변경에 대처 어려움 업무절차 변경에 대처 어려움 • 업무기능 간 통합성 문제 업무기능 간의 단절 통합을 위한 개발기간 길어질 가능성 • Data의 일관성/신뢰성 낮아짐 임시 테이블(DB) 많아짐 업무기능 간 데이터 불일치
추세	• 제조업 중심 성공사례 실패 사례도 많음 • 이미 설치된 ERP 유지/보수 비용의 증가 연간유지비 = 구축비용의 22% 수준 • SAP 등장 이후 20여 년 흐름 세상은 SAP보다 더 빨리 변함	• 업무표준화를 위한 과감한 투자 직원 정보화 교육(DB, 프로세스) • 업무기능 간 통합성 확보를 위한 프로세스 재설계 • 경영의사결정 지원을 위한 시스템 개발 BI, EIS, 모바일 지원

컨설팅은 비싸다

Consulting services are very expensive

1990년대에 접어들면서 컨설팅을 전문적으로 수행하는 업체들이 기업체들의 비전이나 전략을 다시 설계하거나 BPR/PI 프로젝트를 수주해서 엄청난 수익을 올렸다. 컨설팅 업체는 제3자의 입장에서 기업의 프로세스를 조직의 비전과 목표에 맞도록 재설계해 주는 역할을 수행한다. 또한, 기능 중심의 기업조직이 프로세스 중심으로 전환하려면 조직 내부로부터 발생하는 엄청난 저항에 직면하는데, 글로벌 컨설팅업체들의 막강한 네임밸류가 이러한 저항을 무너뜨리는 데 중요한 역할을 하였고, 지금도 이런 상황은 계속되고 있다.

비즈니스 컨설팅은 기업으로 하여금 당면한 문제들을 분석하여 해결할 수 있도록 외부업체가 도와주는 것인데, 타 기업의 과거의 성공이나 실패 사례를 접목시킬 수 있도록 도와준다. 경영자가 가지고 있는 흐릿한 목표를 현실화시켜서 구체적인 목표가 되도록 기업의 내부구조와 경영방식을 재설계하는 데 목적이 있다. 문제가 설정되면 해결책을 모색하는 데 신기술이나 새로운 프로세스를 도입하기도 한다. 개인이나 부서가 가지고 있는 업무를 살펴 개선될 여지를 분석하여

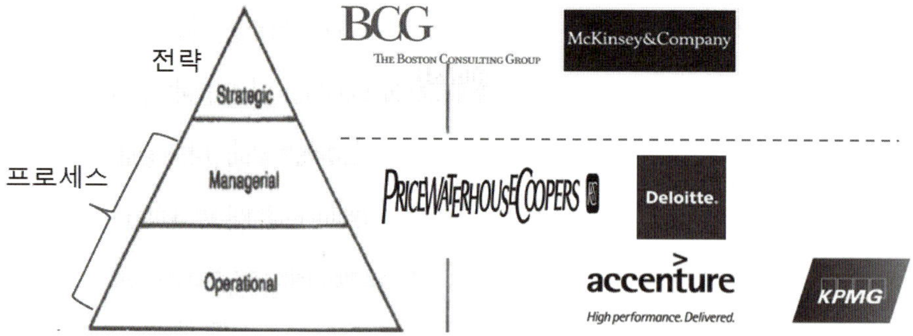

구직자들 취직 어려운 주요 기업 순위

순위	기업
1	맥킨지앤컴퍼니
2	서트웍스
3	보스턴컨설팅그룹
4	가트너
5	베인앤컴퍼니
6	롤스-로이스
8	구글
14	P&G
16	마이크로소프트
22	페이스북

출처: 글래스도어(Glassdoor)

10년 뒤 각광받을 직업은?

순위	직업
1	투자·신용 분석가
2	치과의사·IT컨설턴트
3	자산운용가·일반의사
4	판사·검사
5	증권·외환딜러, 생명과학연구원
6	경영 및 진단 전문가
7	인사노무 전문가, 기획 및 마케팅 사무원, 회계사, 컴퓨터보안 전문가
8	보험 및 금융상품 개발자, 변호사
9	광고 및 홍보 전문가, 도시계획가
10	시스템소프트웨어 개발자

출처: 한국직업능력개발원

합리적인 형태의 개선방향을 구체적으로 모색하는 것이다. 글로벌 컨설팅기업의 컨설턴트들은 1억이 넘는 연봉을 받는 경우도 많다. 기업의 입장에서 컨설팅 프로젝트를 통해서 전략재설계나 BPR/PI를 하는 데 있어서 프로젝트 자체가 100억을 넘는 경우도 있다.

요즈음 대부분의 비즈니스 컨설팅은 정보기술과 관련이 있다. 기업의 활동이 사람이 아니라 프로세스를 중심으로 일어나기 때문에 데이터의 발생으로부터 저장과 관리, 그리고 의사결정을 위한 정보의 생성은 매우 중요하다. 컨설팅 프로젝트의 결과물로 정보기술의 활용을 명확히 제시하는 것이 일반적인데, 그 결과물 내에는 하드웨어나 소프트웨어, 심지어는 기능명세서까지 포함하기도 한다.

정보시스템 구축은 개발자들만의 일이 아니다

Developing information systems is not just a job for dev3elopers

비즈니스 컨설턴트는 가지고 있는 경험과 지식을 바탕으로 사용자들과의 인터뷰를 통해서 기존의 비즈니스 프로세스를 분석하고 새로운 프로세스를 설계하는 역할을 한다. 이렇게 설계된 비즈니스 프로세스는 기업의 사용자들 관점에서도 조금만 공부하면 이해할 수 있는 수준이지만, 개발자가 곧바로 소프트웨어를 만들 수 있는 것은 아니다. IT컨설턴트가 먼저 비전과 목표를 달성할 수 있는 정보시스템을 종합적으로 설계하는데, 이 과정에서 하드웨어, 소프트웨어, 네트워크 등에 관한 기본적인 계획을 짜게 된다.

구축해야 할 비즈니스 프로세스가 완성되면 입출력되어야 하는 데이터를 기반으로 데이터베이스를 설계하고, 컴퓨터 프로그래밍이 가능하도록 중간교량 역할을 할 수 있는 사람이 필요하다. 그런 역할을 수행하는 사람을 시스템분석가라고 한다. 시스템분석가는 사용자들을 직접 만나서 비즈니스 프로세스를 일일이 확인하고 정보시스템 구축을 위한 준비 작업을 수행한다.

이처럼 정보시스템은 다양한 이해관계자들stakeholder로 구성되어 있다. 성공적인 정보시스템을 구축하려면 이해관계자들을 분석하여 각자의 요구사항들을 파악하여야 한다. 이러한 과정을 이해관계자 분석stakeholder analysis이라고 한다. 이해관계자들이 서로 상충하는 요구사항들을 가지고 충돌하는 경우도 흔히 발생하는데, 각자의 목표나 업무가 다르기 때문이다. 예를 들어, 사용자들은 정보시스템의 구축을 통하여 업무량을 줄이고자 하지만 경영진은 정확한 정보를 얻기 위하여 사용자들이 더 많은 데이터를 입력하기를 원한다. 이해관계자들 간에 상충하는 요구사항들을 적절히 조정하고 관리하는 것이 정보시스템의 성공을 위하여 반드시 필요하다.

역할	설명
사용자	사용자는 시스템에 데이터를 입력하거나 출력하는 기본적인 역할을 수행하지만, 구축과정에서 데이터를 처리하여 정보를 생성하는 프로세스를 개발자에게 설명해주는 역할도 수행해야 한다.
비즈니스 컨설턴트	사용자들과의 인터뷰를 통해서 기존의 비즈니스 프로세스를 분석하고 새로운 프로세스를 설계한다.
IT 컨설턴트	정보시스템 구축을 위하여 시스템의 용도, 데이터베이스 성격, 네트워크 성능, 비용 등을 종합적으로 분석한다. 기업의 비전이나 전략을 바탕으로 구입해야 할 하드웨어와 소프트웨어, 소요기간 등을 산정하고 기본적인 설계를 기획한다. 정보시스템의 기본 안이 확정되면 시스템 분석가와 개발자에게 정보시스템의 목표와 내용을 설명하고 협력하여 구축한다.
시스템 분석가	새로운 정보시스템의 구축 또는 기존 시스템의 개선에 대한 고객의 요구사항을 분석한다. 컨설턴트에 의해 설계된 비즈니스 프로세스를 분석하고 데이터베이스와 프로그램의 내용을 전반적으로 설계한다. 이 과정에서 각종 정보기술과 자료를 분석하여 업무 효율성을 최적화할 수 있는 정보시스템을 고객에게 제안하는 등 프로젝트 전반에 걸쳐서 상담과 기획을 한다. 또 프로젝트의 예산과 공정, 인력 등을 관리하고 개발된 시스템이 제대로 작동되는지를 확인한다.
개발자	소프트웨어 분석설계서를 구현하기 위하여 자바나 비주얼베이직 같은 프로그래밍 언어를 활용하여 코딩작업을 하고, 개발된 소프트웨어가 정상적인 기능을 하는지 확인하기 위해서 테스트를 시행한다. 오류가 발견되면 수정작업과 보완 작업을 거쳐 궁극적으로 사용자가 쓸 수 있는 소프트웨어를 만든다.
DB 설계 및 관리자	데이터베이스관리자(DBA: DataBase Administrator)는 시스템분석과 설계 과정에서 발생한 요구사항들을 기반으로 데이터 모델링을 수행하여 데이터베이스를 설계하고, 데이터에 대한 접근, 튜닝, 보안, 백업 등을 담당한다.
품질보증	QA(Quality Assurance)라고 부르는 품질보증은 시스템의 분석과 설계과정에서 나오는 산출물을 점검하고 프로그램의 테스팅을 통하여 의도한 방향으로 개발이 진행되고 있는지를 살핀다. 건축의 감리처럼 객관성을 확보하기 위하여 개발팀과는 별도의 조직으로 구성하는 것이 일반적이다.

3.3

정보시스템의 구축방법론

방법론Methodology을 알고 있는 사람이 이긴다

Give a man a fish and you feed him for a day.
Teach a man to fish and you feed him for a lifetime

탈무드에는 "고기를 잡아주지 말고, 고기 잡는 방법을 가르쳐 주라"는 말이 있다. 어떤 일의 결과보다는 그 과정을 이해하는 것이 중요하다는 뜻이다. 무슨 일이든 방법을 아는 것이 중요한데, 그럼 방법이란 개념은 도대체 무엇일까? 방법方法은 넓은 의미로는 '일정한 목표에 이르기 위한 길'이라 하겠으나, 과학적 혹은 철학적 의미에서의 방법이라 함은 '세상에서 일어나는 여러 가지 현상을 관찰하고 그 현상의 본질을 이루는 법칙을 이해하는 것'이라고 할 수 있다. 원두커피를 뽑는 방법을 이해하려면 다른 사람들이 하는 것을 관찰하고 그 과정을 이해하여야 한다. 이러한 방법을 연구하는 것이 바로 방법론Methodology이다. 정보시스템의 관점에서 시스템을 구축하는 데 필요한 여러 작업 단계들의 수행방법Method과 작업 수행 시 도움이 되는 기법Technique 및 도구Tool들을 이용한 개발 경험을 바탕으로 각 작업 단계를 체계적으로 정리한 작업 수행의 표준 규범을 방법론이라고 한다.

Methodology = Method + Knowledge (Know How)

Technology = Technique + Knowledge (Know How)

SDLC의 각 단계별로 수행하는 방법과 도움이 되는 기법이나 도구들이 있다. 중요한 것은 어떤 방법론을 쓰느냐에 따라서 쓰는 기법과 도구들이 다를 수 있다는 것이다. 정보시스템의 분석과 설계에서 구조적Structured 방법론은 데이터 사전Data Dictionary 같은 도구들을 쓰지만, 객체지향적Object-Oriented 방법론은 Unified Modeling LanguageUML와 같은 도구들을 쓴다. 제주도를 가는 경우 하늘로 가는 방법론이라면 비행기를 타야 하고, 바다로 가는 방법론이면 배를 타야 하는 것과 같은 의미이다. 먼저 방법론이 정해져야 도구나 기법이 결정되는 것이다.

방법	설명	도구
구조적(Structured)	Top-down 하향식 프로그램의 논리적 구조 프로세스 중심	데이터사전 데이터흐름도 소단위명세서
정보공학 (Information Engineering)	ISP를 먼저 수행 데이터 중심	CASE 데이터와 프로세스 관계 분석
객체지향적 (Object-Oriented)	Bottom-up 상향식 데이터와 프로세스 결합	Class Diagram Use Case Diagram Activity Diagram
컴포넌트기반 (Component-based)	컴포넌트 재활용 생산성 향상 유지보수비용 최소화	컴포넌트 표준화 산출물 표준화

구조적 분석 및 설계

Structured Analysis & Design

정보시스템의 구축은 매우 복잡한 문제라서 한 번에 모든 것을 해결할 수 없다. 문제를 여러 개의 작은 문제들로 쪼개서 구조적으로 파악하고 해결하는 방법론이 구조적 분석 및 설계이다. 이런 접근을 분할정복Divide and Conquer이라고 한다. 구조적 분석 및 설계는 시스템을 서브시스템으로 쪼개고, 서브시스템을 다시 여러 개의 모듈Module로 쪼갠다. 사용자들의 요구사항을 수렴하여 모듈을 구성하는 프로세스와 데이터를 정의하는 순서로 진행된다. 이렇게 모듈을 설계하고 개발하여 서브시스템 단위로 다시 합치면 전체 시스템을 구축할 수 있다. 이렇게 하면 너무 커서 어디서부터 시작해야 할지 모르겠다 싶던 복잡한 문제도 해결할 수 있다는 것이 구조적 분석 및 설계의 장점이다. 구조적 방법론에서 사용하는 3개의 도구가 있는데 데이터 흐름도DFD, Data Flow Diagram, 데이터 사전Data Dictionary, 그리고 소단위 명세서Mini-Spec가 그것이다.

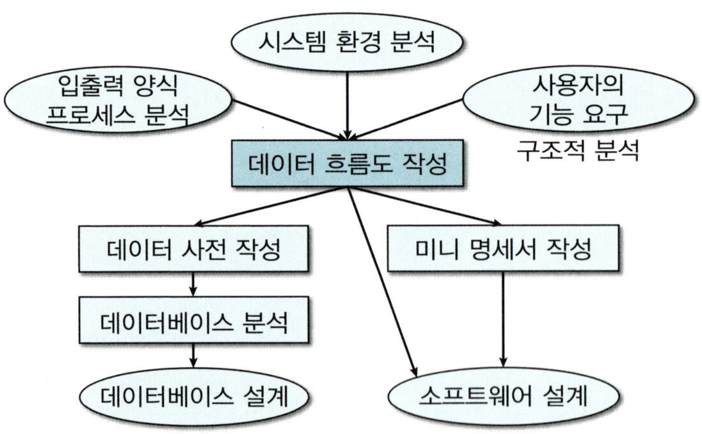

구조적 분석

구조적 분석의 핵심은 DFD이다

The heart of structured analysis is DFD

DFD는 3단계로 나뉘는데 배경도, 중간 단계, 그리고 최하위 단계이다. 배경도context diagram는 개발하려는 시스템과 외부와의 인터페이스를 그린 것이다. 따라서 시스템의 내부와 외부를 명확히 보여줌으로써 개발의 범위를 알려준다. 배경도의 내부시스템에 해당되는 프로세스들을 하나씩 그리는 것이 중간 단계의 DFD이고, 최하위 단계는 더 이상 분할되지 않는 프로세스까지 내려간 상태의 DFD이다.

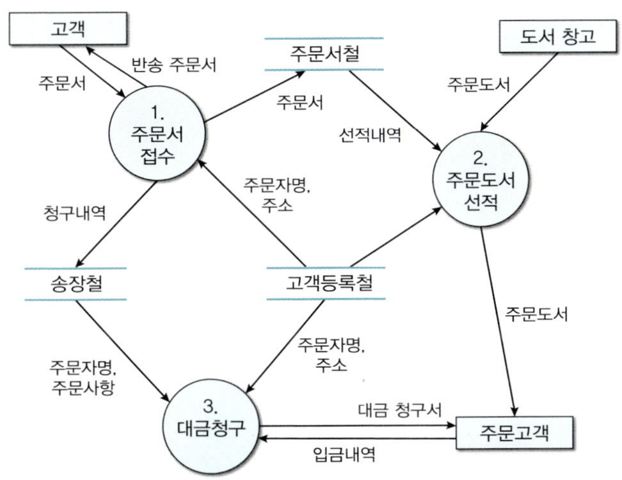

구성요소	기호	설명
데이터 흐름 (data flow)	→	• 입출력과 프로세스, 그리고 프로세스들 간의 연결 • 화살표의 방향이 이름을 가진 데이터 흐름의 방향
프로세스 (process)	○	• 데이터의 변환 과정을 의미 • 고유번호로 구분하여 변환과정을 체계화
데이터 저장소 (data store)	=	• 데이터를 저장하기 위한 장소를 의미
관련자 (terminator)	□	• 데이터의 입력과 출력을 하는 곳 • 프로세스의 외부 개체

데이터 사전은 명사들의 집합이다

A data dictionary is a collection of nouns

데이터 사전Data Dictionary, DD은 데이터 흐름도에 나타나는 데이터 흐름, 데이터 저장소 및 데이터 요소 등과 같은 데이터 항목을 약속된 기호를 사용하여 그 내용을 알아보기 쉽게 정의한 집합체이다. 즉 시스템에 입력되는 거래, 출력되는 보고서, 온라인 입출력, 그리고 데이터 저장소에 저장되는 데이터의 내용을 데이터 항목 단위로 설명하는 도구를 데이터 사전이라 한다. 데이터 사전에서 정의되는 데이터들은 거의 대부분 명사들인데, 이것은 프로세스에 들어가고 나가는 데이터들이 이름을 가지고 있기 때문이다. 따라서 데이터 사전을 만들 때에는 시스템에서 언급되는 명사들을 먼저 찾아서 나열한다.

정의되는 내용

- 데이터 흐름을 구성하는 데이터 항목
- 데이터 저장소를 구성하는 데이터 항목
- 데이터에 대한 의미
- 데이터 요소의 단위 및 값

역할

- 데이터 흐름도가 단순 명료하게 되어 쉽게 알아볼 수 있다.
- 처리기 사이의 접속 관계를 명시해줌으로써 데이터 흐름도가 엄격하게 작성되도록 해준다.
- 데이터 이름의 중복 정의를 최소화시킨다.
- 데이터베이스와 파일 설계의 기초 데이터가 된다.
- 입출력 화면이나 입출력 양식 설계의 기초 데이터가 된다.

기호 (symbol)	의미 (meaning)
=	정의
+	구성
[]	택일
{}	반복
()	생략가능
**	설명(comment)

예

학생증 = 학과 + 학년 + 학번 + 이름 + 생년월일

출장신청서 = 직원번호 + 직원이름 + 출발일자 + [항공료 | 택시비 | 식대] + 총 경비

주문서 = 주문번호 + 주문일자 + [주문번호 | 고객번호] + {제품번호 +품명 + 수량 + 가격} + 주문총액

소단위 명세서도 별거 아니다

Mini-spec is nothing special

스펙은 원래 **Spec**ification의 앞에 있는 네 글자를 따서 만든 것이다. 대학생활 중에 가장 많이 듣는 단어들 중의 하나가 되어버린 스펙은 사람이 어떤 직장에서 직무를 수행하는 데 필요한 여러 가지 능력들을 의미한다. 그러나, 스펙은 원래 어떤 제품을 구성하고 있는 부품들과 그 제품의 사용설명서를 의미하는 것이다.

소단위 명세서Mini-Spec에서 명세서에 해당하는 Spec은 Specification의 약자이다. DFD는 프로세스에서 다른 프로세스로 이동하는 과정만을 표현하기 때문에 프로세스 내부에서 어떤 일이 일어나는지를 상세하게 알려주지는 않는다. 따라서 소단위 명세서는 프로세스의 내부에서 데이터 변환이 어떻게 일어나는지를 명확하게 설명한 문서인데, DFD의 최하위 단계에 그려진 프로세스 내에서 입력된 데이터를 출력으로 변환하는 과정을 구체적으로 기술한 문서이다. 즉, 소단위 명세서는 최소 단위 프로세스들이 수행하는 업무의 처리절차를 상세하게 설명한 것이다. 소단위 명세서를 작성하기 위한 도구로 주로 구조적 언어Structured Language, 의사결정표Decision Table, 또는 의사결정나무Decision Tree가 활용된다. 어느 도구를 쓸 것이냐는 사용자나 개발자들과의 의사소통에 효과적인 도구가 어느 것이냐에 따라 주로 결정된다.

소단위 명세서(Structured Language) — 급여계산	
1. 급여를 계산한다.	
1.1	기본 급여 = 기본급 + 가족수당 + 정근수당 + 교통비 + 식비
1.2	잔업수당 = 잔업시간 단위 임금 × 잔업시간
1.3	총 급여 = 기본급여 + 잔업수당
2. 세액을 계산한다.	
2.1	갑근세 = 총 급여 * 0.01
2.2	공제금액 = 갑근세 + 주민세 + 의료비
3. 실 수령액 = 총 급여 − 공제금액	
4. 급여명세서를 인쇄한다.	

소단위 명세서(Decision Table) — 적용세율		
	부양가족 ≥ 2	부양가족 < 2
연봉 > 8800	11%	16%
연봉 ≤ 8800만원	8%	13%

소단위 명세서(Decision Tree) - 기내 서비스

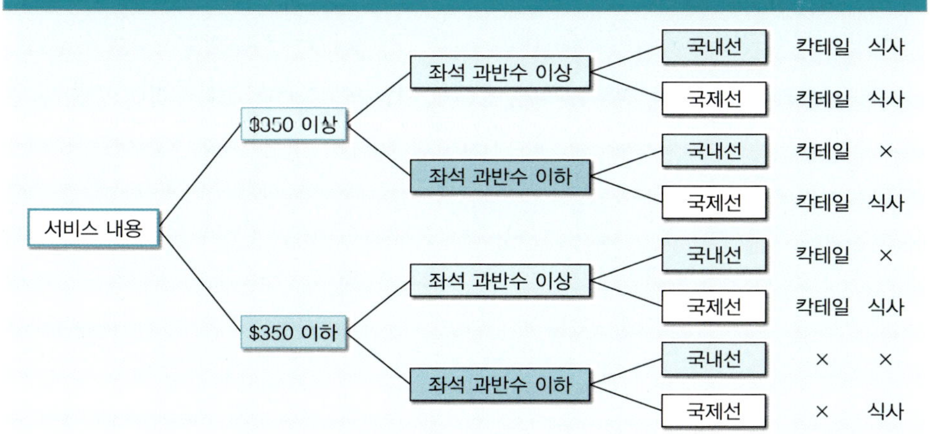

객체지향적 방법론

Object-Oriented Methodology

구조적 방법론이 이해하기 쉽다는 장점이 있음에도 불구하고 가장 큰 단점은 이미 개발된 소프트웨어를 재사용하거나 유지보수하기가 매우 어렵다는 것이었다. 예를 들어, 구조적 방법론으로 개발한 모듈에서는 데이터와 프로세스가 따로 존재하는 것을 가정하여 설계하고 개발하기 때문에, 프로세스를 수정할 경우에는 연결된 데이터들을 모두 고려해서 프로그램을 개발하여야 한다. 따라서 일부를 수정하더라도 전체 시스템에 어떤 영향을 끼칠지를 고려해야 한다. 복잡한 시스템일 경우에는 예측하지 못한 사태가 발생하기도 한다. 특히, 구조적 방법론은 철저한 계획을 기반으로 문서화에 초점을 맞추기 때문에 개발보다는 분석과 설계에 더욱 무게중심을 두고 있다. 따라서 개발의 후반부로 갈수록 개발 업무량이 늘어나서 납기일을 맞추기 위해 철야작업을 하거나, 사용자들의 요구가 후반부에 몰려서 개발이 지체되는 일이 자주 발생하여 결국은 만족스러운 소프트웨어를 개발하지 못하기도 한다. 이런 단점으로 인하여 데이터와 프로세스를 하나로 묶는 방식의 객체지향 방법론이 등장하였다.

컴퓨터 프로그래밍의 관점에서 구조적 방법론은 하나의 프로그램이 필요한 데이터 구조와 함수들의 집합으로 본다. 즉, 데이터와 프로세스를 수행하는 함수가 서로 독립된 것처럼 프로그램을 코딩한다는 것이다. 그러나 객체지향 관점은 하나의 프로그램은 여러 개의 객체들로 구성된다고 본다. 즉 각각의 객체는 데이터와 관련된 함수들을 동시에 포함하고 있다는 것이다.

프로그램 = 객체 + 객체

객체 = 데이터 구조 + 함수들

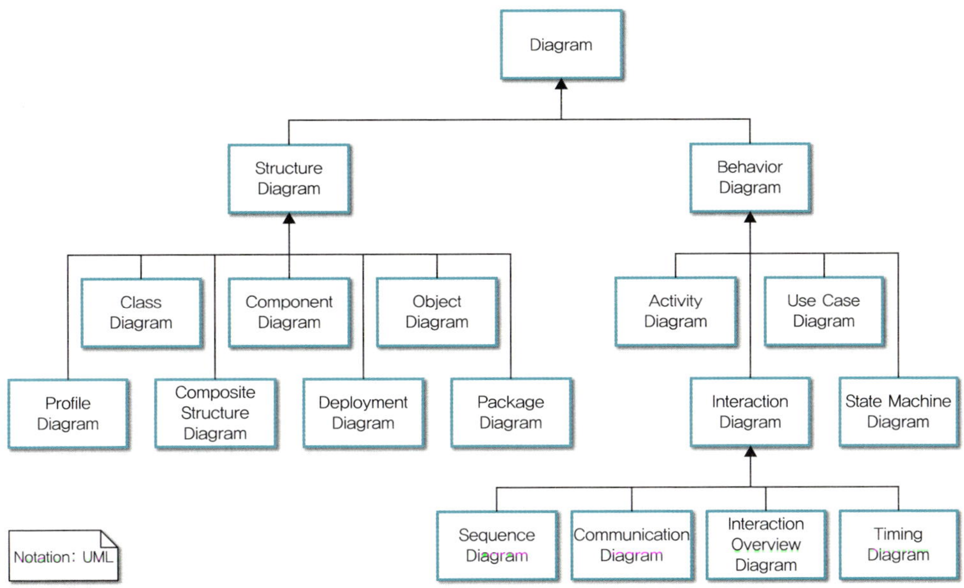

익스트림 프로그래밍

eXtreme Programming

켄트 베크Kent Beck, 1961~는 오레곤대학 출신의 프로그래머였다. 1996년부터 자동차 회사인 크라이슬러가 진행 중이던 급여시스템 개발 프로젝트의 관리자로 일하게 되었는데 기존의 절차지향적인 개발 방식에 문제가 있다고 보고 새로운 방식을 고안하였다. 기존의 방식은 프로젝트가 끝나기 직전이 되어야 사용자들이 새로운 시스템의 모습을 확인하고 직접 사용해 볼 수 있었기 때문에, 시간에 쫓긴 프로그래머들이 사용자들이 만족할 만한 프로그램을 넘겨주지 못하는 문제가 있었다. 이 방법은 시스템 구축의 설계도가 완벽할 경우에는 바람직하지만, 사용자들이 무엇을 원하는지 시스템을 직접 사용해보기 전에 확정하기 어려울 경우에는 적합하지 않았다. 특히, 비즈니스 프로세스가 수시로 변하는 상황에서는 사용자들조차도 요구사항을 정확하게 말하기 어려웠던 것이다. 베크는 엄격한 한 번의 SDLC로는 사용자들이 만족할 만한 시스템을 구축하기가 어렵다고 생각하여 분석과 설계보다는 개발에 더 많은 시간을 투입하는 방식으로 SDLC를 여러 차례 반복해서 사용자를 만족시키는 새로운 방법론으로 크라이슬러 프로젝트를 수행하였다. 그 경험을 바탕으로 1999년『익스트림 프로그래밍eXtreme Programming Explained: Embrace Change(ISBN 978-0321278654)』을 출간하였다. 이후 익스트림 프로그래밍은 XP라는 이름으로 널리 알려지게 되었다. 그러나 2000년 크라이슬러가 벤츠에 합병되면서 켄트 베크가 진행하던 급여시스템 프로젝트도 중단되었다.

XP의 eXtreme은 '극단적인' 이라는 뜻인데, 무엇을 원하는지 사용자 자신도 모르는 상황에서 비즈니스 프로세스가 자주 변경됨으로써 프로그램이 자주 수정되어야 하는 상황이 프로그래머에게는 정말 어렵고 힘든 과정임을 표현한 것이다. XP는 몇 가지 중요한 특징을 가지고 있다. 첫째, 사용자에서 출발해서 사용자로 끝난다는 것이다. 사용자들이 먼저 작성하는 유저스토리User Story는 개발될 시스템이 사용자를 위해 어떤 기능을 가지고 있어야 하고, 인터페이스 외의 요구사항도 포함할 수 있으며, 어려운 개발자의 언어가 아니라 사용자가 쓰는 쉬운 말로 작성되어야 한다. 유저스토리는 요구사항 명세처럼 구체적인 것까지 기술하지 않고, 개발하는 데 걸리는 시간과 위험을 예측하기 위한 목적으로 쓰인다. 구체적인 요구사항들은 해당 유저스토리를 개발할 때 사용자를 만나 다시 듣고 작성한다. 둘째, 분석과 설계는 최소한으로 하고 필수적인 기능만을 갖춘 시스템을 개발하여 사용자들이 직접 써볼 수 있도록 한다. 이런 시범 프로그램을 스파이크Spike라고 부르는데, 사용자들이 직접 써봄으로써 요구사항들을 명확하게 설명할 수 있고, 개발되는 시스템의 범위와 내용을 명확하게 이해할 수 있게 된다. 일단 스파이크가 만들어지면 기한 내에 완성이 가능한 시스템인지를 판단하여 그 이후 구체적인 계획을 잡고 개발을 진행한다. 셋째, 사용자들과의 지속적인 테스팅 과정을 통해 만족하지 않으면 배포하지 않는다. 사용자는 진행되는 프로젝트의 산출물을 보면서 참여하고, 개발자는 사용자가 만족하는 프로그램을 개발한다는 성취감을 얻을 수 있다. 넷째, 두 명이 한 조가 되어 같은 모듈을 협력하여 개발하는 짝 프로그래밍Pair Programming으로 하면, 처음엔 느릴 수 있지만 서로 지식을 공유하면서 더 좋은 프로그램을 개발할 수 있다.

애자일Agile 방법론

2001년 2월 11일, 미국 유타 주의 워새치산맥Wasatch Mountains에 있는 스노우버드Snowbird 스키리조트에서 17명의 컴퓨터 프로그래머들이 모임을 가졌다. 이들은 기존의 전통적인 방법론으로는 소프트웨어의 성능과 품질을 보장할 수 없다고 생각한 사람들이었는데, 그중에는 XP를 제시한 켄트 베크도 있었다. 이들은 3일간의 회의를 통해서 고객의 요구에 빠르게 대응하는 기민하고 가벼운 방법론이 필요하다는 것에 합의하였고, 애자일Agile 선언을 하게 되었다*.

애자일 선언은 기존의 폭포수와 같은 방법론들이 문서작성에 너무 치중해서 실제로 코딩은 제대로 하지 않는다고 비판하면서, 소프트웨어의 품질을 개선하려면 문서화보다는 코딩에 더 많은 시간과 노력을 쏟아야 한다고 강조하였다. 폭포수 같은 전통적 방법론들은 정보시스템의 개발을 위한 계획이 치밀하고 완벽해야만 한다는 가정에서 출발하여 개발 도중에 요구사항이 변경되는 것을 인정하지 않는 치명적인 단점이 있다는 것이다. 계획을 너무 따르려다 보니 경직되어 계획에 없던 일이나 계획의 변경이 필요한 경우에 대처할 수 없다는 것이다. 따라서 애자일 방법론은 기본적으로 계획을 어느 정도까지만 세우고 유연한 자세로 시스템을 개발해야 한다는 취지로 주장되었다.

애자일 방법론은 빠르게 프로토타입을 만들고, 사용자들과의 대화를 통하여 일정한 주기로 프로토타입을 수정 보완해 가면서 큰 소프트웨어를 만들어야 한다는 방법론이다. Agile은 가볍고 민첩하다는 뜻인데, '경량Lightweight'으로도 불렸다. 애자일 개발 프로세스로 불리는 개발 방법론에는 다음과 같은 것들이 있다.

* http://agilemanifesto.org/

애자일 개발 프로세스

- **익스트림 프로그래밍(Extreme Programing, XP):** 애자일 개발 프로세스의 대표자로 애자일 개발 프로세스의 보급에 큰 역할을 하였다. 이 방법은 고객과 함께 2주 정도의 반복개발을 하고, 테스트와 우선 개발을 특징으로 하는 명시적인 기술과 방법을 가지고 있다.
- **스크럼:** 30일마다 동작 가능한 제품을 제공하는 스플린트를 중심으로 하고 있다. 매일 정해진 시간에 정해진 장소에서 짧은 시간의 개발을 하는 팀을 위한 프로젝트 관리 중심의 방법론이다.
- **기능 중심 개발(Feature-Driven Development):** 기능마다 2주 정도의 반복 개발을 실시한다. 피터 코드(Peter Coad)가 제창하는 방법론으로서 UML을 이용한 설계 기법과도 밀접한 관련을 가진다.
- **적응식 소프트웨어 개발(Adaptive Software Development):** 소프트웨어 개발을 혼란 자체로 규정하고, 혼란을 대전제로 그에 적응할 수 있는 소프트웨어 방법을 제시하기 위해 만들어진 방법론이다. 내용적으로는 다른 방법론들과 유사하지만, 합동 애플리케이션 개발(Joint Application Development, 사용자나 고객이 설계에 참가하는 개발 방법론)을 사용하고 있는 것이 조금 다르다.

위에 소개된 애자일 개발 프로세스들은 각자 다른 특징과 적용 범위가 있으며 서로 조합도 가능하다. 애자일 개발 프로세스를 채용하고 있는 프로젝트에서는 특정 방법론만을 채택해서 매뉴얼 대로 흉내만 내는 것이 아니라, 여러 방법 중에서 자신의 프로젝트에 맞는 부분을 선택하여 조합하고, 또 독자적인 방법을 만들어 냄으로써 큰 효과를 올릴 수 있다. 이러한 애자일 개발 프로세스의 제창자들은 '애자일 연합'이라는 자유로운 조직을 만들어 애자일 개발 프로세스의 보급에 힘쓰고 있다.

RAD, CASE, CBD, CMM,

RAD(Rapid Application Development)는 주로 3개월 이내의 짧은 개발주기 동안 소프트웨어를 개발하기 위한 순차적인 방법인데, 기본적으로 애자일 방법론을 실제로 구현하기 위한 것으로 개발의 속도를 끌어올리기 위한 방법이다. 즉, 사용자 요구사항을 기반으로 프로토타입을 만들고, 프로토타입을 수정보완하는 것을 반복하여 진행한다. 속도가 중요하기 때문에 프로그래밍 언어로는 비주얼베이직(Visual Basic)이나 파워빌더(Powerbuilder)처럼 빠른 개발이 가능한 언어를 사용한다. 이런 언어들은 사용자 인터페이스에 해당되는 버튼, 스크롤바, 윈도우 등이 이미 만들어져 있어서 직접 코딩을 하지 않고 마우스 클릭만으로도 프로그래밍이 가능하다. 또한, 이미 만들어진 프로그램 모듈과 유사한 컴포넌트들을 적극적으로 활용하여 개발기간을 단축시킨다.

CASE(Computer Aided Software Engineering)는 자료 흐름도나 클래스 다이어그램(Class Diagram) 같은 기법들을 컴퓨터에서 작업할 수 있도록 만들어주는 소프트웨어를 말한다. 즉 개발방법론을 지원하기 위한 소프트웨어 도구인 것이다. 다이어그램을 종이에 손으로 그리는 것보다는 훨씬 효율적이고 저장과 보관, 검색을 위해서도 필요하다. CASE는 시스템의 계획과 분석, 그리고 설계 같은 개발의 초기 단계를 지원하는 Upper CASE Tool과 프로그램의 작성과 시험, 그리고 유지보수와 같은 개발의 후기 단계를 지원하는 Lower CASE Tool이 있다.

컴포넌트 기반 개발(Component Based Development, CBD)은 소프트웨어를 여러 개의 단위 모듈로 구성되는 컴포넌트 단위로 쪼개어 각각의 컴포넌트들을 독립적으로 개발해 완성도를 높인 다음 통합하는 방법론이다. 각각의 컴포넌트들이 독립적으로 작동되도록 설계하고 개발함으로써 재사용성을 극대화하는 데 초점을 맞추고 있다. 기능들이 복잡하게 얽힌 시스템을 컴포넌트 단위로 나누어 개발하면 각각의 컴포넌트를 입력과 출력 인터페이스를 유지한 채로 내부 프로세스에만 집중해서 해결할 수 있다. 이미 구현된 것을 다시 작업할 필요가 없기 때문에 개발이 빨라지고, 검증된 컴포넌트를 다른 서브시스템을 개발하는 데 사용할 수도 있어서 일관성을 향상시키고 전체적인 품질을 유지할 수 있다.

역량성숙모형Capability Maturity Model, CMM은 정보시스템 개발을 수행하는 조직이 갖춘 능력의 성숙도에 따른 평가 기준이다. 5단계로 나눠서 성숙도를 평가하는데 초기, 반복, 정의, 관리, 그리고 최적화 단계로 나아간다. 초기 단계(CMM1)는 개발조직의 체계가 없고, 개발 프로세스의 표준화가 되어 있지 않아서 예측이 어렵고, 관리하기 매우 어려운 상태이다. 여기에 성공적으로 프로젝트를 마친 인력을 훈련시키고, 프로세스를 안정화시켜서 반복적으로 실행할 수 있다면 반복 단계(CMM2)로 진입하게 된다. 여기에 개발표준이 있고, 일관된 프로세스를 갖추면 정의 단계(CMM3)까지 온 것이고, 관리 단계(CMM4)로 진입하려면 프로젝트에 대해 예측 가능한 프로세스를 마련해야 한다. 최적화 단계(CMM5)에 도달한 개발 조직은 지속적으로 개발 프로세스를 향상시키고, 프로세스의 결점을 분석하여 원인을 밝힌 뒤 이에 따른 조치를 취하며 지속적으로 개발 프로세스 능력 범위를 넓히기 위해서 노력한다. 이렇게 되면 프로젝트의 진행이 예측 가능하며 고객과의 약속에 대해서 안전하고 정확하게 프로그램을 만들어 낼 수 있다.

EUC, JAD, Benchmarking

최종사용자컴퓨팅End User Computing, EUC은 정보시스템을 실제로 쓰게 될 사용자가 직접 소프트웨어를 개발하는 것이다. 자바Java나 비주얼베이직 같은 프로그래밍언어를 사용하기보다는 MS-Excel과 같은 친숙한 소프트웨어의 매크로 기능을 사용하여 본인이 필요로 하는 정보를 직접 생성하는 것이다. EUC는 자신의 정보 요구를 자신이 직접 해결하기 때문에 프로그래밍 인력의 수요를 줄일 수 있고, 사용자들이 정보시스템의 구축에 직접 참여하게 되어 의사소통이 원활해진다는 장점이 있다.

합동 애플리케이션 개발Joint Application Development, JAD은 SDLC의 시스템 분석과 시스템 설계 단계 내에서 자주 사용되는데, 시스템 분석가들이 모든 사용자들을 동

JAD 회의를 위한 일반적 회의실 형태

출처: Wood & Silver(1995)에서 재구성*

시에 만나서 문제를 정의하고 요구사항을 수집하는 것이다. 사용자들을 개별적으로 만나게 되면 서로 상충하는 의견을 제시하거나 불명확한 요구사항을 표현할 수 있기 때문에 JAD를 통해서 전체적인 합의를 도출하게 된다.

벤치마킹은 정보시스템의 개발에서 중요한 방법이다. 다른 회사에서 이미 개발된 시스템을 그대로 가져올 수는 없겠지만, 시스템 구축의 계획으로부터 개발, 그리고 유지보수에 이르기까지 많은 내용과 유의사항들을 참고할 수 있다. 동일한 업종 간에는 치열한 경쟁이 있지만, 정보시스템을 담당하는 부서나 부서장들 간에 긴밀한 협조를 하는 경우도 많다.

* Wood, J. & Silver, D. (1995). Joint application development (2nd ed.). John Wiley & Sons, Inc. New York, NY, USA. (ISBN:0-471-04299-4).

아웃소싱

아웃소싱Outsourcing, 외주개발은 정보시스템의 개발이나 유지보수를 외부업체에게 맡겨서 해결하는 것을 말한다. 만약, 프로그램과 관련된 유지보수를 아웃소싱하게 되면 기업은 자체인력을 줄일 수 있다. 또한, 내부인력이 빠르게 변화하는 정보기술의 추세를 따라가기에 한계가 있을 경우에 아웃소싱이 대안이 될 수도 있다. 그러나 기업의 내부 자료나 기밀이 밖으로 나갈 수도 있기 때문에, 아웃소싱 업체와의 계약서에 정보보안과 관련된 사항들을 명시해야 한다.

도입 방식	장점	단점
자체 개발	1. 개발자와 사용자 간 의사소통이 용이하다. 2. 시스템 개발 중에 요구사항이 변경될 경우, 이를 신속히 반영할 수 있다. 3. 개발과정에서 발생되는 경험과 지식, 기타 부산물이 조직 내에 축적된다.	1. 인력, 시간, 비용이 과다하다. 2. 우수한 전문 인력의 자체 확보가 어렵고, 그나마도 이직률이 매우 높다. 3. 체계적인 소프트웨어 개발 계획이 미비한 경우가 많다. 4. 문서화 미비로 인해 유지보수에 과다한 노력이 필요한 경우가 많이 발생한다.
아웃 소싱	1. 인력, 장비 등의 추가투자 없이 소프트웨어 확보가 가능하다. 2. 개발기간 및 비용이 단축된다. 3. 소프트웨어 개발 전문 업체의 전문성을 활용할 수 있다.	1. 조직 기밀의 유출 가능성이 있다. 2. 문제발생시 조직 간에 업무협조 및 의사소통에 어려움이 있다. 3. 소프트웨어 품질에 대한 보증이 어렵다. 4. 조직 내에 노하우 등 기술축적이 안 된다. 5. 적합한 용역업체선정이 어렵다.
패키지 도입	1. 시간 및 비용면에서의 효율성이 높고 불확실성이 낮다. 2. 인력, 설비 등의 추가투자 없이 소프트웨어 확보가 가능하다. 3. 전문지식 없이 전산화 추진이 가능하다.	1. 요구사항에 꼭 맞는 패키지가 공급되지 않은 경우가 많다. 2. 상황변화에 따라 급속한 프로그램 변경, 확장 등이 어렵다. 3. 유지보수가 어렵다. 4. 조직 내에 노하우 등 기술축적이 안 된다. 5. 패키지 가격의 적정성 판단이 어렵다.

개발 언어의 선택은 매우 중요하다

Choosing a programming language is important

일반적으로 프로그래밍 언어는 절차지향적 언어와 객체지향적 언어로 나뉜다. 정보시스템의 개발에서는 자바Java나 C++ 같은 객체지향적 언어가 대세이지만, 절차지향적 언어인 C도 여전히 많이 쓰이고 있다. 이것은 C언어가 가진 장점이 많기 때문인데, 대학에서 여전히 C언어를 자료구조나 운영체제와 연결시켜서 가르치고 있어서 많은 개발자들이 C언어에 익숙해 있다. 컴퓨터공학을 전공하지 않는 경우에는 자바를 먼저 배우라고 추천한다. 자바언어에 익숙해지면 다른 객체지향 언어들을 쉽게 배울 수 있기 때문이다. 영어를 잘하면 불어나 독일어도 쉽게 배울 수 있는 것과 같은 원리이다.

프로그래밍 언어를 나누는 또 다른 기준은 저급 언어와 고급 언어이다. 컴퓨터가 이해할 수 있는 언어를 저급 언어라 하고, 인간이 이해하기 쉽고 친근한 언어를 고급 언어라 한다. 저급 언어Low-Level Language는 컴퓨터의 주기억장치, 마이크로프로세서, 입출력 포트 등의 하드웨어를 직접 통제할 수 있는 언어인데, 고급 언어에 비하여 언어 자체가 어렵기 때문에 전문가라 하더라도 프로그램의 생산성이 매우 낮다. 기계어와 어셈블리어가 저급 언어에 해당한다. 반면에 고급 언어High Level Language는 C나 Java처럼 인간이 이해하기 쉬운 언어이고 컴파일러나 인터프리

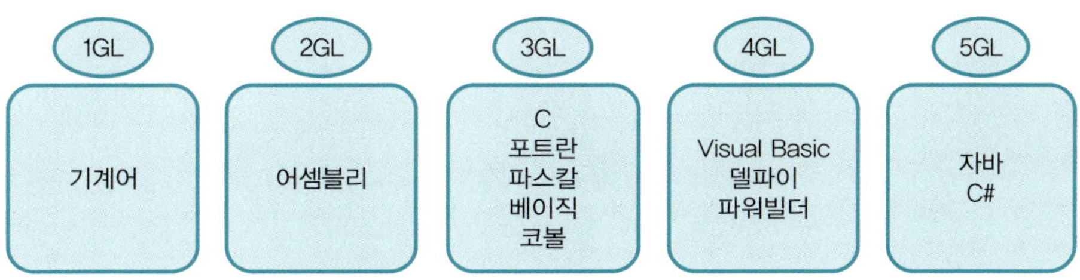

터에 의해 번역되어야만 컴퓨터가 이해할 수 있다.

티오비Tiobe는 소프트웨어의 품질을 측정하는 일을 전문으로 하는 기업으로 매월 프로그래밍 언어들의 순위를 tiobe.com을 통해 발표하고 있다. 지금까지 개발된 프로그래밍 언어는 2,500여 개가 있는 것으로 알려져 있으며 실제로 많이 사용되는 언어는 30여 개이다. 어떤 언어를 쓰느냐에 따라서 시스템 개발의 속도와 품질이 달라지기 때문에 언어 선택은 매우 중요한 결정이다.

Tiobe.com에서 발표한 2016년 1월의 순위

Jan 2016	Jan 2015	Change	Programming Language	Ratings	Change
1	2	^	Java	21.465%	+5.94%
2	1	˅	C	16.036%	–0.67%
3	4	^	C++	6.914%	+0.21%
4	5	^	C#	4.707%	–0.34%
5	8	^	Python	3.854%	+1.24%
6	6		PHP	2.706%	–1.08%
7	16	⇈	Visual Basic .NET	2.582%	+1.51%
8	7	˅	JavaScript	2.565%	–0.71%
9	14	⇈	Assembly language	2.095%	+0.92%
10	15	⇈	Ruby	2.047%	+0.92%

오픈소스를 활용하면 시간을 절약할 수 있다

Developers can save time by using open sources

소프트웨어 개발자들은 전 세계에 분산되어 있다. 어떤 소프트웨어를 만들고자 할 때, 기존에 비슷한 기능을 가진 소프트웨어를 가져올 수 있다면 개발기간을 획기적으로 단축시킬 수 있다. 이런 목적으로 개발자들이 서로 소스코드를 공유하기 위하여 만든 사이트가 소스포지닷넷SourceForge.net이다. 이렇게 소스코드가 공개되어 있는 소프트웨어를 오픈소스라고 한다. 소스포지에는 2014년 기준으로 43만 개의 소프트웨어와 370만 개발자들이 등록되어 있다. 하루에 4,800만 회의 다운로드가 이루어질 정도로 인기 있는 사이트로 많은 개발자들이 실력을 인정받기 위하여 소프트웨어를 등록하고 있다.

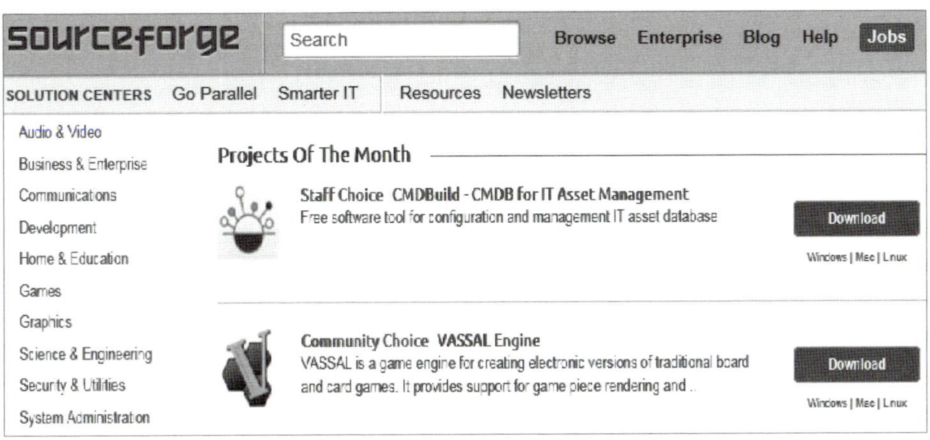

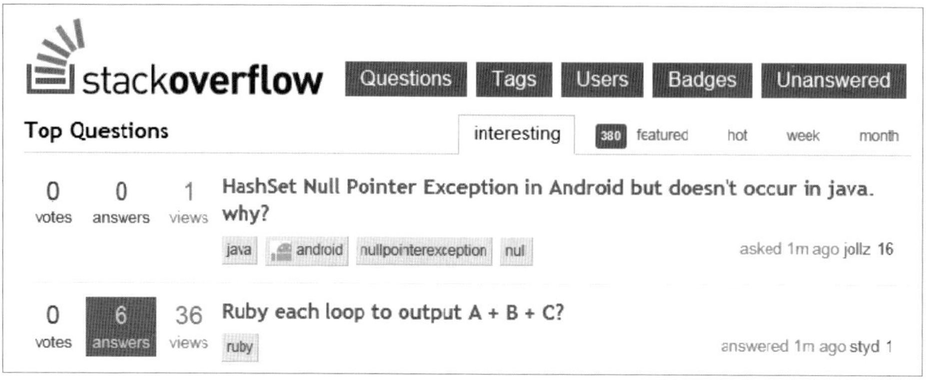

Stackoverflow.com은 개발자들의 또 다른 커뮤니티이다. 개발자들이 질문과 답변을 하는 사이트로서 전 세계의 개발자들이 협력하고 있어 답변의 속도가 매우 빠르다. 어떤 개발자가 소스포지나 스택오버플로우에서 유명해지면 소프트웨어 기업에서 스카우트 제의를 하는 것으로 알려져 있다.

대한민국에는 전자정부 프레임워크가 있다

In Korea, there is an e-government framework

IT강국이라는 슬로건에 맞지 않게 우리나라는 소프트웨어 산업에서는 뒤처져 있다. 많은 기업들이 마이크로소프트나 오라클, 구글 같은 미국 기업들이 개발한 소프트웨어를 쓰면서 라이센스 비용을 지불하고 있다. 기업이나 기관들이 개별적으로 개발하는 소프트웨어는 동일한 기능을 가지고 있지만, 소스코드가 공개되지 않아 중복 개발을 하는 경우도 많다. 또한 소프트웨어를 개발한 업체가 아니면 유지보수가 거의 불가능하고, 개발업체가 망해서 없어질 경우에는 유지보수를 못하는 경우도 있다. 이러한 단점을 해결하고자 정부차원에서 개발을 위한 Java 기반의 표준 프레임워크를 만들어서 무상으로 공급하고 있다. 표준화된 모듈을 기반으로 개발하기 때문에 소프트웨어의 개발속도를 빠르게 할 수 있고 유지보수도 쉽다. 굳이 개발업체가 아니라도 표준 프레임워크를 이해하는 개발자라면 유지보수를 할 수 있게 된 것이다.

2014년 4월 기준으로 450여 개 공공 및 민간의 정보화사업에서 전자정부 프레임워크를 사용하였으며 지금까지 35만 회 이상의 다운로드를 기록하고 있다. 5,000명에 가까운 개발자들이 표준 프레임워크 교육을 수료한 것으로 나타났다.

개발이 끝났다고 모든 게 끝난 게 아니다

It is yet to be over when we finish development

월터 아이작슨Walter Isaacson이 저술한 스티브 잡스의 전기에는 "신은 디테일 속에 존재한다"는 말이 있다. 스티브 잡스나 빌 게이츠 같은 회장님들은 왠지 포괄적이고 전략적인 두뇌를 가져서 큰 것에만 신경을 쓸 것 같지만, 실제로는 대단히 상세하고 디테일한 부분까지 완벽을 추구하는 사람들로 알려져 있다. 한국 프로야구의 '야신'으로 불리는 김성근 감독도 선수의 신발이나 유니폼 같은 아주 사소한 것에 지나치다 싶을 정도로 신경을 쓴다. 이런 사람들의 공통점은 '돌아가는 것처럼 보이는 소프트웨어'를 만들었다고 해서 모든 일이 끝났다고 보지 않는다는 것이다. 훌륭한 프로그래머들은 소프트웨어가 기능적으로 문제없이 작동된다고 하더라도 사용자들과 함께 미세한 부분까지 찾아내 수정해서 만족시키려 한다. 이 과정에서 여러 차례에 걸쳐 다양한 방법으로 테스팅을 하게 된다. 테스팅은 Unit, Integration, System, Acceptance로 나뉜다.

테스팅	내용
Unit	프로그래머가 단위 모듈의 프로그램이 제대로 작동하는지를 시험해서 오류를 수정한다.
Integration	모듈들을 묶어서 통합적으로 시험한다.
System	사용자들이 부분적으로 참여하여 실제 데이터를 넣어 시스템이 전체적으로 문제없이 작동하는지를 시험하고 복구와 보안, 그리고 스트레스 시험을 한다.
Acceptance	Alpha Testing: 실제 환경과 비슷한 조건을 갖춘 실험실을 만들어 놓고 사용자들이 직접 검증한다. Beta Testing: 실제 환경에서 사용자들이 직접 참여하여 시스템의 구석구석을 검증하고 확인한다.

테스팅이 끝나면 기존의 시스템을 버리고 새로운 시스템으로의 전환을 추진하고 문서화해야 한다. 문서는 프로그램 분석설계서, 사용자를 위한 매뉴얼, 그리고 시스템의 운영을 매뉴얼로 나뉜다. 문서화는 단순히 시스템의 개발과정과 결과물을 기록하는 것이 아니라 개발자와 사용자들 간의 의사소통과 유지보수도 중요한 목적이기 때문에 정확하고 객관적으로 작성되어야 한다.

전환	내용
일시 전환 (Direct Conversion)	• 특정일을 정해서 기존 시스템을 버리고 신규 시스템으로 전환 • 비용이 적게 드나, 위험성을 내포함
병행 처리 (Parallel Conversion)	• 일정 기간 신/구 시스템을 동시에 운영 • 비용이 많이 드나 위험을 줄일 수 있음
단계적 전환 (Phased Conversion)	• 기능이나 용도별로 단계적으로 전환 • 시스템 전환 기간이 길어질 가능성이 있음
파일럿 전환 (Pilot Conversion)	• 특정 부서나 장소에서 파일럿시스템을 설치하고 운영 • 오류가 없는 것으로 검증되면 다른 부서나 장소로 확대 전환

개발 비용보다 유지보수 비용이 더 들어갈 수도 있다

The maintenance cost might be even more than the development cost

개발이 잘못되면 정보시스템이 작동된다고 하더라도 유지보수 비용이 많이 들어가게 된다. 유지보수를 체계적으로 관리하기 위하여 여러 가지 지표를 사용하는데, 시스템 오류의 횟수나 유형을 기록하게 된다. 특히, MTBF[MeanTime Between Failures]는 오류가 발생하는 평균시간을 측정하는 것으로 시간이 짧을수록 심각하게 받아들인다.

정보시스템 유지보수의 종류

종류	내용
오류 수정(Corrective)	설계나 코딩에 있어서의 오류의 수정
적응(Adaptive)	비즈니스나 기술의 변화에 따른 기능 개선 차원의 수정
완벽추구(Perfective)	성능 향상이나 기능 추가를 통하여 완벽하게 만들기 위하여 수정
예방(Preventive)	미래에 발생 가능한 문제를 미리 예방하는 차원에서의 수정

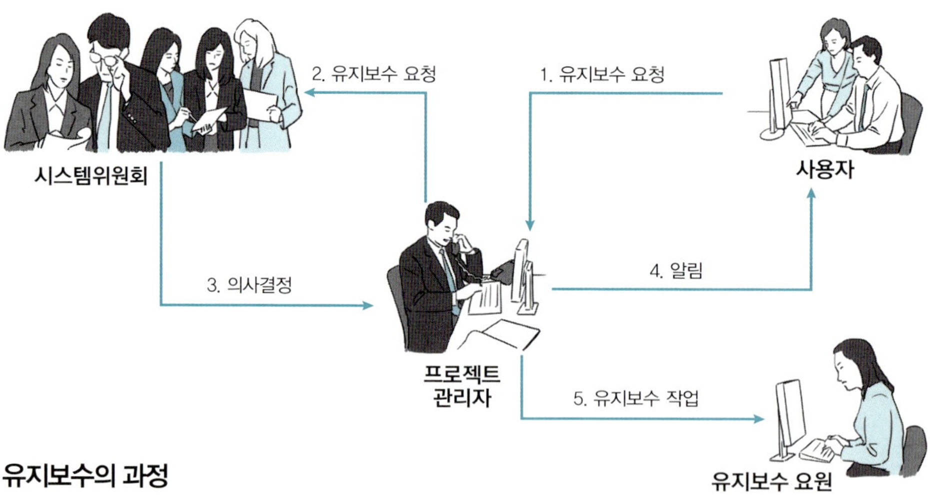

유지보수의 과정

감리를 받으면 더 좋은 시스템이 나올까?

Can we have a better system if we receive an auditing service?

감사監査; Auditing는 회계에서 주로 쓰이는 용어로서 예산의 올바른 집행과 결과에 대한 합법성이나 정당성을 조사하는 것이다. 따라서 기업이나 기관에서 이미 일어난 행위에 대한 사후 조사의 성격을 가지고 있다. 그러나 감리監理는 프로젝트가 진행되는 단계에서 계획부터 분석, 설계, 개발, 그리고 유지보수에 이르기까지의 전 과정을 기술적, 관리적 측면에서 살펴보는 것이다. 정보시스템 구축에서의 감리는 시스템이 제대로 개발될 수 있도록 조언하고 좋은 결과물이 나오도록 도와주는 역할을 하게 된다. 따라서 정보시스템 감리는 감리 대상으로부터 독립된 감리인이 정보시스템의 효과성, 효율성 및 안전성 향상을 위하여 정보시스템의 구축 · 운영에 관한 사항을 종합적으로 점검 · 평가하고 감리의뢰인 및 피감리인에게 개선이 필요한 사항을 권고하는 것이라고 정의할 수 있다.

정보시스템 감리와 함께 논의되는 주요 개념으로 '정보시스템 통제'와 '소프트웨어 품질 보증'이 있다. 정보시스템 통제는 정보시스템의 기획, 개발, 운영, 유지보수 전반에 걸쳐 효과성, 효율성, 안전성 및 준거성에 반하는 위험을 예방하고 통제하는 수단을 확보할 수 있는 체계를 제공하는 것이다. 그리고 소프트웨어 품질보증은 품질 속성을 소프트웨어 제품의 기능성, 신뢰성, 사용 용이성, 효율성, 유지보수성 및 이식성에 두고 이의 적정 수준 달성을 위한 검토 및 평가 활동과 제품을 생산하는 절차인 프로세스의 개선에 초점을 맞추고 있다. 우리나라 공공기관의 정보시스템 구축사업으로서 사업비가 5억 원 이상인 경우에는 감리를 받도록 법으로 규정하고 있다. 정보시스템감리사는 IT업계에서 6년 이상 근무한 사람이 시험을 통해 딸 수 있는 자격증이다.

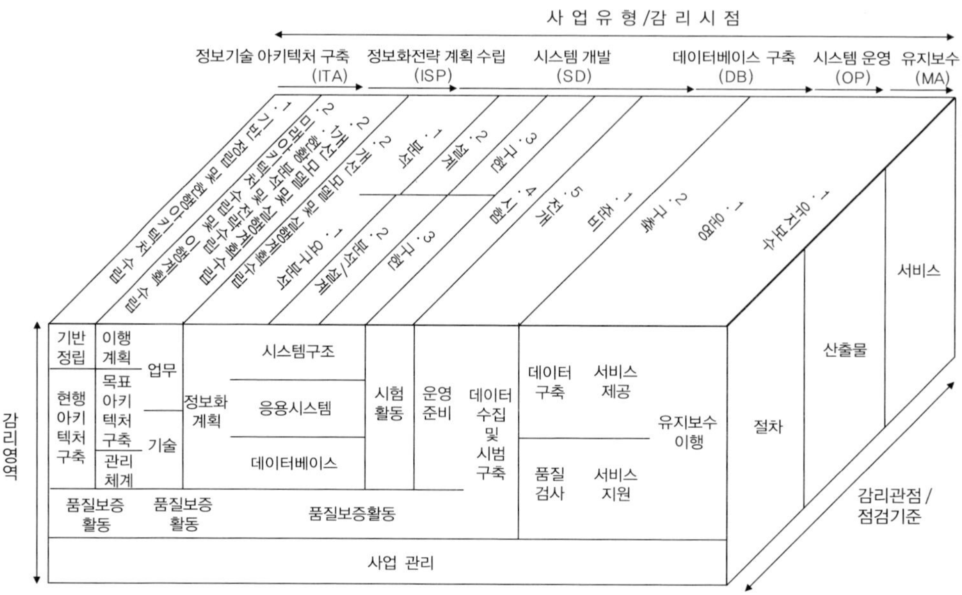
사 업 유 형/감 리 시 점
정보기술 아키텍처 구축 (ITA)
정보화전략 계획 수립 (ISP)
시스템 개발 (SD)
데이터베이스 구축 (DB)
시스템 운영 (OP)
유지보수 (MA)
기반 정립
이행 계획
업무
현행 아키텍처 구축
목표 아키텍처 구축
기술
관리 체계
정보화 계획
시스템구조
응용시스템
데이터베이스
시험 활동
운영 준비
데이터 수집 및 시범 구축
데이터 구축
서비스 제공
품질 검사
서비스 지원
유지보수 이행
품질보증 활동
품질보증 활동
품질보증활동
사업 관리
감리영역
절차
산출물
서비스
감리관점 / 점검기준

3.4

정보시스템의 성공과 실패

평가 기준이 없으면 성공도 실패도 없다

If you did not have an appropriate tool for measurement, you could never decide whether it was a success or a failure

정보시스템은 성공과 실패를 판단하기가 매우 어렵다고 알려져 있다. 예상보다 많은 시간과 비용을 투입하게 되는 경우 실패했다는 평가를 받는다. 구축팀의 노력으로 시간과 비용은 적정선에서 맞추었더라도 사용자를 만족시키지 못하면 또한 실패로 끝나게 된다. 성공과 실패를 놓고 사용자들 간에 의견이 엇갈리는 경우가 많고 개발자들 간에도 논쟁이 일어난다.

성공과 실패를 규정짓는 데 있어서 가장 중요한 것은 애초에 설정한 목표를 달성했느냐는 것이다. 왜 정보시스템을 구축하려 했는지를 명확하게 이해하고 그 목적을 달성하기 위하여 설정된 여러 가지 목표들을 기준으로 평가를 해야 한다는 것이다. 보통의 경우라면 정보시스템을 구축하는 이유는 크게 6가지로 구분된다. 흔히 PIECES 프레임워크라고 부르는 이 기준들은 다음 표와 같다.

	Appropriate	Keywords	Key Question
P	Performance	throughput response time	데이터의 입출력이나 처리에 걸리는 시간이 얼마나 개선되었는가.
I	Information	Accuracy Right time/form	원하는 정보를 적시에 제공받게 되었는가.
E	Economy	Costs Benefits	구축에 투입된 비용이 효과에 비해 너무 높지 않았는가.
C	Control	Security Authority	정보와 시스템의 보안과 통제를 효과적으로 수행할 수 있게 되었는가.
E	Efficiency	Redundancy	구축된 시스템으로 중복이 줄어들고 자원의 활용이 용이해졌는가.
S	Service	Easy to use Flexible to change	정보시스템이 사용하기 쉽고, 신뢰할 수 있고, 확장 가능한가.

그러나, 이들 6가지 기준을 모두 통과하는 정보시스템을 구축한다는 것은 현실적으로 거의 불가능에 가깝다. 특히, 사용자들의 기대가 시간이 흐를수록 높아지는 경우에는 애초에 설정된 목표를 달성하더라도 실패라고 평가되기도 한다. 따라서 목표의 우선순위를 정해야 하고, 시간에 따라서 목표치를 상향시켜야 하는지도 고려해야 한다. 사용자들이 많은 정보를 얻고자 한다면 그만큼 기존에는 하지 않던 입력도 많이 해야만 하고, 통제를 강화하면 사용자들에게 제공되는 정보가 줄어들게 된다. 하나를 얻으면 하나를 잃게 되는 세상살이의 아주 단순한 원리를 너무 쉽게 잊어버리고 모든 것을 얻을 수 있을 것처럼 계획하는 경우가 많다.

계산된 위험은 감수하라 이는 무모한 것과는 완전히 다른 것이다

Take calculated risks That is quite different from being rash -George Patton-

존 락커트John Rockart, 1931~2014는 MIT의 정보시스템연구센터에서 오랫동안 근무한 교수였다. 락커트는 컨설팅기업인 맥킨지McKinsey에서 근무하던 로날드 대니얼D. Ronald Daniel이 1961년에 제시한 성공요인Success Factors의 개념을 학문적으로 체계화하여 CSFCritical Success Factors: 핵심성공요인를 개발하였다.* CSF는 어떤 사업이 성공하기 위하여 제대로 진행되지 않으면 안 되는 몇몇 가지의 필수 영역 및 방향을 의미한다. 락커트는 정보시스템의 구축에 있어서도 CSF를 미리 찾아내야 한다고 주장하였다. CSF는 시스템의 구축 과정에서 어떤 활동에 집중해야 하는지를 알려준다. 정보시스템의 구축이 성공하는 데 필수적인 요인들은 사용자 참여, 최고경영진의 적극적인 지원, 충분한 기간과 예산, 그리고 개발인력이나 업체의 우수성 등이 중요하다고 알려져 있다. CFFCritical Failure Factors: 핵심실패요인는 CSF의 반대 개념이다. 어떤 사업에서 실패하게 되는 요인인 것이다.

CSF와 비슷한 개념이 KPIKey Performance Indicators: 핵심성과요인이다. CSF가 어떤 전략이 성공하는 데 중요한 요인들이라면, KPI는 전략의 달성으로 나타나는 성과를 계량화하여 지표로 만든 것으로 CSF에서의 목표Goals에 해당한다. 예를 들어, 정보시스템 구축의 KPI는 사용자 응답시간Response Time이나 1일 고객요구 처리량처

* Daniel, D. Ronald, "Management Information Crisis," Harvard Business Review, Sept.-Oct., 1961.
Rockart, John F. "Chief Executives Define their Own Data Needs" published in "Harvard Business Review" March 1979.
Rockart, John F. "A Primer on Critical Success Factors" published in The Rise of Managerial Computing: The Best of the Center for Information Systems Research, edited with Christine V. Bullen. (Homewood, IL: Dow Jones-Irwin), 1981.

럼 객관적으로 측정이 가능한 것들이어야 한다.

CSF의 최하위가 흔히 KPI로 표현되는 목표Goals라면, 최상위 계층은 기업의 존재 이유를 설명해주는 사명Mission, 使命이다. 사명을 수행하기 위하여 기업은 전략이나 목적을 설정하게 되는데, 하위에 있는 목표들이 상위에 있는 목적이나 전략, 그리고 사명과 일치할 때 효과를 발휘할 수 있다. 어떤 기업이 대규모 투자를 통하여 새로운 정보시스템을 구축하고자 할 때에도 기업의 사명이나 전략, 그리고 목적과 목표가 정보시스템에 반영되도록 해야 한다.

CSF 계층	정의
사명(Mission)	기업의 최상위 목표를 서술한 것으로서 조직이 존재하는 이유를 알려준다.
전략(Strategy)	일정 기간 내에 수행해야 할 정책과 계획, 그리고 수행 방법을 알려준다.
목적(Objectives)	일정 기간 내에 달성해야 하는 일의 범위와 내용을 알려준다.
목표(Goals)	일정 기간 내에 달성해야 하는 일을 구체적인 수치로 표현한 것이다.

변화도 관리의 대상이다

Change is something that should be managed

변화관리Change Management는 개인이나 조직을 원하는 상태에 도달하도록 하는 것이다. 변화는 조직의 내부에서 자발적으로 추진하는 경우도 있고, 외부환경에서 발생하여 조직 내부의 변화를 강제하는 경우도 있다. 변화는 저항을 가져오고 저항은 목표를 달성하는 데 치명적인 영향을 끼치기도 한다.

정보시스템 프로젝트가 수행되는 과정에서도 조직이나 소속 구성원들의 변화를 요구한다. 데이터를 입력하는 업무가 복잡하거나 늘어날 수도 있고, 업무처리 방식이 완전히 변해서 처음부터 새로 배워야 하는 경우도 있다. 이러한 변화는 필연적으로 저항을 일으킨다. 따라서 정보시스템의 도입으로 일어날 변화를 예측하고 사용자 교육이나 다른 의사소통을 통하여 미리 대처해야 한다. 이처럼 변화의 과정을 관리하여 애초에 정보시스템의 구축을 통하여 달성하고자 했던 목표에 도달하도록 하려는 여러 가지 활동을 변화관리라고 한다.

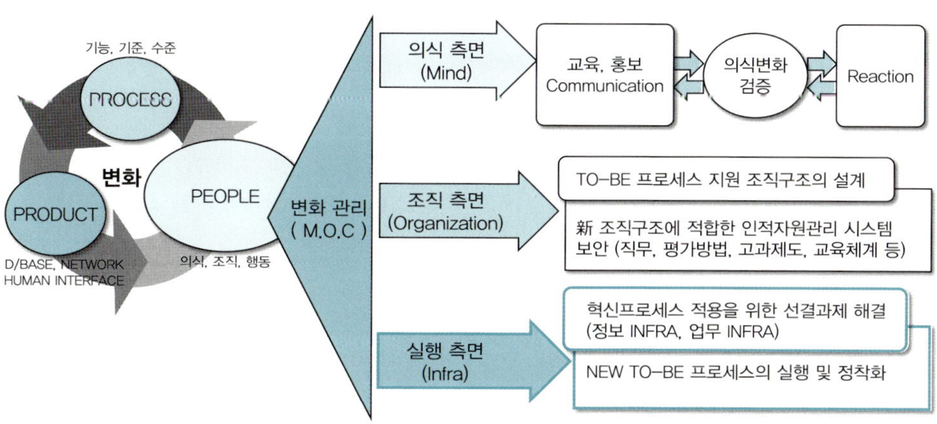

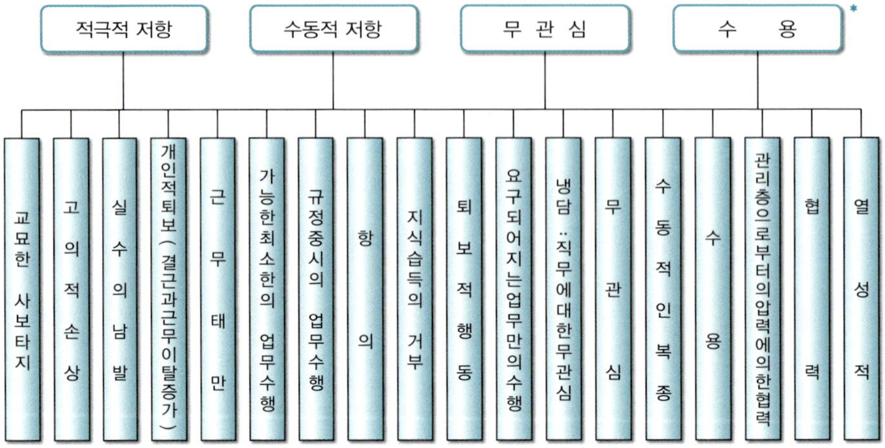

변화관리는 현실As-Is과 이상To-Be의 차이를 해결하는 활동이다. 현재의 시스템을 개선하여 구축하려는 새로운 시스템이 무난히 정착되도록 하는 것이다. 변화관리는 프로세스와 제품/서비스, 그리고 사람이라는 세 가지 측면에서 이루어진다.

* Hudson A S(1991), "*Changing Behavior in Organizations: Minimizing Resustance to Changed*", Blackwell, Inc. p.48.

우리 회사의 정보시스템은 어느 정도의 가치가 있을까

How valuable is the information system in our company?

기업들이 가장 어려워하는 부분은 가치의 판단이다. 일을 아주 잘하는 직원의 가치를 판단하여 적절한 연봉을 책정해야 하고, 새로 개발한 상품이나 서비스의 가치를 판단하여 가격을 결정해야 하고, 고객들 개개인의 가치를 판단하여 어느 고객에게 어떤 마케팅을 해야 할 지에 관한 전략을 세워야 한다. 정보시스템은 단순히 운영의 효율성을 높이기 위한 정보처리의 수단으로만 활용하는 경우에는 가치가 낮겠지만, 경쟁사와의 차별화나 원가절감을 위한 전략적 수단일 경우에는 엄청난 가치를 지닌 경우도 있다.

특히, 정보기술은 기업의 수익을 증가시키면서 기업의 조직 구조를 바꿀 수도 있다. 정보기술은 어디에 있든 업무처리가 가능하도록 지원할 수 있기 때문에, 상황이 급박한 경우에는 여러 부서나 장소에 흩어진 인력들을 네트워크로 연결하여

<table>
<tr><th colspan="2" rowspan="2">성과
대상</th><th>운영적 성과</th><th>관리적 성과</th><th>전략적 성과</th></tr>
<tr><th>시간 단축. 속도 개선</th><th>매출액 증대, 동기부여</th><th>경쟁우위 확보</th></tr>
<tr><td rowspan="2">기업
내부</td><td>수평적
차원</td><td>업무의 시간 단축
회계처리의 신속성 향상
주문 처리의 속도 개선</td><td>고객 분석을 통한
판매액 향상
직원 직무만족도 향상</td><td>전사적 원가(비용)
절감</td></tr>
<tr><td>수직적
차원</td><td>인사자료 파악의 용이성
제품별 판매량 파악의 신속</td><td>의사결정 보고서 개선
주문량 결정 보고서
관리 인력의 감소</td><td>위치추적시스템을
이용한 보험고객
서비스 고객 만족
향상</td></tr>
<tr><td>기업
외부</td><td>네트워크
차원</td><td>기업 간 거래 파악의 용이성</td><td>하청업체와의 의사소통
기업 간 협력의 용이성</td><td>타 기업과의 협력을
위한 정보시스템
구축</td></tr>
</table>

가상조직Virtual Team을 운영할 수도 있다. 실제로 글로벌 기업들은 전 세계에 널려 있는 계열사나 부서들과의 원활한 협조를 위하여 화상회의Video Conferencing나 인터넷으로 연결된 내부 결재시스템을 활용한다.

정보시스템의 가치를 측정하는 또 다른 방법은 금전적 가치로 환산할 수 있는 가시적인 경우와 그렇지 않은 경우로 나누는 것이다. Tangible은 '만질 수 있는'이라는 뜻을 가지는데, 금전적 가치로 환산이 가능할 경우에는 눈으로 확인이 가능하기 때문에 쓰이는 단어이다.

	재무적 성과	비재무적 성과
성과	• 생산성 향상 • 운영비 절감 • 인력 감소 • 전산비용 절감 • 공급비용 절감 • 시설비용 절감	• 자산활용도 개선 • 정확/적시 정보 제공 • 종업원 만족도 향상 • 의사결정 품질 향상 • 기업이미지 개선 • 고객만족도 향상

노벨상 받으려면 오래 살아야 한다

Someone who wants to receive a Nobel Prize should live longer

1991년 노벨 경제학상을 수상한 로날드 코스Ronald Coase의 당시 나이는 81세였다. 대표적인 업적으로 알려진 거래비용이론Transaction Cost Theory이 1937년 『The Nature of the Firm』이라는 그의 저서를 통해 발표된 지 54년이나 지난 후의 일이었다. 어떤 이론이 발표되면 대부분의 경우에는 그 이론이 실제로 맞는지를 검증하고 확인하는 데 오랜 시간이 걸린다는 것을 보여주는 사례이다. 영국 출신으로 미국으로 이주하여 연구를 지속하다 2013년 그가 세상을 떠났을 때 《포브스Forbes》지는 시카고대학의 우수한 학자들 중에서도 가장 위대한 학자라고 보도하였다.

코스의 문제의식은 "왜 비즈니스를 하는 데 개인이 아닌 기업들이 존재해야만 하는가?"였다. 생산은 개인이 얼마든지 할 수 있기 때문에 굳이 기업 같은 조직이 필요하지 않다. 그러나 생산하기 위해 재료를 구매하고 만들어진 제품을 판매하는 등의 거래Transaction는 대량구매와 대량판매가 가능한 기업 같은 조직이 수행하는 것이 더 싸다는 것이 코스의 생각이었다. 따라서 개인이 다른 개인을 고용하여 기업을 조직하게 되고, 자체 생산이나 자체 판매가 더 싸다면 지속적으로 사람을 고용하여 그 생산과 판매를 수행한다는 것이다.

즉, 기업은 거래비용을 줄이기 위해 규모를 키운다는 의미로 예컨대 삼성전자는 반도체를 자체 생산하는 것이 더 싸기 때문에 대규모 인력을 고용하여 생산을 한다. 그러나 완성된 휴대폰의 판매는 외부와의 계약을 통하는 것이 더 싸다고 판단하기 때문에 직접 인력을 고용하지 않고 대리점과의 계약을 통하여 판매한다는 것이다. 이처럼 자체 생산보다 외부 거래를 통한 비용이 더 비싸질 때까지 기업은 팽창한다는 것이 코스의 거래비용이론이다.

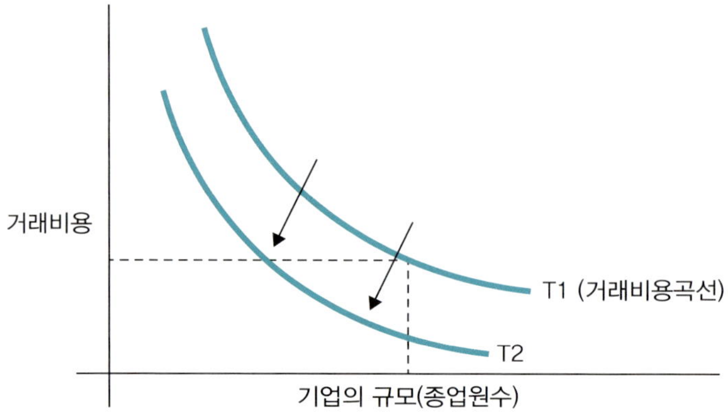

정보기술의 발달은 거래에 소모되는 비용을 획기적으로 낮출 수 있다. 예컨대 똑같은 재료를 어느 가게에서 사는 것이 더 싼지를 쉽게 알 수 있고, 누구에게 판매하는 것이 더 유리한지에 관한 정보도 얻을 수 있다. 해외에 있는 기업과 거래를 하는 데 있어서 인터넷을 이용하여 필요한 출장비를 절약할 수도 있다. 이처럼 우수한 정보시스템은 동일한 인력을 가지고도 더 낮은 거래비용을 발생시킬 수 있는 힘이 있고 경쟁력을 발생시킨다.

또한, 정보시스템은 종업원들의 관리와 감독에 들어가는 비용을 줄여줄 수도 있다. 젠슨Jensen과 메클링Meckling은 경영주가 종업원들을 감시 감독하는 데 필요한 경비를 대리인 비용Agency Cost이라고 하였는데, 기업이 커질수록 대리인 비용은 늘어난다고 하였다. 그러나 정보시스템은 기업이 성장하고 종업원이 늘어나더라도 대리인 비용을 낮추는 수단을 제공할 수 있다.*

* Jensen, M., and Meckling, W. 1976. Theory of the firm: Managerial behavior, agency costs, and ownership structure. Journal of Financial Economics, 3: 305-360.

쓸모 있고 쓰기 쉬운 시스템을 만들어야 한다(TAM)

Information systems should be useful and easy to use

프레드 데이비스Fred Davis는 MIT에서 박사학위 졸업논문을 썼는데, 그 내용은 에지젠Ajzen과 피쉬바인Fishbein이 제시한 합리적 행동이론Theory of Reasoned Action에 근거하여 사람들이 정보기술을 받아들이고 사용하는 데 가장 결정적인 영향을 미치는 요인이 두 가지 있다는 것이었다.* 당연한 이야기처럼 들리겠지만 일단은 쓸모가 있어야 하고 쓰기도 쉬워야 한다는 것이다. 놀라운 것은 당연해 보이는 이 모델이 《MIS Quarterly》라는 경영정보시스템 최고의 저널에 게재된 1989년 이후로 2만 번이 넘는 인용을 받았다는 것이다. 사회과학에서는 1,000번의 인용도 어렵다고 알려져 있는데, 2만 번을 넘었다는 것은 그 논문이 학문적으로 다른 학자들의 연구에 매우 큰 영향을 끼쳤다는 것을 의미한다.

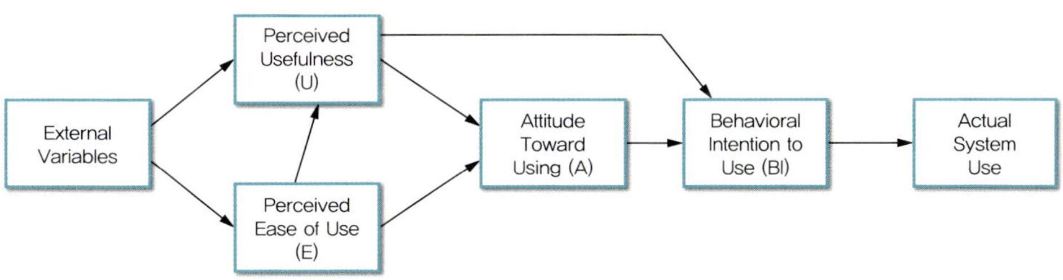

데이비스가 개발한 TAM은 이후의 학자들에 의해 수많은 검증을 거쳤다. 예를 들어, 단기적인 사용과 장기적인 사용에 어떤 차이가 있는지, 전자상거래시스

* Davis, F. D. (1986). A technology acceptance model for empirically testing new end-user information systems: Theory and results. (Doctoral dissertation, Sloan School of Management, Massachusetts Institute of Technology).

Davis, F. D. (1989). "Perceived usefulness, perceived ease of use, and user acceptance of information technology", MIS Quarterly, 13(3): 319-340

템에도 적용이 되는지와 같은 다양한 상황에서 검증되었다. 이러한 후속 연구를 거쳐서 TAM의 두 번째 버전이 등장했는데, 흔히들 'TAM2'라고 부른다.*

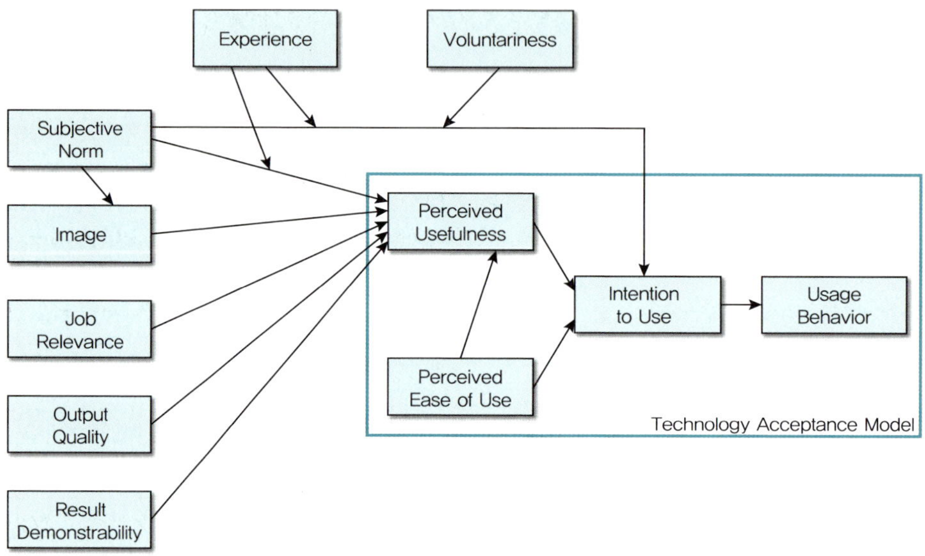

* Ajzen, I.; Fishbein, M (1980), Understanding attitudes and predicting social behavior, Englewood Cliffs, NJ: Prentice-Hall

IS의 S는 시스템이자 서비스다(IS Success Model)

The second letter S of IS means Service as well as System

저널Journal은 연구 결과물을 게재하는 매체이다. 단순 보고인 경우도 있고, 100쪽이 넘는 긴 글인 경우도 있다. 수많은 저널들이 넘쳐나고 있지만 학문 분야별로 품질을 인정받는 저널은 많지 않다. 정보시스템 분야에서는 1976년에 처음 출간된 《MIS Quarterly》와 1990년에 출간된 《ISRInformation Systems Research》이라는 두 개의 저널이 가장 권위를 인정받고 있다. 매년 엄청난 양의 논문들이 전 세계로부터 투고되지만 엄격한 심사를 통과하여 게재되는 논문은 전체의 10%도 되지 않는 것으로 알려져 있다.

어메리칸대학American University의 윌리엄 딜론William DeLone과 조지아주립대학Georgia State University의 에프레임 맥클레인Ephraim McLean은 공동으로 한 편의 논문을 게재했는데, 그들의 주제는 정보시스템의 성공에 미치는 요인이 무엇이냐는 것이었다. 당연한 결론처럼 들리겠지만 정보시스템이 제공하는 정보와 그 시스템의 품질이 사용 의도나 만족을 가져오고, 이러한 만족이 개인과 조직의 성과로 나타난다는 것이었다. 딜론과 맥클레인이 제시한 정보시스템 성공모형을 다른 연구자들이 꾸준히 연구하여 나중에 서비스 품질이 추가되고, 개인이나 조직의 성과를 구분하기보다는 Net Benefits로 통합하였다. 단순히 정보와 시스템만으로는 성공할 수 없고, 사용자에 대한 서비스가 따라줘야 정보시스템이 성공으로 이어질 수 있다는 의미이다.*

* DeLone, W. H., & McLean, E. R. (1992). Information systems success: the quest for the dependent variable. Information systems research, 3(1), 60-95.

McLean Model of Information Systems Success: A Ten-Year Update. Journal of Management Information Systems, 19(4), 9-30.

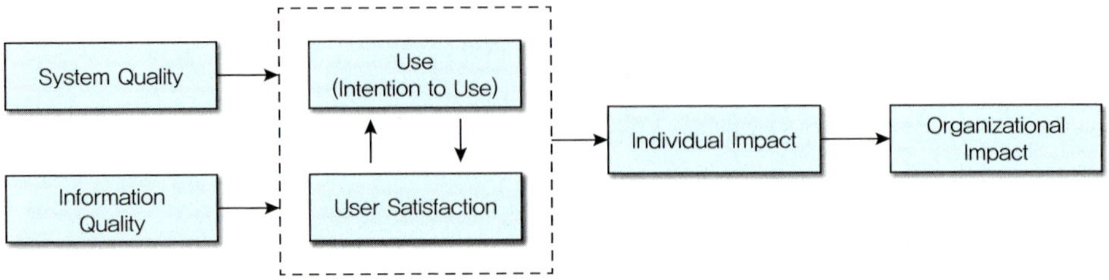
System Quality
Information Quality
Use (Intention to Use)
User Satisfaction
Individual Impact
Organizational Impact

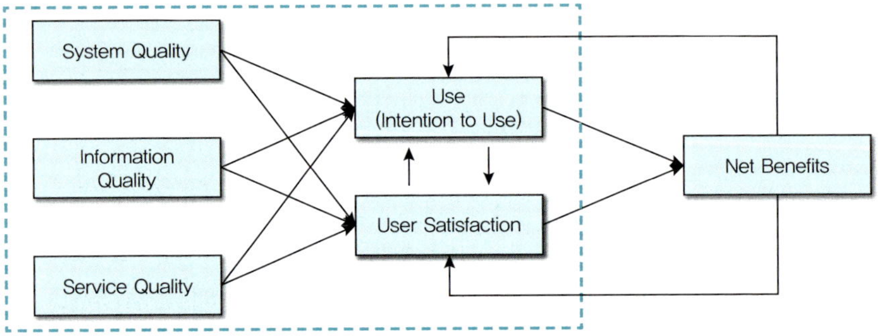
System Quality
Information Quality
Service Quality
Use (Intention to Use)
User Satisfaction
Net Benefits

정보시스템도 법의 통제하에 있다

Information systems are under the control of law

정보시스템은 기본적으로 많은 정보를 가지고 있을 뿐만 아니라 중요한 정보를 가지고 있다. 따라서 허락받지 않은 사람이 정보시스템에 접근하지 못하도록 하여야 하고, 침해가 발생하였을 때를 대비하여 절차와 규정을 가지고 있어야 한다. 개별 기업들이 자체 규정을 가지고 있지만, 국가 차원에서도 "정보화촉진기본법"과 "정보통신망 이용촉진 및 정보보호 등에 관한 법률"이 있다. 예를 들어, '개인정보'는 생존하는 개인에 관한 정보로서 성명 · 주민등록번호 등에 의하여 특정한 개인을 알아볼 수 있는 부호 · 문자 · 음성 · 음향 및 영상 등의 정보를 말하는데, 해당 정보만으로는 특정 개인을 알아볼 수 없어도 다른 정보와 쉽게 결합하여 알아볼 수 있는 경우에는 그 정보를 포함한다고 정의하고 있다. 인터넷에서 사이트마다 개인정보 수집에 관한 동의를 받는 이유도 이 법에 근거한 것이다.

흔히들 악플이라고 부르는 악성댓글에 대한 처벌도 이 법에 근거하고 있다. 악플로 인한 사이버 명예훼손은 일반적인 명예훼손보다 행위수단의 특수성으로 인하여 최고 3년 이하의 징역 또는 3천만 원 이하의 벌금형에 처할 수 있도록 규정하고 있다. 반의사 불벌죄 또는 친고죄에 해당하지 않아서 피해자의 의사와 관계없이 수사기관의 공소제기가 가능하다*.

* 개인정보보호 종합지원 포털 http://www.privacy.go.kr/nns/ntc/inf/personalInfo.do

유형 구분	개인정보 항목
일반정보	이름, 주민등록번호, 운전면허번호, 주소, 전화번호, 생년월일, 출생지, 본적지, 성별, 국적
가족정보	가족구성원들의 이름, 출생지, 생년월일, 주민등록번호, 직업, 전화번호
교육 및 훈련정보	학교출석사항, 최종학력, 학교성적, 기술 자격증 및 전문 면허증, 이수한 훈련 프로그램, 동아리활동, 상벌사항
병역정보	군번 및 계급, 제대유형, 주특기, 근무부대
부동산정보	소유주택, 토지, 자동차, 기타소유차량, 상점 및 건물 등
소득정보	현재 봉급액, 봉급경력, 보너스 및 수수료, 기타소득의 원천, 이자소득, 사업소득
기타 수익정보	보험 (건강, 생명 등) 가입현황, 회사의 판공비, 투자프로그램, 퇴직프로그램, 휴가, 병가
신용정보	대부잔액 및 지불상황, 저당, 신용카드, 지불연기 및 미납의 수, 임금압류 통보에 대한 기록
고용정보	현재의 고용주, 회사주소, 상급자의 이름, 직무수행평가기록, 훈련기록, 출석기록, 상벌기록, 성격 테스트결과 직무태도
법적정보	전과기록, 자동차 교통 위반기록, 파산 및 담보기록, 구속기록, 이혼기록, 납세기록
의료정보	가족병력기록, 과거의 의료기록, 정신질환기록, 신체장애, 혈액형, IQ, 약물테스트 등 각종 신체테스트 정보
조직정보	노조가입, 종교단체가입, 정당가입, 클럽회원
통신정보	전자우편(E-mail), 전화통화 내용, 로그파일(Log file), 쿠키(Cookies)
위치정보	GPS나 휴대폰에 의한 개인의 위치정보
신체정보	지문, 홍채, DNA, 신장, 가슴둘레 등
습관 및 취미정보	흡연, 음주량, 선호하는 스포츠 및 오락, 여가활동, 비디오 대여기록, 도박성향

04 정보시스템 사례연구

4.1 기업의 정보시스템 유형과 사례

4.1

기업의 정보시스템 유형과 사례

수준별 정보시스템

Three Levels of Information Systems

같은 조직 내에서 최고경영자가 사용하는 정보시스템과 말단 신입사원이 사용하는 정보시스템은 과연 같을까? 일단 이 두 계층은 정보시스템을 사용하는 목적이 다르다. 최고경영자는 전체 조직의 성과와 외부 경쟁업체들의 동향과 같은 정보가 필요하고, 말단 신입사원은 매일 반복적으로 발생하는 일상적인 업무와 거래를 처리하기 위해 정보시스템을 사용한다. 서로 사용하는 목적이 다르기 때문에 그 목적에 최적화된 정보시스템을 사용해야 하는 것이다. 일반적으로 조직의 계층을 최고경영층, 중간경영층 그리고 하위경영층으로 구분한다. 계층에 따라 수행하는 업무의 성격이 다른데, 상위경영층으로 갈수록 비정형적이고 전략적인 업무를 수행하며, 하위경영층으로 내려갈수록 반복적, 정형적, 일상적인 업무를 수행한다. 업무가 다르기 때문에 필요한 정보도 다르다. 상위경영층으로 올라갈수록 내부 정보보다는 외부 정보를, 과거지향적인 정보보다는 과거 데이터 분석을 토대로 한 미래지향적인 정보를, 특정분야의 디테일한 정보보다는 광범위한 정보를, 상세한 정보보다는 의사결정을 위해 가공되어지고 요약된 정보가 필요하다. 또한 같은 내용을 보더라도 최고경영자는 숫자 데이터 형식의 표보다는 그래픽과 같이 한눈에 알아볼 수 있도록 가공된 정보를 더 선호한다.

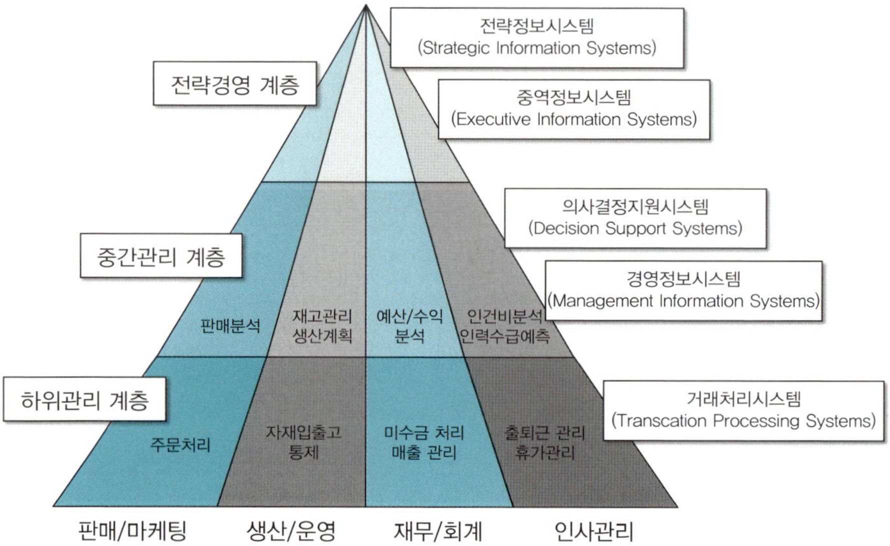

		관리활동 (R. Anthony)		
		운영 Operation	관리 Management	전략계획 Strategic planning
의사결정 유형 (H. Simon)	구조적 Structured	TPS	MIS	EIS
	반구조적 Semi-structured		DSS	
	비구조적 Unstructured			

거래처리시스템

TPS(Transaction Processing System)

고객과 직접 대면하고 거래를 처리하는 사원의 시스템은 어떻게 생겼을까? 가령 콜센터의 직원이 사용하는 시스템을 예로 들어보자. 콜센터의 경우, 운영상 고객이 기본적으로 자주 요청하는 거래 데이터를 신속하고 정확하게 처리하여야 한다. 이 같은 시스템을 거래처리시스템Transaction Processing System, TPS이라고 한다.

거래는 기업의 이익에 영향을 주는 업무와 관련된 가치의 교환이나 재화의 이동을 포함하는데 종업원에게 급료를 지불하는 활동, 고객에게 청구서를 발행하는 활동, 원자재를 구매하는 활동, 제품을 판매하는 활동 등이다. 기업의 거래 관계자 간의 기업 거래활동을 추적 · 기록 · 관리하는 활동을 지원해주는 정보시스템이 거래처리시스템이다.

매일 반복적으로 발생하는 일상적인 업무와 거래를 처리하기 때문에 운영절차나 처리방법이 매우 정형화 표준화되어 있는 것이 가장 큰 특징이다. 예를 들면 고객의 불만사항을 어떠한 단계로 대응할 것인지, 어디까지 요구사항을 받아줄 수 있는지에 대한 모든 대응방식 및 처리방식이 미리 정형화되어 있다. 또한 TPS는 많은 양의 상세한 데이터를 입력하고 처리하기 때문에 시스템의 데이터 처리용량이 상대적으로 클 필요가 있다. 가장 중요한 점은 TPS에서 축적된 데이터를 이용하여 조직의 상위계층에서 쓰는 정보시스템(MIS, DSS, EIS 등)의 기본적인 데이터를 제공하기 때문에 정확한 입력과 축적이 매우 중요하다고 볼 수 있다.

TPS의 특징

- 방대한 양의 데이터 입력과 출력을 할 수 있다.
- 많은 사용자에 의해 처리된다.
- 반복적인 거래처리이다.
- 의사결정의 기반을 형성한다.
- 대용량의 저장과 처리를 필요로 한다.

일반적으로 거래데이터는 대량으로 발생하기 때문에 수집과 처리방식을 고민하지 않을 수 없다. 크게 두 가지의 처리방식이 있는데, 뱃치Batch와 실시간Real-time 방식이다. 뱃치는 일정 기간 동안 발생한 거래를 한꺼번에 데이터베이스에 입력하는 것이고, 실시간은 거래가 발생할 때마다 그 즉시 입력하는 것이다. 예를 들어, 재래시장의 나물가게에서 하루 동안 발생한 거래를 집에 와서 모두 입력하는 것은 뱃치처리 방식이고, 대형마트에서처럼 물건을 판매하면서 발생하는 거래가 영수증 발행과 동시에 기록되는 것이 실시간 처리이다. 실시간 처리를 위해서는 서버컴퓨터가 반드시 네트워크로 연결되어야 하기 때문에, '온라인거래처리On-Line Transaction Processing'라고도 한다.

큰 MIS와 작은 MIS가 있다

There are two types of MIS, big and small

중간계층에 근무하는 관리자들이 사용하는 시스템에는 업무를 감독, 통제하는 등의 관리업무를 지원하는 경영정보시스템Management Information Systems, MIS과 중간관리계층의 의사결정과 문제해결에 도움을 주는 의사결정지원시스템Decision Support Systems, DSS이 있다. MIS는 중간경영층의 관리업무를 지원해야 하기 때문에, 조직 내의 실무부서별 성과나 실적에 대해 종합적으로 비교분석하고 평가하여 부서의 활동들을 관리하고 통제할 수 있도록 도와준다.

각 부서별 업무현황 등과 같은 정형적인 관리정보를 보고서의 형태로 제공하기도 하고, 문제를 인식하는 데 필요한 과거 실적 및 현재 상태에 대한 필요한 정보를 요약된 형태로 제공하기도 한다. 대부분 사전에 해결하는 절차나 규칙이 정해져 있는 정형적인 문제들을 해결하며, 때로는 경영자의 개입 없이 자동적으로 문제를 해결할 수도 있다.

1960년대에 MIS라는 용어가 처음 등장했을 때에는 이러한 중간관리층의 기본적인 업무를 지원하려는 의미가 강하였다. 컴퓨터 성능도 좋지 않았고, 정보기술이 오늘날처럼 다양하게 활용될 것이라고는 예측하기 어려웠기 때문이다. 당시에는 기업에서 컴퓨터를 활용하여 기본적인 업무를 처리하는 수준으로만 생각하였지만, 그 용도가 확대되면서 단순한 업무처리뿐만 아니라 의사결정의 지원이나 전략적 판단 등에도 정보시스템이 활용되기 시작하였다. 이러한 과정을 거치면서 오늘날 MIS라는 용어는 기업에서 발생하는 다양한 데이터를 처리하여 단순하고 복잡한 업무를 지원하거나 처리하는 정보시스템으로 인식되고 있다. 따라서 작은 범위의 MIS가 중간관리층의 부서별 성과나 실적을 감독하고 통제하는 데 도움을 주는 역할을 의미하는 반면에, 큰 MIS는 기업 전반의 모든 계층들이 활용할 수 있는 정보를 생성하여 주는 시스템을 의미한다. 용어의 혼란을 막기 위하여 작은 MIS를 MSS Management Support Systems 라고 부르기도 한다.

MIS라는 용어의 원조이고 확산에 있어서 가장 큰 영향을 끼친 사람으로 알려진 고든 데이비스 Gordon Davis 는 학부에서 정치학과 회계학을 전공한 사람이었다. 그는 스탠포드대학에서 박사 과정을 하면서 정보기술의 가능성이 매우 크다는 것을 예측하고 MIS라는 학문을 연구하여 체계화하였다. 고든 데이비스가 마그렛 올슨 Margrethe Olson 과 함께 1974년에 McGraw-Hill 출판사를 통해서 펴낸 『Management Information Systems: Conceptual Foundations, Structure and Development』는 MIS의 원조 교과서로 알려져 있다. 고든 데이비스는 오랫동안 미네소타주립대 University of Minnesota 에서 교수생활을 하였는데, MIS 분야의 많은 저명한 학자들이 그의 제자이다.

의사결정지원시스템

DSS(Decision Support Systems)

기업활동에는 해결하기 힘든 복잡한 문제가 넘쳐난다. 주기적이고 정형적인 문제들은 TPS나 작은 MIS를 통하여 해결할 수 있지만, 반복적으로 발생하지 않고 정형적이지도 않은 문제는 더욱 정교하게 설계된 정보시스템을 요구한다.

기업의 임원급 중역들이 다루는 전략적인 수준의 문제는 아니더라도 중간관리자들이 해결해야 하는 반구조적이거나 비구조적인 문제의 해결을 도와주고자 개발된 것이 의사결정지원시스템이다. DSS는 주로 특정 문제를 해결하는 데 필요로 하는 정보만을 제공하기 때문에 DSS의 이용자는 주로 해당 문제와 관련이 있는 일부 소수의 중간경영자들이 사용하게 된다.

예를 들면, 어떤 무역업체에서 매일 일정한 자재를 해외에서 구매하여 수입하였는데, 갑자기 국내시장이 열악해지고 환율이 많이 올랐다고 가정하자. 이런 경우에 자재를 기존에 사던 만큼의 양으로 들여올 것인지, 그렇지 않고 구매량을 어떻게 조정하여 들여올 것인지를 결정하여야 한다. 이런 구매업무를 수행하는 중간관리자는 의사결정을 내리기 전에 여러 가지 대안들을 검토하게 된다. 즉 '미국 달러의 기준 환율이 50원 내리고 원자재 가격이 50원 오르면, 어떻게 될까'와 같은 What-If 실문에 답을 해주는 시스템을 미리 구축해 놓아야 한다는 것이다. 이처럼 DSS는 각 대안의 미래 결과를 체계적인 방법으로 예측하여 가장 바람직한 최적의 해답Optimized Solution이나 만족스러운 해답Satisfying Solution을 선택하도록 지원한다.

기존의 데이터베이스 시스템만 가지고는 복잡한 문제해결을 위한 정보를 산출하는 데 제한적이기 때문에 다양한 의사결정 모형(통계, 수학, 경영과학 등)을 활용하여 문제해결을 위한 정보를 생산해낸다. 또한 의사결정자가 각 대안에 대해 다

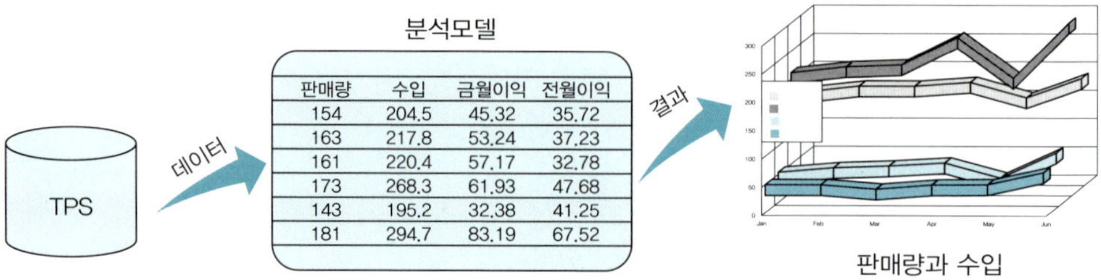

양한 분석을 할 수 있도록 사용자와 대화하듯이 입출력이 이루어지는 화면 설계를 통하여 정보를 제공한다.

여러 사람들이 주어진 문제에 대해서 이해하는 것과 의사결정을 도와주는 것이 집단의사결정지원시스템Group DSS이다. 아이디어를 수집하거나 우선순위를 정하거나 최적해를 찾아줌으로써 다양한 이해관계를 가진 구성원들로 구성된 집단의 의사결정을 지원하는 것이다.

DSS와 비슷하게 특정 분야에서 특정 문제를 해결하고 의사결정을 지원하기 위해 개발된 시스템이 전문가시스템Expert Systems이다. DSS와 다른 점은 DSS는 조직 내의 데이터를 토대로 의사결정을 지원하는 반면에 전문가시스템은 해당 분야에서 오랫동안 경험을 쌓은 외부 전문가의 축적된 지식을 시스템화하여 의사결정을 지원한다는 것이다.

중역정보시스템

EIS(Executive Information Systems)

최고경영층의 의사결정을 지원하기 위하여 구축되는 것이 중역정보시스템이다. 이 시스템은 조직 전체의 목표와 전략, 계획을 수립하는 등의 경영활동을 지원하며, 향후 조직의 발전과 미래의 모습에 결정적인 영향을 미치는 의사결정을 지원하게 된다. 즉, 중역정보시스템은 전략적 계획과 통제, 그리고 위기관리와 같은 업무를 수행하기 때문에, 불확실한 미래를 예측하기 위한 자료, 특히 중장기적인 추세를 파악하는 것이 매우 중요하다.

이러한 점에서 볼 때 EIS가 제공하는 정보는 한눈에 추세를 파악할 수 있도록 주로 그래픽을 활용한 정보가 많은 편이다. 또한, 최고경영층은 전반적으로 컴퓨터 활용능력이 다소 떨어지기 때문에 앞서 언급한 다른 시스템에 비해 사용자 편리성을 높이는 것이 중요하다. 드릴다운drill-down 기능이 있어서 처음에는 종합적이고 요약된 정보를 보여주다가 사용자가 클릭할 경우 점점 더 세부적인 내용을

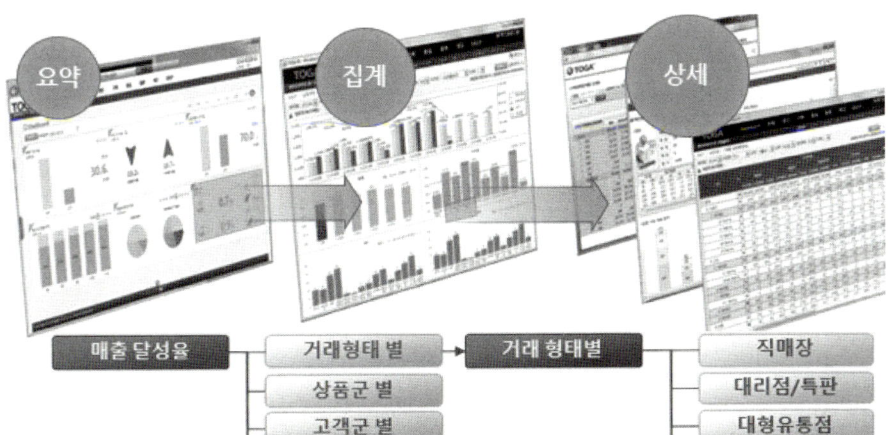

파악할 수 있도록 해주는 인터페이스를 갖추어야 한다.

같은 직무를 수행하더라도 업종에 따라서 상당한 차이가 있다. "국적은 바꿔도 학적은 못 바꾼다."는 말이 있듯이, "직장은 바꿀 수 있어도 업종은 바꾸기 어렵다."는 말이 있다. 유통업체에서 인사/회계를 담당하였다면, 건설업체에서 인사/회계를 담당하는 것이 생각만큼 쉽지 않다는 의미이다. 따라서 기업의 세계에서는 업종이 매우 중요하다. 임원급 중역들은 특정 업종에서 오랫동안 경험을 쌓으면서 지식을 축적한 사람들이다. 따라서 회사를 위한 전략적 의사결정은 주로 해당 업종의 중장기적인 발전방향과 관련이 있다. 예를 들어, 맥주회사에서 원료가 되는 보리와 홉의 수입 국가를 변경하려 한다면 매우 심도 있는 정보조사가 필요하고 기존의 수입 국가와도 철저하게 비교분석을 해야 한다.

이처럼 기업 전체의 운명을 좌우할 수도 있는 의사결정을 하려면 해당 업종의 소비자 추이와 다른 기업들의 동향도 알아야 한다. 결과적으로, 경쟁전략과 관련된 의사결정은 기업의 내부뿐만 아니라 외부 데이터를 수집해서 처리해야만 하는 경우가 많은데, 주로 해당 업종에서 생산하는 제품/서비스의 수요와 공급에 관한 추이를 분석한 것이다.

증권	은행	보험업	통신업	철강금속	전기전자	섬유의복	음식료품	화학	의약품	전기가스	유통업	건설업	비금속	종이목재	운수장비

기능별 정보시스템

Functional Information Systems

앞서 살펴본 계층별 정보시스템들(TPS/DSS/EIS)은 모두 인사, 재무, 회계, 마케팅, 생산 관리 등의 조직의 여러 가지 업무기능을 지원한다. 이러한 다섯 가지 기능들을 중심으로 조직이 어떻게 정보시스템을 활용할 수 있는지 살펴보자.

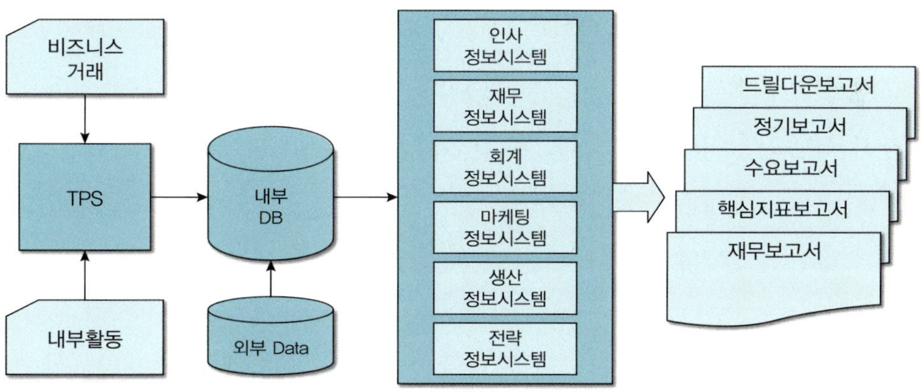

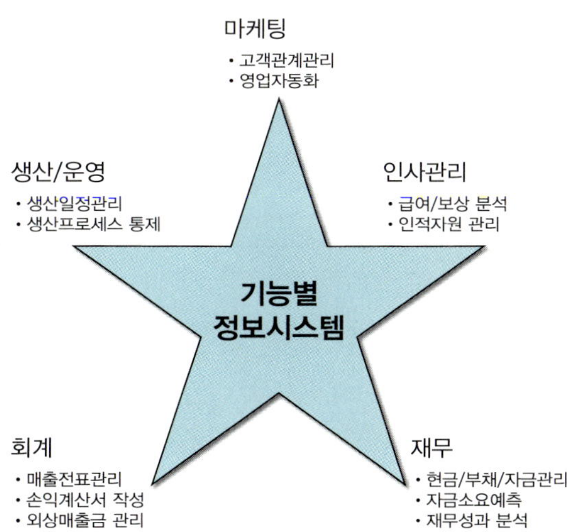

인사관리시스템

Information systems should be useful and easy to use

기업의 경쟁력을 강화시키기 위하여 가장 핵심과제로 인적자원Human Resources의 성공적인 활용이 떠오르면서 체계적이고 효율적인 인적자원관리를 위한 정보시스템이 주목을 받고 있다. 인사관리시스템은 기본적으로 현 직원들을 평가하고 관리하며, 새로운 직원을 뽑고 훈련시키는 활동들을 지원한다. 조직의 목표를 달성하기 위하여 필요한 인적자원을 확보하고 훈련시켜서 활용하는 것과 관련된 일련의 활동들을 계획하고 관리하는 것을 말한다. 예컨대 인력충원 계획, 승진 채용, 급여 관리, 직원의 자기개발 지원 등의 업무이다.

기업들은 이러한 업무들을 개별적으로 분리하여 운영하고 관리하기보다는 기업이 지향하는 가치와 비전, 그리고 전략 등에 기초하여 통합적으로 관리하는 것이 보편적이다.

모토롤라의 새로운 인사관리시스템

새로운 인사관리시스템으로 매년 2백만 달러의 비용을 절감하다

motorola
a Google company

1997년, 모토롤라는 그동안 종이문서로 관리해오던 직원 인사관리를 교체하기로 결심하게 된다. 모토롤라가 사용하던 기존의 인사관리시스템은 전 세계 미국, 유럽 등에 흩어져 있는 50여 개의 지사와 30여 개 공장들의 서로 다른 인사관리 규정과 해당국가의 서로 다른 노동법 등으로 일관되게 인사관리시스템을 관리하기 힘든 구조였다. 이 문제를 풀기 위해 앤더슨컨설팅사와 업무협약을 맺고 새로운 인사관리시스템을 구축하기에 이른다.

총 16개월의 개발 기간이 걸렸는데, 전 세계에 흩어져있는 인력에 관한 정보를 좀 더 일관된 포켓으로 제공하기 위해 SAP가 만든 R/3 인력관리시스템 버전3을 급여처리를 위해 도입하였다. 앤더슨사의 역할은 모토롤라가 제대로 관련정보를 수집하고 새로운 시스템에 관련된 직원교육 등을 위한 기본적인 운영 인프라를 구축하는 것이었다. 그 결과, 모든 인사관리에 관련된 업무를 한 가지 수단으로 통일해서 수집하고 처리, 저장하기 때문에 모토롤라는 모든 직원 관련 데이터를 아리조나에 있는 미국 본사에서 통합 관리할 수 있게 되었다. 하지만 이것은 새로운 인사관리시스템의 하나의 단면일 뿐이었다. 관리자와 직원들이 이 데이터에 접속하기 위해 새로운 단일 네트워크를 만들어야 했는데, 그게 바로 ENET(The Employee Self Service NETwork)이었다. ENET은 인트라넷에 기반한 네트워크 환경으로 직원은 필요한 데이터를 웹브라우저로 접속할 수 있었고, 관리자는 직원의 승진, 급여와 관련된 처리를 시스템을 통해 체크하고 승인할 수 있게 하였다. 추가적으로 다른 외부 정보도 링크되게 하였는데, 예를 들면, 회사의 관련규정 문서나, 모토롤라 대학의 관련 코스들과 같은 주로 경력개발과 관련된 자료들을 볼 수 있도록 하였다.

시스템 개발과 동시에 이루어진 가장 큰 성공요인은 전 세계 모든 모토롤라 지사에서 쓸 수 있는 공통된 인사관리 규정을 만드는 것이었다. 그 이후 급여체계나 승진조건 등 규정이 변경되면 다른 모든 지사도 자동적으로 동시에 변경되는 구조로 변경되었다. 1997년과 1999년 사이에 전 세계 모든 모토롤라 지사에 새로운 ENET/SAP가 구축되었고, 이로 인해 인사조직에 들어가는 기본비용이 매년 2백만 달러의 절감효과를 이루어냈다.

http://www.computerweekly.com/feature/Case-Study-Motorola-implement-a-new-human-resources-system

회계정보시스템

Accounting Information Systems

회계정보시스템은 구매와 판매 처리시스템에서 발생하는 정보를 가지고 각각의 이해관계자의 합리적 의사결정을 돕는 것을 목적으로 설계된 정보시스템이다. 효율적인 회계정보시스템은 다음과 같은 세 가지의 광범위한 목적을 위하여 정보를 제공한다. 첫 번째는 경영자의 일상적 활동계획 및 통제에 이용되기 위한 내부 회계보고를 위한 것이고, 두 번째는 특수의사결정, 기업의 전략적 계획과 경영정책을 수립하기 위한 내부 회계보고이며, 마지막으로 주주, 정부, 감사 등 기타 이해관계자 집단을 위하여 정보를 제공하는 외부 회계보고를 위한 목적이다.

Community College의 회계정보시스템

NSCC Nova Scotia Community College는 13개의 메인캠퍼스와 6개의 커뮤니티 러닝센터를 운영하는 교육기관이다. NSCC는 매달 모든 주들의 다양한 의사결정자들에게 회계 관련 보고를 하는 구조인데 13개 캠퍼스를 위해 보고서를 생성하고 배포하는 일이 그렇게 쉬운 작업은 아니었다. 주로 구형 시스템에서 재정 응용프로그램을 실행시켜 리포트를 만드는데, 매달 회계가 마감되고 리포트를 생성하는 데 총 2주가 소요되고 추가적으로 프린트하고 13개 캠퍼스의 주요 재정의사결정권자들에게 배포하는 데 1주가 더 소요되었다. 더 큰 문제는 데이터가 3주 만에 관련자들에게 도착했을 때는 이미 그 데이터는 오래되어서 현재시점의 의사결정과정에는 전혀 도움이 되지 않는다는 것이다. 또한 각각의 의사결정권자들은 필요한 데이터가 다르고 분석되어야 할 부분이 다른데, 보고서는 전혀 그 요구에 커스터마이즈되어 맞춰져 있지 않고, 일관되게 정형화되어 보여주기 때문에 의사결정권자들에게는 가치 있는 정보라고 생각되기 힘든 구조였다. 또한 프린트물이기 때문에 직접 클릭하여 원천 데이터를 볼 수 있는 것도 아니고, 사용자가 본인이 원하는 구조로 분석하고 요약하는 것조차 허락되지 않았다.

이 같은 문제를 해결하기 위해 피플소프트 PeopleSoft의 ERP시스템이 도입과 함께 보고서 툴인 시게이트인포SeagateInfor 버전 7.0이 설치되었다. 먼저 트라이얼 버전을 설치하여 사용하였는데, 이렇게 분산된 구조(13개캠퍼스)에서 어떻게 중앙화된 보고서 생성이 가능할지 새로운 보고 시스템 운영을 시험해보기 위해 설치되었다. 3일 만에 설치가 끝나고 보고서는 1주일 반 만에 작성되어 웹에 공지가 되었다. 무엇보다 보고서를 사용자가 클릭하면 해당 정보를 실시간으로 볼 수 있게 되어있는 구조이다.

결과적으로 모든 페이퍼 형식의 보고서들에서 탈피해 의사결정자가 언제든지 보고서에 인터넷을 통해 접속할 수 있어서 의사결정과정에서 정보의 이용과 활용이 높아졌다. 또한 보고서가 매달 말에 정산이 끝나자마자 바로 업로드되기 때문에 정보의 가치 또한 높아졌다. 현재는 이 같은 온라인방식의 보고서의 사용과 접속이 늘어남에 따라 200명이 이상이 접속할 수 있는 더 안정적인 서버환경을 구축하였고, 해당 소프트웨어의 라이센스도 더 구입하여 사용하고 있다.

마케팅정보시스템

Maketing Information Systems

한순간의 의사결정이 기업의 운명을 좌우할 수 있다는 관점에서 기업의 제품가격 책정, 판매, 홍보 등과 관련된 의사결정에 중요한 정보 원천으로써 마케팅 정보시스템은 매우 중요하다고 할 수 있다. 다시 말해, 마케팅정보시스템은 제품을 개발하고 판매하고 가격을 책정하고 홍보하는 모든 마케팅 활동에 효율성을 돕기 위한 정보시스템이다. 마케팅 활동과 관련된 문제를 해결하기 위해 기업 내외의 자료를 체계적으로 수집, 분석, 정리하여, 의사결정권자들에게 시의적절한 가치 있는 정보를 제공함으로써 마케팅 관련 의사결정에 도움을 줄 수 있도록 하는 것이다.

월마트Wal-Mart의 예측기술Predictive Technology

허리케인 프랑스가 플로리다 해변을 덮친 사건이 일어났다. 주민들이 높은 곳으로 대피하는 등 소동이 일어났는데, 그때 월마트 지점의 경영진들은 이 태풍을 통해 월마트의 새로운 데이터 기반 기술인 'Predictive Technology'의 잠재적 기회를 보게 된다. 태풍이 불어 닥치기 일주일 전, 월마트의 CIO인 린다 딜먼(Linda Dillman)은 IT부서 직원들에게 지난 몇 주 전에 있었던 태풍 "Charley"가 불어 닥칠 때 무슨 일이 일어났는지에 대한 데이터를 기반으로 예측 시나리오를 만들어보라고 지시하였다. 월마트의 컴퓨터네트워크에 저장되어 있는 trillions 바이트가 넘는 쇼핑 고객의 과거 구매이력을 가지고, 그녀는 이런 생각을 가졌다. "우리가 무슨 일이 일어날 건지 그저 기다리는 것이 아니라 이제는 우리가 무슨 일이 일어날 건지 미리 예측하기 시작해야 하지 않을까(start predicting what's going to happen, instead of waiting for it to happen?)" 데이터 전문가들이 데이터를 분석하기 시작하면서 알아낸 것은 태풍이 덮칠 때 월마트 점포들이 일상적인 손전등과 같은 물품뿐만 아니라, 몇 가지 특정 물품을 더 구비해두어야 한다는 것이다. 딜먼은 "우리는 데이터 분석 전에는 딸기 맛 팝타르트의 매출이 7배나 증가하게 된다는 사실을 알지 못했다."라고 인터뷰에서 밝힌 바 있다. 그때 허리케인 프랑스가 지나가는 경로에 위치하는 모든 월마트 지점에 해당 관련 물품이 재빠르게 공급되었고, 그 결과 거의 모든 제품들이 태풍 기간 동안 빠르게 팔려나가게 되었다.

사실 월마트 이외에도 많은 대형마트들이 지점들을 분석하고 쇼핑 고객들의 구매패턴을 분석하여 매출을 높이려고 정보시스템을 이용하고 있다. 월마트의 경우는 미국 전역에 총 3,600여 개의 점포를 가지고 있는데 매주 점포를 방문하는 고객의 수는 1억 명에 달한다. 월마트는 사실 고객에 대한 다양한 정보를 가지고 분석을 할 수 있는데, 예를 들면, 각 지역별 지점별 고객의 립스틱 칼라에 대한 취향과 같이 각각의 제품별로 어떤 연령층의 고객에 의해 구매되는지 매일 매일 데이터를 저장하고 마이닝하고 업데이트하여 정보화시킨다.

사실 모든 정보가 월마트에게는 굉장히 소중하다. 그 정보를 가지고 매주 토요일 회사에서는 마케팅 미팅을 가지고, 이 미팅이 여러 데스크를 거치고, 헤드쿼터 오피스를 거쳐 전 세계 월마트의 마케팅 전략에 영향을 미치게 된다. 또한 이러한 정보는 네슬레와 같은 공급자들과도 공유가 되는데, 리테일링크(Retail Link)라는 엑스트라넷(Extranet)을 통해 해당 공급자의 제품이 잘 팔리는지 어떤 제품의 공급이 시급한지에 대한 정보가 보일 수 있도록 하고 있다.

출처: http://belfastacademyofmarketing.co.uk/marketing-information-systems-a-case-example/

생산정보시스템

Production/Operation Information Systems

생산Production은 원래 소비Consumption의 반대말로 원재료를 활용하여 사람의 요구를 만족시키는 재화나 서비스를 만드는 행위나 그 과정을 의미한다. 영어에는 조금 더 좁은 의미의 생산Manufacturing이 있는데, 이것은 주로 제조업체에서 원재료를 투입하여 미리 정해진 최종 제품으로 변환시키는 과정을 의미한다. 프로덕션이나 매뉴팩튜어링을 원활하게 이루어지게 하는 데 필요한 여러 가지 작업들을 운영Operation이라고 한다. 생산관리라는 용어에 대해 기업 현장에서는 이 3가지 개념의 뚜렷한 구분 없이 혼용되어 사용되고 있지만, 학문적으로는 POMProduction & Operation Management이라는 용어가 보편적이다.

생산관리시스템이란 생산을 위한 라인 설계와 원료의 투입과 생산과정의 추적, 성과의 분석과 같은 일련의 작업들을 효율적으로 관리하기 위한 시스템을 말한다. 따라서 생산정보시스템은 인력, 원재료, 설비, 시간, 공간 등의 자원을 할당하고, 생산공정과 실적을 모니터링하고 품질관리에 이르기까지 생산과 관련된 모든 활동들의 데이터를 수집하고 관리하기 위한 정보시스템이다.

최근의 추세는 POPPoint of Production, 생산시점시스템을 구축하여 생산시점 생산공정에서 발생하는 데이터를 실시간으로 수집하고 저장하여 실적과 품질, 재고, 설비 등에 관한 각종 정보를 생성하여 제공한다. 즉, 생산 현장의 데이터를 실시간으로 처리하여 목표대비 실적을 점검하여 작업에 대한 지시를 내림으로써 더욱 정확하

생산계획	진척관리	실적관리	재고관리	성능분석	설비관리	품질관리	기준정보

고 빠른 업무수행을 가능하게 하고 있다.

제조업체의 공장 내부에서 일어나는 생산공정뿐만 아니라 원재료와 부품의 조달 과정도 실시간으로 수집하여 재고관리의 혁신을 달성한 것이 JIT^Just in Time, 적시^ 시스템이다. 1970년대 일본의 토요타자동차에 의해서 개발된 JIT시스템은 많은 부품들이 창고에 쌓여서 투입되기를 기다리는 것은 그 자체로 낭비라고 인식하여 하청업체에서 만들어진 부품이 토요타 제조공장에 조달되는 거리와 시간 등을 고려하여 창고에 넣지 않고 곧바로 자동차 생산에 투입될 수 있도록 하였다. 오늘날에도 많은 기업들이 "재고는 비용이다"라는 인식하에 JIT시스템을 구축하여 부품의 조달과정에서 발생하는 데이터를 실시간으로 수집하여 창고비용과 재고비용을 줄이고 있다.

전사적 자원관리시스템

ERP(Enterprise Resource Planning)

엔터프라이즈enterprise는 흔히 기업을 뜻하는 펌firm이나 컴퍼니company, 코퍼레이션corporation보다 넓은 의미로 사용된다. 엔터프라이즈는 기업이 필요한 활동들을 수행하기 위하여 여러 부서와 계층들이 서로 협력하여 이루어진다는 의미를 내포하고 있다. 이러한 활동들을 서로 연결하고 관리하는 것이 ERP의 개념이다. 따라서 ERP는 기업에서 일어나는 인사, 회계, 재무, 생산, 마케팅, 전략에 이르는 모든 업무들의 프로세스를 내장하여 하나의 시스템으로 통합하는 것이다. ERP가 구축되면 기업의 모든 부서들이 필요한 정보를 동시에 공유하게 되어 기업의 전 부문이 통합적으로 돌아가게 된다. 이로써 기업은 정확한 데이터를 기반으로 생성된 정보를 바탕으로 의사결정 시간의 손실을 최소화하며 목표를 달성하는 효과를 가질 수 있다.

ERP 시장에는 원래 많은 회사들이 경쟁을 했었다. Oracle, SAP, Baan, Peoplesoft, JD Edwards 등과 같은 회사들이 치열한 경쟁을 벌였지만, 지금은 Oracle과 SAP가 다른 회사들을 합병해서 시장에서 살아남은 상황이다. 국내에서는 삼성SDS나 더존 같은 회사들이 작은 규모의 ERP 시스템을 제공하지만, SAP가 시장의 50% 이상을 장악하고 있다.

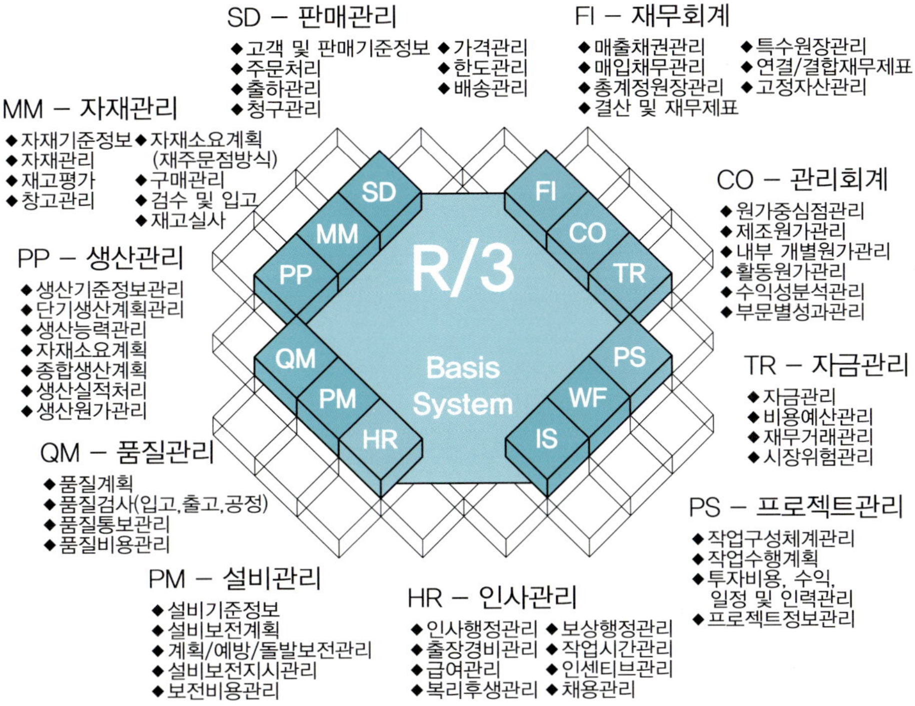
SD – 판매관리
◆고객 및 판매기준정보
◆주문처리
◆출하관리
◆청구관리
◆가격관리
◆한도관리
◆배송관리
FI – 재무회계
◆매출채권관리
◆매입채무관리
◆총계정원장관리
◆결산 및 재무제표
◆특수원장관리
◆연결/결합재무제표
◆고정자산관리
MM – 자재관리
◆자재기준정보
◆자재관리
◆재고평가
◆창고관리
◆자재소요계획
(재주문점방식)
◆구매관리
◆검수 및 입고
◆재고실사
CO – 관리회계
◆원가중심점관리
◆제조원가관리
◆내부 개별원가관리
◆활동원가관리
◆수익성분석관리
◆부문별성과관리
PP – 생산관리
◆생산기준정보관리
◆단기생산계획관리
◆생산능력관리
◆자재소요계획
◆종합생산계획
◆생산실적처리
◆생산원가관리
TR – 자금관리
◆자금관리
◆비용예산관리
◆재무거래관리
◆시장위험관리
QM – 품질관리
◆품질계획
◆품질검사(입고,출고,공정)
◆품질통보관리
◆품질비용관리
PS – 프로젝트관리
◆작업구성체계관리
◆작업수행계획
◆투자비용, 수익,
일정 및 인력관리
◆프로젝트정보관리
PM – 설비관리
◆설비기준정보
◆설비보전계획
◆계획/예방/돌발보전관리
◆설비보전지시관리
◆보전비용관리
HR – 인사관리
◆인사행정관리
◆출장경비관리
◆급여관리
◆복리후생관리
◆보상행정관리
◆작업시간관리
◆인센티브관리
◆채용관리
SD
MM
PP
QM
PM
HR
FI
CO
TR
PS
WF
IS
R/3
Basis
System

데이터 웨어하우스/마이닝/마트

데이터 웨어하우스Data Warehouse, DW는 어떤 조직의 기간계 시스템에 해당하는 인사/재무/회계/마케팅/전략의 기능별 정보시스템의 데이터베이스에 축적된 데이터를 특정한 의사결정을 도와주기 위한 목적으로 구축된 데이터베이스를 말한다. 기업의 규모가 성장하고 복잡해질수록 데이터는 부서별, 지역별, 개인별로 곳곳에 산재하게 된다. 이처럼 분산되어 있는 데이터들을 창고라는 의미를 가진 웨어하우스에 실시간 또는 주기적으로 모아놓는 것이다. 데이터 웨어하우스는 단순히 모아놓기만 하는 것이 아니라 미리 정해진 의사결정에 활용하는 것이 궁극적인 목적이다.

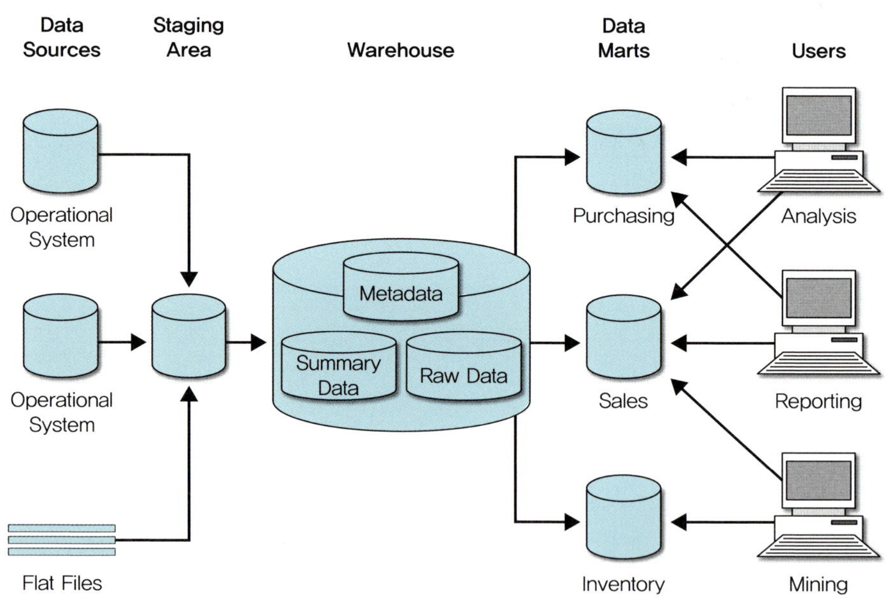

데이터 웨어하우스는 통합성integrated, 주제지향성subject-oriented, 시계열성time-varient, 그리고 비휘발성non-volatile이라는 4가지 특성을 지닌다.

첫째, 통합성은 각각의 분산된 DB에 저장된 데이터가 분석 가능하도록 미리 정해진 형태로 변환되어 데이터 웨어하우스에 입력되는 것이다.

둘째, 주제지향성은 의사결정과 관련된 주제별로 데이터를 분류함으로써 사용자가 활용하기 쉽고 분석하기 용이하게 만드는 것이다.

셋째, 시계열성은 일정한 기간 동안 데이터를 지속적으로 수집하여 패턴을 알 수 있도록 하는 것이다.

마지막으로, 비휘발성은 일단 데이터가 웨어하우스에 쌓이면 읽기 전용Read-only 형태로 만들어져서 데이터가 수정되지 않도록 하고, 수정이 되더라도 무엇이 어떻게 수정되었는지에 관한 기록이 남도록 한다.

데이터 마트는 데이터 웨어하우스에 모아진 데이터를 더욱 세분화하여 부서나 개인이 활용할 수 있도록 만들어주는 것이다. 즉, 데이터 웨어하우스가 주로 기업의 전체적인 의사결정을 위하여 구축되는 반면에, 데이터 마트는 구축된 데이터 웨어하우스로부터 데이터를 추출하여 특정 부서나 개인에게 제공하여 주는 것이다.

데이터 마이닝

데이터 마이닝Data Mining은 대량의 데이터로부터 통계, 경영과학, 수학, 인공지능, 기계학습 등과 같은 분야에서 개발된 분석모형을 이용하여 데이터 속에 숨겨져 있는 상호 관련성이나 패턴과 같은 유용한 정보를 추출하여 의사결정에 활용하는 것이다. 데이터 웨어하우스가 주어진 의사결정을 하기 위하여 필요한 데이터를 모으고 활용하는 것이라면, 데이터 마이닝은 목적 없이 흩어져 있는 데이터에 접근하여 의미 있는 정보를 찾는 것이다. 따라서 데이터 웨어하우스를 구축할 때에 데이터 마이닝을 활용하여 데이터 분석모형을 개발하여 결합시키기도 한다. 데이터 마이닝에서 데이터를 처리하는 목적은 다음과 같다.

처리목적	처리내용
연관성 (Association)	동시에 발생한 두 개 이상의 사건들이 서로 관련이 있는지를 파악함. 사례: 마트에서 기저귀와 맥주를 같이 구매할 확률
분류/등급화 (Classification)	어떤 집단을 소집단으로 분리시킬 수 있는 기준을 찾아냄. 사례: 카드회사에서 신용등급을 나누는 적절한 기준의 탐색
군집화 (Clustering)	각 개체들 간의 유사도(similarity)를 기반으로 어떤 특성을 공유하는 데이터들의 집단을 찾아냄. 사례: 질병을 지역별로 군집화하여 분석함
연속성 (Sequencing)	특정 기간에 걸쳐 연속적으로 발생하는 사건들의 관계를 규명함. 사례: 신축 아파트에 입주한 가족이 TV나 가구를 구매할 확률
예측 (Forecasting)	데이터 내의 패턴을 기반으로 미래를 예측함. 사례: 기존 고객들을 분석하여 신용불량의 가능성이 있는 고객 예측

데이터 마이닝은 야구팀 성적도 바꾼다

2011년에 개봉된 영화 〈머니볼Moneyball〉은 미국 메이저리그 야구팀인 오클랜드 어슬래틱스의 빌리 빈Billy Beane, 1962~ 단장을 주인공으로 하고 있다. 빌리 빈은 어려서부터 운동에 소질이 있었고, 1980년 고등학교를 졸업할 때 드래프트 1라운드에 뉴욕 메츠에 스카우트되었을 정도로 뛰어났지만 1984년 들어서 메이저리그에 데뷔하였다. 그러나 통산 평균타율이 2할1푼9리 밖에 되지 않아서 선수로서는 크게 성공하지 못했다. 1989년 오클랜드에서 은퇴하고 같은 팀에서 선수를 선발하는 스카우터로 근무하였다. 1998년 당시에는 메이저리그에서 가장 자본력이 약하고 성적도 좋지 않았던 오클랜드 어슬래틱스의 단장으로 취임한다.

빌리 빈이 처음 한 일은 하버드대에서 경제학과 통계학을 공부하여 월스트리트에서 금융전문가로 일하던 폴 디포데스타Paul DePodesta를 영입한 것이었다. 빌리

와 폴은 데이터분석을 통해 구단을 운영하기로 하고 개인의 타율, 타점, 도루보다 장타율과 출루율이 팀의 승률에 더 밀접한 영향을 준다는 것을 알아내었다. 타율이 높고 홈런을 잘 치는 타자만을 선호하던 시절에, 득점에는 타율이 아닌 출루율이 더 큰 영향을 미친다는 점에 착안한 것이다. 뚱뚱하고 느리더라도 선구안이 좋아서 볼넷을 골라서 걸어 나갈 수 있는 선수들을 발굴했다. 공이 빠르고 방어율이 낮은 투수를 선호할 때, 빌리와 폴은 볼넷을 허용하는 비율이 낮고 땅볼 비율이 높은 선수를 찾았다. 이렇게 발굴한 선수가 잘해서 스타가 되면 부자 구단에 비싸게 팔아 막대한 이적료를 챙겼고, 그 돈으로 다시 저평가된 선수들을 사들였다.

오클랜드 어슬래틱스는 2000년부터 2003년까지 4년 연속 포스트시즌에 진출하는 기적을 연출하였다. 다른 구단들이 데이터 야구를 하기 시작하면서 오클랜드의 성적도 주춤했지만, 2012년부터 2014년까지 다시 포스트시즌에 진출하면서 머니볼 시즌 2를 맞이했다는 평가를 받고 있다. 당시나 지금이나 최고 부자 구단인 뉴욕 양키스 팀 연봉의 3분의 1도 안 되는 연봉을 받는 선수들이 이루어낸 것은 놀라운 일이 아닐 수 없다. 저평가된 선수들을 발굴하여 활용하는 측면에서는 워렌 버핏의 가치주 투자와 비교되기도 한다.

비즈니스 인텔리전스

BI(Business Intelligence)

인텔리전스[Intelligence]는 인포메이션[Information]과는 의미가 조금 다르다. 쉽게 이해하기 위해 우리나라의 국가정보원[National Intelligence Service]이나 미국의 CIA[Central Intelligence Agency]를 생각해 보면 된다. 국가적 차원에서 안보를 위한 정보를 말할 때에는 주로 인텔리전스라는 용어를 사용한다. 인텔리전스는 그 만큼 상위레벨에서 활용되는 비밀스러운 정보라는 의미를 담고 있는 것이다. 기업의 경우에도 최고경영층이 필요로 하는 정보는 대내외적으로 수집되는 데이터로부터 만들어지고, 비밀스럽고 중요하다는 의미로 비즈니스 인텔리전스라는 용어를 사용하는데, 흔히 BI라고 줄여서 부른다.

BI는 기업의 최고경영층이 경쟁이나 전략의 수립과 같은 중요한 업무를 수행하는 데 필요한 데이터의 수집, 저장, 분석 등의 기능을 가진 정보시스템이다. BI시스템도 결국은 최고경영층의 의사결정을 지원하는 역할을 하기 때문에 특수목적 의사결정지원시스템으로 불리기도 한다. BI시스템을 구축하기 위하여 OLAP, 통계분석, 예측, 데이터마이닝, 데이터웨어하우스 등과 같은 요소기술들을 활용하는데, 경영활동 전반에 걸쳐 과거와 현재의 분석은 물론이고 미래에 관한 예측을 위하여 사용된다. 이러한 BI시스템의 특징은 다음과 같다.

- 다각도로 수집한 데이터의 분석을 통해 합리적인 의사결정을 지원한다.
- 여러 경로에서 입수한 다양한 데이터를 분석하여 의사결정의 근거를 도출한다.
- 합리적이고 빠른 의사결정으로 비즈니스 측면에서 상당한 부가가치를 제공한다.

레크리에이션클럽 밍가라Mingara의 BI 도입

호주의 NSW 센트럴코스트에서 1971년에 시작한 밍가라 레크리에이션 클럽은 스포츠, 게임, 레크리에이션 활동을 지원하는 클럽으로 거의 5만 명의 회원을 가지고 있으며, 수백만 달러 규모의 헬스센터와 시설을 보유하고 있다. 보통 이 정도 규모의 레크리에이션 클럽들은 게임, 레스토랑, 인적자원, 재무 등 몇 가지 특화된 소프트웨어 애플리케이션을 사용한다. 각자의 애플리케이션은 엄청난 양의 데이터를 가지게 되는데, 문제는 이러한 애플리케이션이 서로 정보 공유를 하지 않는다는 것이다. 이 때문에 밍가라에서는 경영과 관련된 보고서를 작성하기 위해 수작업을 해야 했다. 보고서 작성을 위해서 하나의 시스템에서 데이터를 가져와서 통합하고 복사하는 작업들을 반복해야 했던 것이다. 매달 출력되는 보고서를 위해서도 하나의 시스템 관리자가 함께 참여하여 데이터를 가져오기 위한 지원을 받아야 하는데, 만약 특정 시스템 관리자가 자리를 비우게 되면 보고서 작성 또한 관리자가 업무에 복귀할 때까지 마냥 기다려야 하는 구조였다. 사실 사업을 하는 데 있어서 고객의 변화하는 소비패턴에 민감하게 반응하여야 하는데, 밍가라의 보고서 지연은 2008년에 이르러 도저히 용납이 안 되는 수준에 이르러 클럽의 경영층에서는 드디어 흩어져 있는 데이터를 활용할 때라고 결정하게 된다.

총 3년의 개발계획으로 시작이 되어 첫 해에는 각각의 시스템을 통합하고, 두 번째 년도에는 BI(Business Intelligence)에 더 집중하여 새로운 보고환경을 만들기 위한 데이터웨어하우스 구축을 목표로 하였고, 마지막 해에는 이 데이터를 사업의 발전을 위해 어떻게 이용할 수 있을지 모색하는 단계로 잡았다. 2009년 동안 새로운 BI환경을 구축하였는데, 먼저 데이터웨어하우스를 준비시키고 밍가라의 분산된 시스템들의 데이터와 통합하여 안정화시키는 작업이 진행되었다. 보고서 형식 또한 새롭게 디자인되었고, 웹을 통해 허락된 사용자가 관련 보고서를 보고 드릴 다운하여 원하는 정보의 상세내역을 열람할 수 있게 하는 등의 포털사이트를 구축하였다. 더 나아가 마이크로소프트 엑셀과 액세스를 추가하여 사용자가 원하면 보고서 형식을 바꿔서 만들 수 있게 하고, 관련정보를 엑셀에서 분석할 수 있도록 하였다.

그 결과, 밍가라의 보고하는 방식이 완전히 바뀌었다. 보고서를 만들고 보고하기까지의 시간은 최대 6주까지 줄어들었고, 기존에 사람이 해야 할 일이 많이 줄어들었기 때문에 업무, 즉 일하는 방식 또한 완전히 새롭게 바뀌게 되었다. 조직 전체적으로 데이터의 신속한 접근은 날마다 하는 일상 업무까지 바꿔놓았다. 예를 들면, 이벤트와 관련된 데이터도 실시간으로 웹을 통해 볼 수 있기 때문에, 일하는 직원이 보다 쉽게 어떤 이벤트들이 진행 중에 있고, 각각의 이벤트를 위한 음식 공급, 언제 이벤트와 관련된 돈이 입금되는지 각 예약과 관련된 고객 연락처 등 모든 일상 업무들이 실시간으로 신속하게 결정되고 진행되어질 수 있게 되었다.

가장 큰 변화는 과거 매출과 재고를 바탕으로 한 새로운 데이터분석 역량이다. 레스토랑과 술집에서 각각의 물품에 대해 가질 수 있는 가장 이상적인 재고량은 어떻게 되는지 등 밍가라의 거의 모든 부문에서 새로운 정보가 생성되었고 더 능률적이고 효율적으로 일할 수 있는 방법들을 찾게 되는 변화가 나타나게 되었다.

출처: http://www.pa.com.au/customer-stories/mingara/

지식관리시스템

KMS(Knowledge Management Systems)

피터 드러커Peter Drucker, 1909-2005는 고객의 요구가 급변하면서 제품과 서비스의 수명주기가 급속히 짧아지고, 극심한 경쟁으로 인하여 끊임없이 신기술이 등장하는 경영환경에서 생존하기 위한 필수 요소로서 '지식'의 중요성을 강조하였다. 드러커는 데이터와 정보의 거의 무한대에 가까운 양적 팽창이 일어나고 있는 오늘날을 '지식사회'라고 표현하였다. 그는 이러한 기업환경에서 전통적인 생산요소였던 노동, 자본, 토지처럼 눈에 보이지 않지만 지식은 매우 중요한 자원이라고 강조하였다. 오늘날의 국가와 기업의 경쟁력과 생산력은 토지와 공장, 설비 등 하드웨어 자산만으로는 부족하고 지적능력과 서비스 능력 등 소프트웨어 능력을 갖추는 것이 핵심이라는 것이다. 실제로 우리가 접하는 대부분의 제품과 서비스의 가치는 지식을 바탕으로 하고 있다. 예를 들면, 아이폰과 같은 혁신적 설계, 삼성전자와 같은 치밀한 반도체 공정프로세스, 그리고 오리온 초코파이는 모두 고객에 대한 이해를 기반으로 제품설계 기법이나 노하우 등과 같은 지식이 있어야 가능한 것이다.

일본의 노나카 이쿠지로Nonaka Ikujiro는 지식은 형식지形式知, explicit knowledge와 암묵지暗默知, tacit knowledge로 구분된다고 하였다. 형식지는 보고서, 업무매뉴얼, 결재서류, 회의록, 이메일처럼 여러 사람들이 공유할 수 있는 형태로 표출되어 있는 반면에, 암묵지는 학습과 체험을 통하여 개별 직원들이 습득하여 머릿속에 존재하는 것이다. 이전까지의 정보시스템은 이 정형화된 형식지만을 관리해왔다. 마케팅, 회계, 생산, 재무 등 기업 활동에서 발생하는 데이터를 저장하고 관리하는 것이 정보시스템의 영역이었고, 이것을 보고 실제 경험과 노하우에 의해 판단하고 의사결정을 내리는 것은 기업 내부의 사람이 수행하여왔다. 하지만, 그 의사결정을 하는 주체인 직원이 회사를 떠나게 되면 그가 가지고 있던 암묵지도 함께 떠나가고 기업의 지식이 소실된다는 관점에서 지식관리시스템[KMS]이 등장하였다. 즉 조직 구성원이 소유하고 있는 비정형 지식을 정보시스템에 수집하여 분석함으로써 경영활동에 활용할 수 있도록 하자는 것이다.

지식관리시스템은 단순히 지식을 한 곳에 모아두는 것에서 그치지 않고, 조직의 목표나 업무와의 연관성을 고려하여 체계적으로 분류된 지식 맵[Knowledge Map]을 통하여 지식을 안전하고 효율적으로 관리할 수 있도록 도와준다. 지식관리포털은 지식관리시스템과 포털시스템을 통합한 것으로 조직 내에 축적된 지식을 체계화하여 공유하는 데 한 번의 접속으로 다양한 서비스를 제공 받을 수 있도록 정보의 유용성과 사용자의 편리성을 높인 시스템이다.

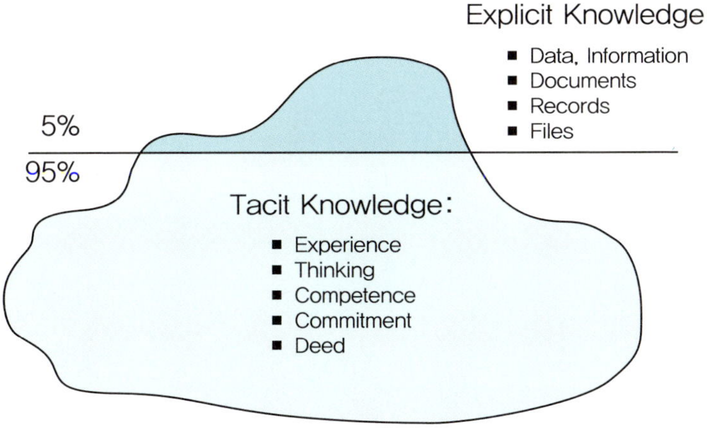

특허청 지식관리시스템

특허청은 정부기관으로서 특허행정업무에 종사하는 사람이 수집하고 생산한 정보를 관리하기 위하여 지식관리시스템을 구축하였다. 지식의 유형은 업무와 관련이 있는 업무지식과 업무와 관련이 없지만 유용할 것으로 판단되는 생활지식으로 나뉜다. 업무지식은 개인이 직접 창출한 생산지식과 외부자료를 가공하지 않고 그냥 인용한 인용지식으로 나뉜다. 이러한 지식을 활용하기 위하여 등록, 조회, 검색, 공유, 연결, 코멘트 등의 기능을 가진 정보시스템을 구축한 것이다. 특히, 개별 지식들을 연결하여 지식지도(Knowledge Map)를 만들었는데, 지식을 유형별로 분류하여 활용할 수 있도록 체계적인 도표로 정리한 것이다. 지식관리시스템의 성공을 위하여 분야별로 전문지식을 보유하고 있는 자로서 지식을 평가하고 질문에 답변할 수 있는 사람을 지식전문가로 지정하였고, 개인의 지식활동을 종합적으로 평가한 후 그 결과를 점수로 환산하여 지식마일리지를 부여하였다.

주요 기능	주요 내용
My Page	지식관리시스템에 접속하면 최초로 접하게 되는 화면으로서 개인이 원하는 Contents로 편집해서 사용할 수 있는 공간이다.
지식 Q&A	지식관리시스템의 지식 카테고리 별로 질문과 답변이 공유되는 공간으로서 지식 분야별 질문과 답변을 할 수 있다.
커뮤니티	업무관련 커뮤니티, 취미 생활을 위한 커뮤니티 활동을 할 수 있도록 꾸며 놓은 공간이다.
지식등록	지식마당은 보유 노하우뿐만 아니라 각종 업무 관련 지식 자료에 대해 자유롭게 서로 공유하는 곳이다. 지식 분류체계별로 지식을 등록하고 또한 타인이 등록한 지식에 대해 조회, 평가할 수 있다.
업무마당	심사노하우, 법령자료, 간부회의자료, 간행물 정보 등 업무에 필요한 참고자료들을 축적하여 직원들에게 온라인 서비스를 하는 공간이다.
e-Learning	연수원 교육자료, 각 실·국 교육자료 등 업무 관련 교육자료들을 축적하여 온라인 서비스함으로써 직원들이 수시로 학습할 수 있는 공간이다.
게시판	공지사항, 생활정보, 경조사 등 서로 공유할 수 있는 게시물을 등록 조회할 수 있는 공간이다.
지식재산 통계	출원, 심사, 등록, 심판, 기타 통계 등 각종 지식재산권 관련 통계를 제공한다.
특허 행정혁신	혁신과제 제안, 업무 프로세스 개선, 혁신 사례 공유, 혁신설문조사 등 혁신에 대한 커뮤니케이션이 이루어지는 공간이다.
통합검색	지식관리시스템 내에서 찾고자 하는 정보를 검색어와 다양한 검색 방법을 이용하여 찾을 수 있다.

출처: http://www.kipo.go.kr

그룹웨어

Groupware

기업의 구성원들이 함께 서로 협력하여 업무효율을 높이기 위해 집단으로 작업을 할 수 있도록 지원하는 시스템이다. 네트워크가 발달함에 따라 그 전까지 개인 컴퓨터에 흩어져 있던 여러 응용프로그램들을 연결하여 협력 효과를 극대화하고 업무의 질을 높이기 위해 널리 사용되고 있다. 그룹웨어를 쓰는 조직의 구성원들은 통신망으로 연결된 개인용 컴퓨터로 서류 작성과 결재, 문서보관 등의 업무를 처리할 수 있다. 어떤 사람이 작성한 문서를 다른 사람이 첨삭하며 공동으로 작업하는 시스템이 내장되어 있다. 또한 조직 구성원들 간에 신속하고 정확한 의사전달 및 정보공유가 가능하기 때문에 결재를 비롯한 업무처리에 소모되는 시간과 비용의 절감 효과가 크다고 할 수 있다. 그룹웨어의 부가적인 기능으로는 전자메일과 전자게시판, 개인일정 공유 등이 있고, 서로 연락할 수 있는 의사소통을 위한 SMS, 전화, 화상회의 등과 같은 기능이 있는 경우도 있다.

그룹웨어의 핵심 목적인 '협력'은 모든 조직에서 중요하다. 협력은 과연 이기심을 이겨낼 수 있을까. 1990년 이후 정보화 시대를 이끄는 대표적 학자로 알려진 요차이 벤클러Yochai Benkler는 하버드대 교수로서 신경과학, 경제학, 뇌과학, 진화론, 윤리학 등 다양한 학문분야를 연구하여 협력의 가치와 중요성을 역설하였다. 그의 저서『펭귄과 리바이어던』은 '보이지 않는 손'으로 상징되는 개인의 이기심이 인간사회의 모든 현상을 설명하는 것처럼 보이지만, 실제로는 협력이 훨씬 더 중요한 개념이라고 주장한다. 어떤 사회나 조직이 협력의 시스템을 구축하는 것이야말로 개인의 이기심에 기초한 극단적인 경쟁만능주의를 극복하고 탄탄한 경제시스템을 만들어 가는 유일한 대안이라는 것이다. 벤클러는 대규모의 협업이 온라인상에서 뿐만 아니라 온 · 오프를 막론하고 향후 개인과 사회가 거쳐야 하는 핵심 경로라고 주장한다. 또한 벤클러는 위키피디아, 도요타, 사우스웨스트항공사, 라디오헤드 마케팅의 문화산업 조직 등의 사례를 통해 협력적 시스템의 성공적 사례를 보여주며 협력의 시스템의 효율성을 증명하고 있다.

Article at a Glance

소셜 미디어와 세계화로 인해 탄생한 초연결(hyperconnected) 상태의 비즈니스 세계는 연결의 힘을 활용할 수 있는 리더십 스타일을 요구한다. 리더는 지휘와 통제(command & control) 및 의견 일치(consensus)를 중시하는 리더십 스타일을 버리고 협력적인 리더십(collaborative leadership)을 받아들여야 한다. 필자들은 연구를 통해 협력적인 성향을 바탕으로 훌륭한 결실을 맺는 리더들이 다음과 같은 네 가지를 잘 해낸다는 사실을 확인했다.

협력적인 리더가 잘하는 일	그렇지 않은 일
기회를 포착하는 데 도움이 되는 광범위한 관계를 구축한다.	내부 관계에 집중한다.
바람직한 결과를 도출하기 위해 곳곳에서 활동하는 다양한 인재를 참여시킨다.	새로운 아이디어를 얻는 데 있어 (자신과) 유사한 특성을 지닌 팀에 의존한다.
경영진부터 서로 협력함으로써 어떤 것을 기대하는지 몸소 보여준다.	기업 내 정치와 편협한 의제에 치중한다.
의사 결정 속도를 높이고 민첩성을 보장하는 데 있어 강력한 지지를 표현한다.	조직 내 여러 집단이 충돌을 일으키거나 합의를 도출하기 위해 소모적인 모습을 보이도록 놔둔다.

출처: Hansen, M. (2011년 7월). Are You a Collaborative Leader? Harvard Business Review. pp. 2-8

H&C네트워크, 그룹웨어 도입으로 효율적 업무환경 구축

H&C네트워크는 2007년 설립되어 1,100명 규모의 인재 파견 및 아웃소싱을 전문으로 하는 기업이다. BC카드의 자회사인 H&C네트워크는 주로 BC카드 회원사 은행들의 카드 발급 및 카드 유치 등을 서비스하는 콜센터를 운영하고 있으며, 이밖에 기타 도급용역업, 특송업과 같은 사업을 하고 있다. H&C네트워크는 본사 직원뿐만 아니라 파견 직원들로도 구성되어 있어서 다른 기업보다 신속하고 정확한 소통이 이루어져야 한다. 이러한 H&C네트워크의 사업특성상 효율적인 업무환경을 구축할 수 있도록 돕기 위하여 그룹웨어를 도입하였다.

H&C네트워크는 2012년 10월 자사의 첫 그룹웨어 솔루션으로 비즈메카 그룹웨어를 도입하였다. 기존에 문서를 통한 서면 결재, 대면 결재를 통해 모든 업무를 진행하면서 문서를 보관해야 하는 번거로움이 있었고, 감사 등을 준비할 때면 당시 문서를 다시 찾아야 하는 불편을 감수해야 했다. 또 문서를 분실할 우려가 있어 전자결제 등에 대한 니즈가 생겨남에 따라 비즈메카 그룹웨어를 도입하게 된 것이다.

그룹웨어 도입 후 전자결재시스템을 활용해 빠른 결재가 이뤄지면서 시간과 비용을 단축하는 효과를 얻었다. 그룹웨어를 도입하기 전 문서

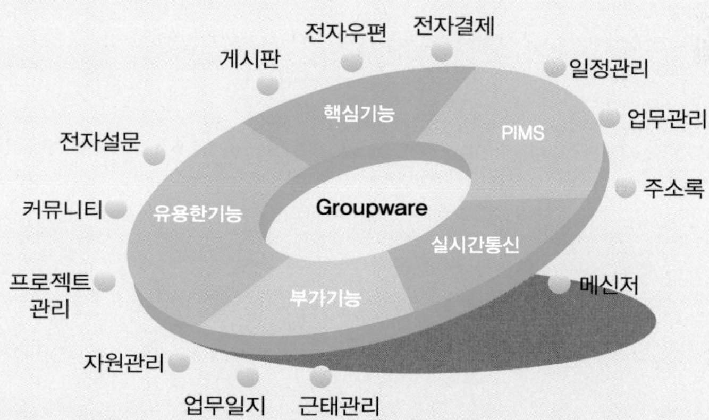

비즈메카의 그룹웨어 기능

로 진행하던 모든 업무를 이제는 전자결재로 진행하다보니 기존보다 결재를 위해 소요되는 시간이 줄어들었고, 직원들과 임원들 모두 외부에서 기안을 올리거나 결재를 손쉽게 할 수 있게 돼 유연한 업무환경이 만들어졌다.

또한, 주요 의사결정권자들의 외부 활동이 많은 만큼 전자메일뿐만 아니라 결재까지도 모바일기기에서 가능하기 때문에 장소와 시간에 관계없이 빠르게 의사결정을 할 수 있게 됐다. 그룹웨어는 지난 3월 모바일 애플리케이션 형태로 개발돼 장소와 시간에 구애받지 않고 모바일기기를 통해 솔루션을 활용할 수 있다. 이와 함께 그룹웨어를 도입하면서 기업 내 커뮤니케이션도 활발해졌다. 전자결재 시 결재를 하는 입장이나 결재를 받는 입장에서 그룹웨어를 통해 곧바로 피드백을 받을 수 있게 됐고, 사내 SNS 기능을 활용해 메신저, 공지사항, 설문조사, 생일자 알림 등을 진행하면서 업무뿐만 아니라 업무 외적인 이야기도 사내에서 쉽고 즐겁게 공유하게 된 것이다. 이밖에도 그룹웨어를 도입하면서 업무일지, 출퇴근 기록 등 과거 종이문서로 남겨져 손이 많이 가던 업무를 간편하게 처리할 수 있게 돼 직원들의 만족도도 높아지고 있다.

출처: http://www.itdaily.kr/news/articleView.html?idxno=56055

고객관계관리

CRM(Customer Relationship Management)

CRM은 고객과 관련된 데이터를 수집하고 분석하여 고객들의 개별적 특성에 맞는 마케팅 활동을 계획, 지원, 평가하도록 지원해준다. 더 나아가 고객과 장기적으로 긴밀한 관계유지를 통해 고객의 재 구매율과 충성도를 높이고 이탈 고객을 최소화하는 데 그 목적이 있다. 기업들은 이러한 목적을 달성하기 위하여 정보기술을 적극적으로 활용하고 있다.

예를 들면, 병원에서는 방문하는 환자(고객)의 질병과 진료, 방문횟수, 질병이력 등 고객관리에 필수적인 요소를 중심으로 고객데이터를 분류·분석하여 생성된 관련정보를 조합하여 고객 만족과 충성도를 증대시켜 방문횟수를 높일 수 있는 전략을 수립한다. 이러한 방식이 병원의 경영성과를 높이기 위한 CRM이다. 병원들은 환자마다 차별화하여 각각의 환자들에게 맞춤식 서비스를 제안을 하는 데 힘쓰고 있는데, 예를 들면 성장과정 동안 계속해서 병원을 찾아야 하는 소아과의 경우 아이들의 필수 예방접종 시기마다 SMS를 보내고, 진료예약, 검사결과, 안부 등과 같은 문자를 보내주는 등 고객과의 지속적인 관계를 유지하려고 노력한다.

최근에 등장한 SFA Sales Force Automation, 영업자동화는 고객을 직접 상대해야 하는 영업사원들에게 필요한 정보를 적시에 제공하고, 고객의 요구에 빠르게 대응할 수 있도록 하는

것이다. 특히, 세일즈포스닷컴Salesforce.com은 기업 단위로 가입하여 영업사원들이 고객과의 접촉을 통해서 발생하는 데이터를 입력하고 저장할 수 있다. 고객관리를 위하여 자체적인 시스템을 구축할 정도로 규모가 크지 않은 기업들은 세일즈포스닷컴을 활용하여 고객에 관한 정보를 관리하고 있다. 영업사원이 회사를 떠나더라도 세일즈포스닷컴에 기록된 정보를 바탕으로 다음 영업사원이 고객을 상대하기에 용이하다는 것도 큰 장점이다. 세일즈포스닷컴은 1999년 미국에서 시작되어 불과 15년 만에 2013년 기준으로 20억 달러 이상의 매출액을 기록하였고, 한국은 물론 중국, 호주, 홍콩, 싱가폴, 인도, 브라질, 그리고 유럽의 여러 나라에 지사를 가지고 있을 정도로 글로벌 대기업으로 성장하였다.

CRM의 또 다른 기능은 기회관리Opportunity management이다. 고객과의 접촉을 통해서 얻은 미래의 사업 기회를 체계적으로 관리할 수 있다는 것이다. 단순히 현재의 사업을 잘 수행하는 것에만 집중하는 것이 아니라 고객들로부터 나오는 요구를 기록하여 제품과 서비스를 선제적으로 개발한다. 이것은 해당 제품이나 서비스에 관해서 직접 사용하는 고객들이 누구보다도 더 잘 알고 있기 때문에, 고객들의 목소리를 수집하고 분석하면 새로운 기회를 포착할 수 있다는 것이다.

신한카드의 고객분류

- 2,200만 신한카드 회원들의 빅데이터를 분석해 남녀 각각 9개씩 총 18개의 라이프스타일 코드를 도출해 고객군에 맞는 특화된 상품개발
- 출시(2015. 04. 09) 후 10개월 만에 200만장 발급되었다고 발표함.
- 코드나인은 고객의 빅데이터를 분석해 생활방식에 맞춰 서비스하겠다는 목표로 선보인 카드 시리즈다. 신한카드는 2014년 초에 빅데이터분석 자동화시스템을 구축한 데에 이어 전문인력을 보강하면서 고객별로 심층적 분석을 하는 작업에 돌입했다
- 우선 젊은층을 겨냥한 신용카드 '23.5°'와 직장인을 대상으로 한 체크카드 'S-Line'을 내놓았다. 이어 지난해 6월에 장년고객을 위한 '미래설계'를 출시했다.
- 빅데이터 분석을 활용한 고객 맞춤형 서비스를 특화한 것이 효과를 거뒀다. 코드나인 시리즈는 출시 두 달 만에 30만 건을 발급하며 인기를 모았다.
- 신한카드는 그 결과 지난해 12월 카드업계 최초로 개인고객 카드이용액 100조 원을 돌파했다.

공급사슬관리 또는 공급망관리

SCM(Supply Chain Management)

CRM이 고객에 관한 정보를 관리하는 것이라면, SCM은 공급업체나 유통업체에 관한 정보를 관리하는 것이다. 즉, SCM시스템은 부품이나 재료를 공급하는 자재업체에서 도매와 소매에 이르는 모든 외부 거래 파트너들과 회사 내부의 생산운영에 대한 정보와 지식을 공유하고 통합적으로 관리 운영함으로써 공급과 유통의 불확실성을 줄이고 전체적인 생산의 최적화를 달성하기 위한 지원시스템이다. SCM시스템은 원재료의 공급업자로부터 생산과 유통에 이르는 흐름을 가치를 부여하는 하나의 사슬[Chain]로 보고, 발생하는 데이터를 수집하고 저장하여 원활한 흐름이 이루어지도록 지원하는 시스템인 것이다. 기업의 생산운영 및 유통과 연결되는 모든 대내외적 활동의 과정을 통합적으로 관리함으로써 생산되는 제품이나 서비스의 가치를 극대화하려는 노력이다. 결국, 가치가 가격을 결정하고 더 많은 이익을 가져오기 때문이다.

SCM시스템을 구축할 때 반드시 이해해야 하는 것이 업스트림[upstream, 상류]과 미들스트림[Middle stream], 그리고 다운스트림[downstream, 하류]이다. 업스트림은 원재료를 찾아내고 생산현장으로 가져오는 과정이다. 미들스트림은 업스트림에서 가져온 원재료를 가공하고 처리하여 제품이나 서비스를 만들어내는 과정이고, 다운스트림은 만들어진 제품과 서비스를 고객에게 보내주는 과정이다. 정유산업의 경우를 예로 들면, 원유를 구매하여 정유공장까지 가져오는 것은 업스트림이고, 원유를 정제하고 여러 종류의 제품들을 고객들에게 전달하는 과정이 다운스트림이라고 할 수 있다. 이 과정에서 업스트림과 다운스트림에 존재하는 여러 회사들과 원재료나 제품에 관한 데이터를 공유하기도 한다. 예를 들어, 삼성전자는 부품의 원활한 조달과 정확한 예측을 위해 정보시스템을 구축하여 공급업체가 생산 중인 부품의 양과 배송일시를 입력하도록 한다. 이렇게 되면, 삼성전자는 부품의 조달을 실시간으로 정확하게 예측하여 재고비용을 줄이는 것은 물론이고, 생산단가를 낮출 수 있다. 또한, 다운스트림에서 RFID[Radio Frequency IDentification]와 같은 기술을 활용하면 제품에 반도체칩을 부착하여 배송과정에서 위치를 정확하게 파악하고 분실을 예방할 수도 있다.

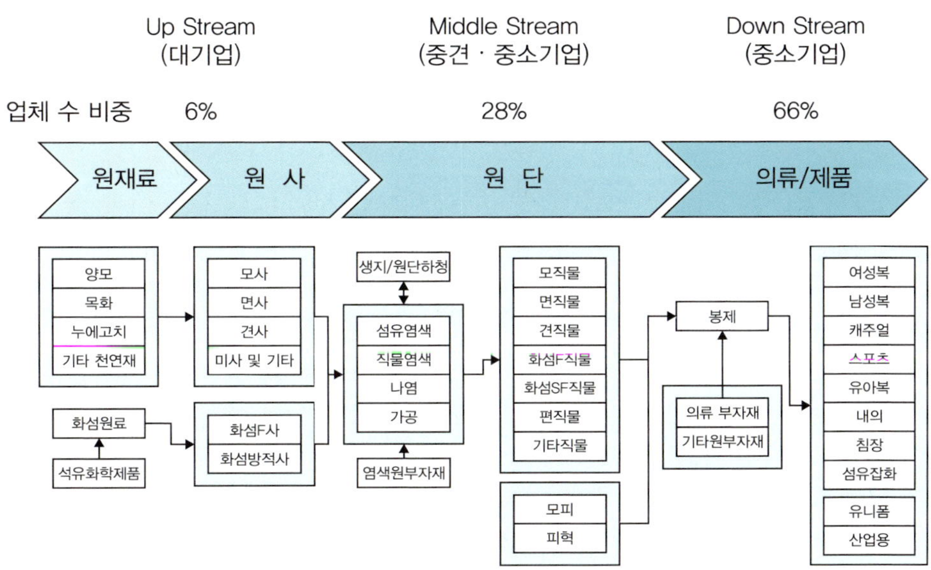

우리나라 합섬직물산업의 대외의존도 및 수출의존도 추이

출처: 한국무역위원회(http://www.ktc.go.kr/)

델[Dell]의 SCM 추진 사례

컴퓨터를 구입하는 방법은 주로 전자제품 판매장에 가거나 온라인으로 이미 완성된 것을 구매하는 것이다. 이처럼 컴팩(Compaq)이나 IBM 뿐만 아니라 삼성전자나 LG전자 등 대부분의 기업은 직접 고객에게 판매하지 않고 판매를 전문으로 하는 유통회사들을 통하는 간접판매 방식을 채택하고 있다. 즉, 공장에서 고객에게 직접 배달되지 않고 한 단계를 더 거치는 것이다. 그러나 델의 SCM 전략은 직접 판매 방식을 채택하여 고객이 인터넷을 통하여 자신이 원하는 컴퓨터의 사양을 주문하면 공장에서 조립하여 고객에게 배달해 준다. 제품의 운송만 페덱스(Fedex) 같은 택배회사를 통해서 고객에게 배송하는 방식을 채택하고 있다.

고객의 주문을 인터넷을 통하여 받고, 주문이 들어오는 즉시 그 정보가 생산 라인과 부품회사에 보내져서 생산에 돌입할 수 있도록 한 것이다. 물류 관점에서 택배회사와의 연계가 중요함을 인식하고 생산 정보를 그들과 공유함으로써 빠른 배송이 가능하도록 하여 컴퓨터 주문에서 배송까지의 시간이 5일 정도로 감소되었다.

또한 델은 JIT(Just In Time) 방식을 채택하여 부품의 공급업체와의 관계를 중요시하여 공급자들을 델의 공장 근처에 위치하게 함으로써 필요한 부품을 필요한 시점에 빠르게 공급할 수 있도록 하였다. 공급자와의 장기적인 계약으로 부품에 대한 품질 및 공급의 정확성을 높이고 있다. 델의 SCM 방식은 유통단계를 축소하여 정보의 지연 및 왜곡을 제거하였으며 중간 단계의 재고를 제거하여 전체적인 재고 부담을 줄였다. 또한 고객의 수요에 의해서 생산을 함으로써 불필요한 생산을 하지 않게 되고 그로 인해 자금의 활용을 효율적으로 할 수 있게 되었다.

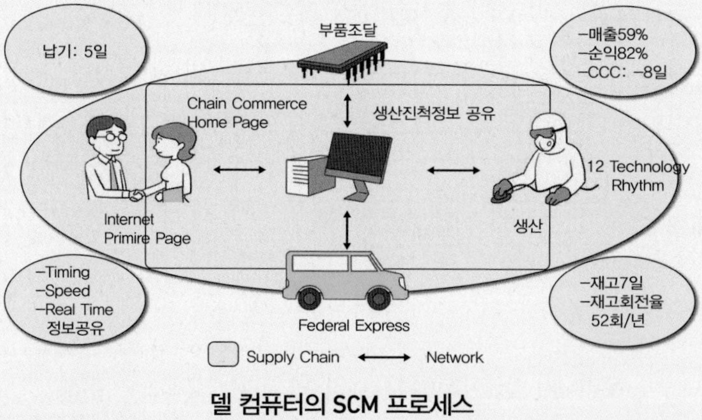

델 컴퓨터의 SCM 프로세스

출처: 최낙훈. (2002). 우정사업의 SCM 발전전략. 우정정보(48). 정보통신정책연구원. pp. 21-39.

정보보안시스템

해킹은 허락 받지 않은 사용자가 컴퓨터 네트워크를 통해 불법으로 접속하여 저장된 데이터나 파일, 시스템을 열람, 변경, 복제, 손상시키는 행위를 말한다. 이러한 해킹을 막기 위하여 구축되는 정보보안시스템은 정보의 수집, 가공, 저장, 검색, 송신, 수신 도중에 정보의 훼손, 변조, 유출 등을 막기 위한 관리적 기술적 시스템이다. 일반적으로 정보는 기밀성Confidentiality, 무결성Integrity, 가용성Availability을 유지해야 한다. 기밀성이란 허락되지 않은 사용자가 정보를 알 수 없도록 하는 것이고, 무결성은 허락되지 않은 사용자가 정보의 수정 또는 삭제하지 못하도록 하는 것, 그리고 가용성이란 허락된 사용자가 정보에 접근하려고 할 때에 방해받지 않도록 하는 것이다. 이 세 가지 측면에서 개인정보 유출은 기밀성을 심각하게 침

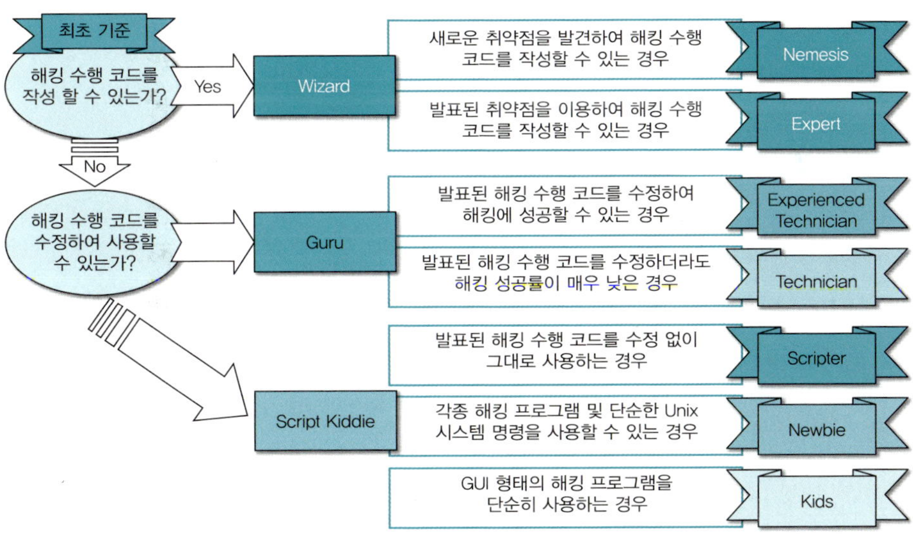

최양서, 서동일, 손승원. (2001). 네트워크 보안평가를 위한 해커 및 해킹기법 수준 분류. 정보보호학회지, 11(5). pp. 63-74.

해한 사태이고, 허락받지 않은 해커가 정보시스템에 접근하여 고객파일을 삭제하는 것은 무결성을 위반한 것이다. 그리고 해킹으로 인하여 인터넷뱅킹이나 ATM 기기가 중단되는 사태는 가용성이 침해되었다고 볼 수 있다.

이러한 침해에 대비해서 정상적인 상태로 되돌리기 위하여 과정이나 정책, 그리고 절차를 미리 정해놓은 것이 재난복구계획Disaster Recovery Plan이다. 기업이나 기관에서 임직원들이 사용하는 스마트폰에 중요한 데이터나 정보가 있을 경우에는 복구계획을 미리 세워놓는 경우도 있다. 방화벽은 해킹과 같은 공격을 사전에 차단하기 위하여 문제를 일으킬 소지가 있는 트래픽을 막을 수 있도록 도와주는 하드웨어나 소프트웨어를 가리킨다.

폰투오운Pwn2Own은 2007년부터 시작되어 매년 열리는 모바일 해킹대회인데, 2014년 대회에서 라온시큐어의 21살 연구원인 이정훈이 아이폰을 해킹하는 데 성공해서 상금 5만 달러를 받았다. 이정훈 연구원은 사파리 웹브라우저의 약점을 이용하여 샌드박스라는 보안기능을 뚫었는데, 아이폰의 문자 송수신 내역은 물론이고 사진과 주소록도 훔쳐볼 수 있었다. 폰투오운은 총상금 4억 원이 넘는 국제대회로 HP가 주관하고 구글과 블랙베리가 스폰서로 참여한다. 개발된 시스템이 안전하다는 것을 증명하기 위하여 자발적으로 해킹을 유도하는 경우도 있다. 스마트폰에서 카카오톡처럼 문자메시지 서비스를 제공하는 텔레그램Telegram은 2014년 초에 해킹한 사람에게 20만 달러를 주겠다고 발표했는데 성공한 해커가 없었다. 텔레그램은 2014년 말에 다시 30만 달러의 상금을 걸고 2015년 초까지 진행하였다.

정보보안/해킹 사고

한국에서는 2013년 6월 개인정보의 대량유출 사건이 발생했다. 주요 카드사의 1억4천만 건이 넘는 개인정보가 유출된 사건이었다. 2014년 1월에 뒤늦게 밝혀져 사회적으로 큰 이슈가 되었는데, KCB 신용평가사의 직원이 카드사로 파견을 나가 국민, 롯데, 농협의 고객 개인정보를 유출하여 대출업자에게 팔아 넘겼다. 중복을 제외하더라도 2천만 명 이상의 개인정보가 넘어간 것으로 파악되었다. 이 사건으로 국민카드와 롯데카드의 사장, 그리고 농협카드의 부사장이 사임하였고, 3개 카드사는 2월 17일부터 5월 16일까지 3개월 영업정지 처분을 받았다. 이처럼 내부의 관리부실로 인하여 소중한 정보가 유출되기도 하지만, 외부의 전문 해커들의 공격에 의해 이루어지는 보안사고도 있다.

1999년 조나단 제임스(Jonathon James)라는 당시 16세 소년은 'c0mrade'라는 아이디를 이용하여 미국 NASA의 하위기관인 마샬우주비행센터(Marshall Space Flight Center)를 해킹해서 국제우주정거장의 특허 소프트웨어를 다운로드하는 데 성공했다. 그 소프트웨어는 국제우주정거장의 물리적 환경을 지탱하고 우주생활에서 중요한 온도와 습도를 조절하는 데 매우 중요한 역할을 하는 것이었다. NASA 관계자들은 해킹당한 소프트웨어가 170만 달러의 가치가 있다고 밝혔는데, 이를 계기로 컴퓨터 시스템을 약 3주간 정지시키고 수리해야 했다.

한국에서도 유명한 해킹사건이 있었다. 1996년 4월 5일 식목일에 포항공대의 전산시스템이 공격을 당해서 여러 대의 서버에 저장된 자료를 지우고 복구가 불가능할 정도로 완전히 망가뜨렸다. KAIST의 컴퓨터 동아리인 쿠스(KUS, Kaist Unix Students)와 스팍스(SPARCS, System Programmer's Association Research Computer System)가 저지른 해킹일 것으로 추정되었지만 당사자들은 완강하게 부인하였다. 그러나 같은 날 비슷한 공격을 당한 이화여대를 연습 삼아 공격하면서 남긴 한 줄의 로그(Log)가 증거가 되어 결국은 쿠스 소속이던 노정석과 조용상은 구속되고 스팍스 소속의 김세환 등은 불구속 입건되었다. 결국, 200만원의 벌금을 내고 40여일 만에 유치장에서 풀려났다.

노정석은 훗날 벤처업계의 신화가 되었는데, 1997년 인젠을 창업하였다. 1998년, SK텔레콤이 "홈페이지 시스템을 뚫는 회사랑 계약하겠다."는 광고를 냈을 때, 인젠 소속이던 그는 단 하루 만에 SK텔레콤 홈페이지시스템을 해킹해서 사업을 따냈다. 인젠을 떠나서 젠터스라는 보안솔루션 회사를 차렸지만, 1년 만에 실패하고 문을 닫았다. 2005년에는 테터앤컴퍼니를 창업하였는데, 2008년에 구글에 넘기면서 500억 원 정도의 매각대금을 받은 것으로 알려져 있다. 2010년 식당예약을 위한 소프트웨어를 만드는 아블라컴퍼니를 세웠는데, 이 사업은 실패했다. 2013년 다시 모바일게임분석 기업인 파이브락스를 창업하였는데, 2014년 8월 이 기업은 400억 원에 미국의 탭조이에 매각하였다. 노정석은 어느 인터뷰에서 이런 말을 했다. "한국에서 1, 2등 한다고 해서 생존을 담보할 수 없는 것 아니냐. 가만히 있으면 뒤처진다는 생각에 지금도 밤에 잠을 못 잔다."

한글

ㄱ

ㅊ

ㅋ

ㅌ

영문

A

B

C

D

E

O

P

Q

R

인명

ㅎ